청소년을 위해 쉽게 풀어쓴

이이화의

인물 한국사

3

학문을 꽃피운 사상가와
예술가들

청소년을 위해 쉽게 풀어쓴
이이화의 인물 한국사

3 학문을 꽃피운 사상가와 예술가들

1판 1쇄 인쇄 | 2011. 7. 5
1판 3쇄 발행 | 2015. 1. 11

이이화 지음

발행처 김영사 | **발행인** 김강유
편집주간 전지운 | **편집** 고영완 문자영 김지아 박은희 김효성 김보민
디자인 김순수 김민혜 윤소라
만화연구소 김준영 김재윤 | **해외저작권** 김소연
미디어지원부 박준기 조상현 이종문
마케팅부 이재균 주현욱 강점원 백미숙 | **제작부** 김일환
사진 제공 권태균
등록번호 제 406-2003-036호 | **등록일자** 1979. 5. 17.
주소 경기도 파주시 문발로 197 (우413-120)
전화 마케팅부 031-955-3100 | **편집부** 031-955-3113~20 | **팩스** 031-955-3111

값은 표지에 있습니다.
ISBN 978-89-349-5236-7 (세트)
      978-89-349-5527-6 43900

좋은 독자가 좋은 책을 만듭니다.
김영사는 독자 여러분의 의견에 항상 귀 기울이고 있습니다.
독자의견전화 031-955-3200 | 이메일 bestbook@gimmyoung.com
홈페이지 www.gimmyoungjr.com

청소년을 위해 쉽게 풀어쓴

이이화의
인물 한국사

3

학문을 꽃피운 사상가와
예술가들

이이화 지음

주니어김영사

꿈과 지혜를 키워 주는 역사인물 이야기

많은 사람들이 한 시대를 산 역사인물의 행적에 대해 큰 관심을 보입니다. 더욱이 꿈이 많은 청소년들은 역사인물에게서 큰 영향을 받기 때문에 관심이 더욱 크지요.

역사에 등장하는 인물은 아주 다양합니다. 정치가와 사상가도 있고, 변혁운동가와 독립투사, 과학자와 의학자도 있습니다. 체제에 순응해 살아간 인물도 있고, 나라를 팔아먹거나 권력이나 이권만 챙긴 탐관오리들도 있습니다. 그렇다고 그들이 모두 역사의 주역이라는 말이 아닙니다. 다만 이런 다양한 역사인물을 통해 역사의 흐름을 짚어 볼 수 있고, 그 시대의 사정을 살펴볼 수도 있습니다. 때로는 한 사람의 인물에게서 용기 있는 행동을 볼 수도 있고 때로는 방황하는 모습도 볼 수 있습니다. 이렇듯 한 인물의 삶은 일관되게 전개되는 것이 아니라 양면성을 지니고 있는 경우가 많습니다.

저는 평생 우리 역사를 공부하고 글을 쓰면서 인물의 역할에 대해 느끼는 것이 많았습니다. 최고 통치자인 제왕이나 특정한 영웅이 역사를 만들어 냈다고 보지 않았습니다. 아무리 그들의 역할이 컸다고 하더라도 역사의 주인은 대다수 민중이기 때문입니다. 저는 이런 관점에서 인물의 전기를 쓰면서, 한 인물이 살아온 시대 사정과 개인의 성장 환경, 그리고 여러 행동을 추적하여 개개인의 공적과 과실을 함께 담아내려고 했습니다. 그러다 보니 역사인물의 삶을 통해 그 당시의 역사와 시대가 '스크린'처럼 보였습니다.

여기에 담긴 내용은 위인전기도 아니며 영웅설화도 아닙니다. 그저 평범함 속에서 진실을 찾아가는 과정을 표현한 것입니다. 그래서 한 인물의 경우, 태어날 때 용꿈을 꾸었다는 따위의 태몽이나 어릴 때부터 천재적 재능을 지녔다거나 행동이나 인품이 나무랄 데가 없다는 따위의 전능(全能)하다는 표현은 자제했습니다.

최근 인물에 대한 전기와 책들이 많이 나오는데, 실체도 알 수 없는 왕의 독살사건이나 역사인물의 지나친 애정 이야기가 주를 이루고 있습니다. 이것은 바람직하지 못하다고 생각합니다. 우리 청소년들이 이를 보고 역사적 사실로 받아들이기 때문입니다. 이건 아주 위험한 일이지요.

이 책 속에 담긴 인물의 약전(略傳)을 읽어 보면 역사인물의 기본 상식을 알게 될 것입니다. 다시 말해 그 사실과 진실을 찾는 판단 기준을 알게 된다는 뜻입니다. 저는 한 인물의 양면성을 기술해서 판단의 기준을 지공하려고 했습니다. 예를 들어 세종대왕의 훈민정음 창제나 이순신이 승리했던 전략이 혼자의 힘으로 되지만은 않았다는 사실을 기술했고, 이것은 여러분에게 토론할 거리를 준다고 생각합니다. 두 가지 서로 다른 평가를 두고 토론을 벌이는 것은 학습 효과가 아주 큰 방법입니다. 이 책에 실린 역사인물의 양면성은 자신의 견해와 관점을 밝히는 좋은 토론의 소재가 될 수 있을 것입니다. 이제 인물 전기에서 연대나 외우는 일은 끝내야 합니다. 이런 것들은 창의성과 상상력을 해치는 교육방법입니다. 또한 영웅 한 개인이 역사의 물꼬를 텄다는 생각도 버려야 합니다.

끝으로 여러분에게 꼭 하고 싶은 말이 있습니다. 지금 우리 겨레의 뿌리와 역사 전개를 밝혀 주는 역사교육이 학교와 사회에서 소홀하게 다루어지고 있습니다. 하지만 일본에서는 독도 문제와 근현대 역사를 제멋대로 기술하고 있고, 중국에서는 '동북공정'이란 이름으로 고구려와 고조선의 역사를 왜곡하고 있습니다. 이런 현상을 '역사 전쟁'이라고 불러도 좋을 것입니다.

이런 현실에서 우리 청소년들에게 《인물 한국사》시리즈가 역사를 알고, 역사인물의 역할을 이해하는 길잡이가 되기를 기대합니다. 그리고 살아가는 삶의 지혜를 얻기를 바랍니다.

임진강 가의 새벽 바람을 맞으며
이이화 쓰다

차례

3부   진리는 다르지 않아

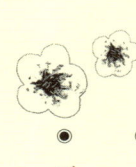

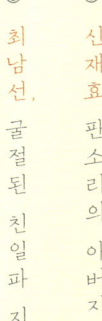

신재효, 판소리의 아버지

최남선, 굴절된 친일파 지식인

홍명희, 서민 문학의 정수 《임꺽정》의 저자

한용운, 붓끝으로 보여준 굳은 지조와 나라사랑

김삿갓, 민중의 언어로 기성권위에 도전한 시인

허난설헌, 봉건시대의 굴레에 부대낀 한 맺힌 부용꽃

황진이, 아름답고 다재다능한 저항의 여인상

허균, 조선시대 반역과 이단의 상징

김시습, 방랑과 저항의 일생

1부 조선인은 조선의 시를 쓰라

01
김시습

방 랑 과 저 항 의 일 생

그는 조선 전기에 나타나기 시작한 현실 모순에 철저히 저항한 시인이었고 사상가였다.
다만 현실 속에 뛰어들어 개혁사상을 실현하려 하지 않고 방외에서 멀찍이 서서 수선해야 할
망태기쯤으로 현실의 모순을 바라보았을 뿐이다.

● 세종도 감탄한 천재소년

매월당梅月堂 김시습金時習(1435~93)은 도대체 무슨 생각을 하고 어떻게 행동했기에 그 많은 사람들의 입에 오르내렸을까? 사람들은 그를 방랑한 천재 시인으로 꼽기도 하고, 절의를 지킨 생육신의 한 사람으로 꼽기도 하며, 선비 출신이면서 승려가 되어 기행을 벌인 기인이라고, 또 최초로 남녀간의 사랑을 주제로 한 소설《금오신화金鰲新話》를 지은 작가라고 말하기도 한다. 그런가 하면 한편으로는 농민의 고통을 대변한 저항의 시인으로, 철저하게 기일원론氣一元論을 주창한 성리학자로 평가하기도 한다. 어느 것 하나 틀린 것은 없을 것이요 또 그는 이런 모든 모습을 고스란히 갖추었다.

최초로 그의 전기를 쓴 명신 이이와 또 김시습의 시문집을 수집하고 또 다른 전기를 쓴 윤춘년 등은 그를 흠모해 공자에 비길 정도로 극찬했다. 이처럼 그는 비록 불행한 삶을 살았지만 죽은 지 1백 년도 못 되어 이런 흠모와 찬탄을 받았다. 그러므로 그를 단순한 시인이나 충절로만 평가해서는 그의 깊은 삶을 제대로 조명하지 못한다.

이제부터 그의 삶의 궤적을 찾아 참모습을 살펴보자.

1455년(단종 3) 여름, 스물한 살의 김시습은 삼각산 중흥사에서 글을 읽고 있었다. 그는 한 가지 일에 빠지면 거기에만 몰두하는 성격이었으니 시원한 산속에서 독서삼매경에 빠져 있었을 것이다. 그런데 어느 날, 서울 나들이를 하고 온 사람이 말했다.

"수양대군이 금상今上이 되었다 하오. 금상은 상왕으로 모셨고……."

김시습은 '올 것이 왔구나' 생각하고 책을 덮고 문을 닫았다. 그리고 사흘

金梅月堂時習

김시습 초상화 김시습은 냉철하게 현실을 보고 비뚤어진 세상을 등졌다. 그는 조선 전기에 나타나기 시작한 현실 모순에 철저히 저항한 시인이었고 사상가였다.

동안 문 밖으로 나오지 않았다. 그는 무슨 생각을 했을까? 지난 어린 시절도 돌아보고 오늘의 현실도 따져보았을 것이다. 사흘째 되던 날 저녁, 그는 갑자기 통곡을 해댔다. 그리고 읽던 책을 모두 불살랐다. 그러고는 미친 척하며 칙간(뒷간)에 빠져 들어가 있다가 중흥사를 빠져나왔다(윤춘년의 전기).

이후부터 그는 통곡하거나 거름통에 빠지는 일을 곧잘 되풀이한다. 이런 모습의 김시습은 당시 어떤 청년이었고 어떤 출생배경을 지니고 있었을까?

그는 서울의 성균관이 있는 북쪽 마을 반궁리泮宮里에서 태어났다. 그가 태어날 때 성균관에 있던 사람들이 모두 공자의 꿈을 꾸었다고 한다(그에 대해 말할 때 이런 과장된 이야기가 많이 보인다. 김시습 역시 자신에 대해 과장되거나 잘못 전해지는 이야기들이 있다고 말했다).

그는 강릉 김씨인 김일성金日省의 맏아들로 태어났다. 이 집안은 신라 알지왕의 후예였고, 고려 때에 그의 선조들은 시중侍中과 같은 높은 벼슬을 했으며, 그의 증조부 윤주允柱는 안주목사, 아버지 일성은 조상 덕분에 음직의 낮은 벼슬을 받았다. 이렇게 그의 집안은 뼈대는 약간 있지만 별로 행세는 하지 못했다. 세도도 그다지 없고 재산도 넉넉하지 않았다.

그는 태어난 지 8개월부터 배우지 않고도 글을 알았다고 한다. 마침 이웃에 먼 할아버지뻘 되는 최치운이라는 학자가 살았다. 최치운은 그의 재주를 보고 그의 외할아버지에게 '시습'이라는 이름을 지어주었다.

'시습'의 뜻은 바로 《논어》의 첫머리에 나오는 "배우고 때로 익히면 또한 기쁘지 않은가學而時習之 不亦說乎"에서 따온 것으로, 재주만 믿지 말고 끊임없이 노력을 계속하라는 뜻이 담겨 있다. 최치운은 이조참판을 지낸 명신名臣으로 세종의 총애를 받은 청렴한 벼슬아치였다.

그는 다섯 살에 이웃에 사는 수찬 이계전의 문하에서 《중용》과 《대학》을 배웠다. 보통 10대에 배우는 사서 중 두 가지를 다섯 살에 배운 셈이다. 이계전은 고려의 학자 이색의 손자요 사육신의 한 사람인 이개의 아버지이다. 소문을 들은 정승 허조가 그의 집으로 찾아와 그를 시험했다.

허조 　내가 늙었으니 늙을 노 자를 넣어 시를 지어보거라.

김시습 　늙은 나무에 꽃이 피었으니 마음은 늙지 않았네. 老木開花心不老

이렇게 해서 그는 신동으로 소문났고 마침내 대궐에까지 불려가게 되었다. 세종은 신동 시습의 이야기가 사실인지 알아보라고 지신사知申事(도승지의 별칭)인 박이창에게 명했다. 박이창은 대궐에서 어린 시습을 무릎에 앉히고 말했다.

박이창 　동자의 공부는 백학이 푸른 하늘 끝에서 춤추는 것 같도다.

김시습 　성주聖主의 덕은 황룡이 푸른 바다 가운데를 뒤집는 형국이로다.

박이창은 벽에 걸린 산수도를 가리키며 시를 지어보라고 말했다. 김시습은 이에 또 화답했다.

작은 정자와 배 안에는 어떤 사람이 있을지. 小亭舟宅何人在

이 말을 들은 세종은 이런 전지를 내렸다.

"내가 불러 보고자 하나 남들이 해괴하게 여길까 두렵다. 너무 드러내지 말고 잘 가르치도록 하라. 나이가 들고 학업이 성취되면 내가 크게 쓰겠노라."

그리고 비단 50필을 내려주면서 혼자 힘으로 가져가라 했다. 그러자 김시습은 모든 벼슬아치들이 보는 앞에서 비단의 끝을 죄다 묶어서 끌고 나갔다. 이를 계기로 어린 그를 '오세'라고 불렀다. 이 '오세'라는 별칭은 평생 그를 따라다니는 이름이 되었고, 설악산에 있는 '오세암'이란 사찰명도 그로 인해 생겼다는 소문이 돌았다.

● 세상에 대한 저항으로 방랑의 길을 떠나다

그는 어릴 때부터 성균관 언저리에 살아서인지 여러 명사에게서 글을 배웠다. 그의 나이 열세 살에 어머니가 세상을 떠나자 그는 외가로 옮겨가 외할머니의 손에서 자랐다(열다섯 살에 어머니를 잃었다는 기존의 설은 오류이다). 외할머니는 어머니를 잃은 시습을 애지중지 키워, 뒷날 김시습은 "아들처럼 길러주었다"(《해동잡록》)고 감회에 젖어 적기도 했다.

그의 어머니가 죽자, 병골인 그의 아버지는 양양의 농장으로 가족을 거느리고 내려가서 다시는 그를 서울로 보내지 않았다. 어린 시습은 3년 동안 관례대로 어머니의 묘소에서 복상했는데, 이 기간을 채 마치기도 전에 외할머니마저 세상을 떠났다.

불행은 계속되었다. 이제 아버지마저 병석에 누워버려 더 이상 가사를 돌볼 수가 없게 되었다. 가세가 기울 수밖에 없었다. 이어 계모가 들어왔고, 그 자신도 당시로서는 늦은 나이인 스무 살에 장가를 들었다. 그의 아내에 대한 이야기와 아버지의 죽음에 대해서는 더 이상 알려진 것이 없다. 그는 이 무렵 서울로 올라와 다시 글공부를 하고 친구들과 사귀었다. 이때의 심사를 그는 이렇게 적고 있다.

> 어릴 적부터 영달은 좋아하지 않았으며 또 친척과 이웃이 지나치게 칭찬을 하여 부끄러웠다. 이미 심사가 어긋나서 고꾸라지고 엎어질 무렵, 세종과 문종이 연이어 승하하셨다.
>
> 〈상유양양진정서上柳襄陽陳情書〉

여기에서 왜 심사가 어긋났다고 했을까? 그것은 가정적인 불행보다도 시세를 한탄한 것이다. 그는 불의를 보면 참지 못하는 성미였고 또 누구보다도 애민의식에 철저했고 불우한 사람들의 벗이었다.

당시 조선왕조가 건국하고 난 뒤, 토지제도 개혁으로 지주와 사찰의 토지가 몰수되어 공전으로 편입되었다. 그리하여 농민들이 토지를 경작할 수 있는 제도적 조건이 이루어졌다. 그러나 공신이나 벼슬아치들에게 다시 토지를 나누어주고 보니, 새로운 지주가 생겨나고 따라서 조세·지대 따위로 농민들은 점차 토지를 잃고 조세에 허덕이며 비참한 생활로 돌아가고 있었다.

또 공신들과 그 자제들은 많은 토지와 큰 저택을 가지고 있으면서 권세를 잡고 위세를 부리고 있었다. 그들은 과거제도를 문란하게 하며 할아버지나 아버지의 덕택으로 벼슬을 받았다. 이런 속에서 수양대군은 정인지, 한명회, 정창손 같은 무리들과 음모를 꾸미고 자신이 영의정으로 앉아 권력을 흔들면서, 세종이 기르고 아끼던 학자와 문사들을 압제하고 있었다.

이와 같은 현실에서 그는 영달을 누릴 수 있는 벼슬을 포기했고 그로 인해 심사가 틀어져 있었던 것이다. 그가 삼각산에서 글을 읽었던 것도 과거공부를 하기 위함은 아니었다. 마침내 수양대군이 왕위에 오르자, 그의 인생에는 새로운 계기가 만들어졌다. 비탄에 젖은 그는 현실에 저항하는 방법으로 끝내 방랑의 길을 떠났다. 결코 세종에 대한 은의와 충성 그리고 단종에 대한 충절만으로 삼각산을 나와 방랑의 길을 떠난 것이 아니었다. 그 뒤의 그의 행적을 살펴보면 이런 이야기가 충분히 납득될 것이다.

● 승려 '설잠'이 되어 사육신의 시체를 거두다

그는 삼각산에서 나와 어디로 발길을 돌렸을까? 어떤 행색이었을까? 그는 서울을 떠나오자마자 세상 돌아가는 꼴을 여기저기서 엿들었을 것이다. 그는 조상치, 박도 같은 몇 사람과 뜻이 맞았다. 조상치는 집현전 부제학으로, 박도는 깨끗한 선비로 처신하고 있던 터였다. 두 사람은 김시습의 선배였다. 이들과 함께 강원도 금화로 발길을 돌렸는데, 이때 박도의 동생인 박제와 두 사람의 아들과 조카인 규손, 효손, 천손, 인손, 계손 등이 따라왔다. 모두 아홉 명으로 김시습보다 나이가 많았다.

이들은 금화현에서 남쪽 10리 지점인 사곡촌 산골짜기에 초막을 짓고 머물렀다. 이곳에서 담소도 나누고 때로 한탄도 하고 바람소리, 물소리를 들으며 스스로 방외인方外人으로 자처했다. 나무 잎사귀에 시를 쓰며 통곡하다가 물에 띄우기도 했다.

　방외인이란 어떤 사람들인가? 한마디로 세상을 등지고 사는 사람이다. 사림士林은 조정에서 벼슬을 하다가 마음에 맞지 않으면 향리로 돌아가 독서에 열중했다. 그러다가 시세가 흡족하다고 생각되면 다시 슬슬 조정에 나와 절개와 지조를 은근히 자랑했다. 하지만 방외인은 이들과 전혀 달랐다. 방외인은 시속의 통념에 맞추지 않고 몸가짐을 흐트러뜨리며 아무렇게나 살았다.

　그들은 산속에서 갓끈을 씻다가 싫증이 나면 바위에 올라가 바위에 시를 새기기도 했다. 박효손이 김시습의 화상을 바위에 새겼고, 또 김시습이 손수 새긴 시구도 있다고 한다.(《매월당집》 부록: 구운사 상량문)

　그들은 이곳에 오래 머물지 않았다. 서울에서는 수양대군이 임금이 된 이듬해, 상왕 복위의 음모를 꾸몄다고 김질이 장인 정창손에게 고해바쳐, 정창손이 주동이 되어 성삼문, 박팽년, 이개 등을 재빨리 잡아들여 참형시켰다. 김종서, 황보인 등을 죽인 뒤에 이어진 2차 대량살육이었다. 이런 상황이 닥치자 이들 아홉 은사들은 뿔뿔이 흩어졌다. 각기 새로운 행로를 모색했다. 나날이 다가오는 위험도 느꼈다.

　사육신 등의 시체는 길가에 버려져 있었다. 그들의 가족은 모두 잡혀가 있었으니 누가 시체를 거두지도 못할 절박한 현실이었다. 이때 한 승려가 나타나 이들의 시체를 거두어 노량진 길가 남쪽 언덕에 묻었다고 한다. 이 승려가 바로 김시습이라고 한다.(《연려실기술》)

　이때 김시습은 승려가 되어 있었다. 그런데 승려치고는 형상이 괴이했다. 머리는 깎았지만 수염은 기르고 있었다. 이에 대해 그 자신은 이렇게 말했다.

> 머리를 깎은 것은 세상을 피하기 위해서요, 수염을 기른 것은 장부의 기
> 상을 나타낸 것이다.

《계곡만필溪谷漫筆》

김시습은 작은 키에 얼굴은 오종종하고 못생겼다(자신이 그린 자화상이 있
다). 게다가 머리에는 승려의 모자가 아닌 시커먼 벙거지를 쓰고 다녔다.
형색도 기인의 차림이었다. 승명을 '설잠雪岑'이라 했는데 깨끗함을 나타
내는 '눈 설' 자를 쓴 의미가 있었을 것이다. 이제부터 그의 방랑과 기행이
본격적으로 시작된다.

● 백성이 무슨 죄인가

그는 맨 먼저 평안도 지방으로 발길을 돌렸다. 이때 동행자가 있었는데 아
마 앞의 박씨 중의 두어 사람이 함께 길을 떠난 것으로 보인다. 그는 개성
을 거쳐 평양에 도착했다. 이어 청천강을 거쳐 압록강 언저리에서 백두산
을 바라보기도 했다. 이때 중국에 사신으로 가는 김수온을 만나기도 했다.
이 만남에서 그들은 학문을 토론했고, 김수온은 김시습이 승려가 된 것에
대해 타일렀다. 김수온의 형 역시 고승이 된 신미信眉였다. 그 뒤 김수온은
남달리 김시습을 돌봐주었다.

그는 스물네 살 되던 가을에 이 지방의 여행을 마치고 역사의 흥망, 곧

고조선, 고구려, 고려의 성쇠를 시로 남겼다.《매월당집》〈유관서록〉) 이어 발길
을 강원도로 돌려 임진강 상류를 건너 금강산에 이르렀다. 그는 금강산 만
폭동의 절벽에 이런 석각을 해두었다.

> 산수를 좋아하는 것은 사람의 평상의 감정이지만 나는 산에 오르면 웃고
> 물에 다다르면 통곡한다.
>
> 최남선 〈금강예찬〉

최남선은 이를 보고 〈금강예찬〉에 이렇게 썼다.

> 이 새긴 글씨를 보고 그를 조상하는 동시에 도로 그 눈물로써 저를 조상하
> 게 됩니다. 아름다움의 덤불이요 기쁨의 더덕인 금강산에서 오직 한 군데
> 눈물로 대할 곳이 여기입니다.

금강산에 이어 오대산과 강릉을 보고 돌아온 김시습은 이 여행에서 자
연의 장관을 보았다. 그리고 자신을 '창해의 좁쌀 한 알'에 비유했다. 이 두
곳을 여행하고 돌아와서 각각 두 권의 시집 《관서록關西錄》《관동록關東錄》
을 꾸미고 그 내력을 썼다. 이것이 자신의 시를 손수 모아 엮은 최초의 시
집이다. 그는 시를 쓰면 모두 불태우거나 내버리거나 물에 띄워버렸는데
이들 시는 기행시라 시세와 관계없어서 엮어둔 것일까?

그는 발길을 남쪽으로 돌렸다. 청주를 거쳐 전주, 금산사, 나주, 영광,
무등산, 송광사, 지리산 그리고 함양을 거쳐 해인사를 두루 돌아보았다.
여기서 그는 매화와 대나무와 남국의 정취를 보았고, 풍부한 물산에도 감

탄했다. 다시 그는 경상도로 발길을 돌려 경주를 두루 구경했다. 이제 그
는 나라 안의 사정을 두루 돌아보았고 따라서 세상물정도 알 만했다. 또한
말로만 듣거나 관념으로만 알고 있었던 농민의 참상을 목도했다. 이 무렵
그는 이런 시를 남겼다.

> 10년 동안 떠돌이되어 이리저리 떠돌아다니다 보니
> 이내 몸은 도시 밭둑가의 쑥대로구나
> 세상 살아가는 길은 모두 험하고 위태로우니
> 아무 말 없이 꽃떨기나 냄새 맡고
> 지내는 것이 좋으리로다.

신세는 고단했다. 술을 통음하며 울어보았자 마음에 얼마만큼 위안을
얻겠는가? 그가 데리고 다니는 상좌는 아주 맑은 목소리로 구슬픈 소리
를 곧잘 했다. 그는 달 밝은 밤에는 이 상좌를 시켜서 〈이소경〉을 읽게 했
다. 그 소리를 들으며 그는 울음으로 옷깃을 적셨다. 이래본들 무슨 소용
이랴. 그는 이때쯤 어딘가에 정착하고 싶은 소망을 품고 있었다. 그는 새
로운 심적 갈등을 겪으며 정착을 결심했다. 그러던 중 1463년(세조 9) 책을
사러 서울로 올라왔다.

당시 임금 세조는 불사佛事를 크게 벌이고 있었다. 자기 손에 죽은 사
람들의 명복을 빌기 위해서였다. 이성계 역시 수많은 살육을 거쳐 새 나
라를 건설했다. 그 또한 불사를 벌였는데 그중 하나가 《묘법연화경妙法蓮花
經》 간행이다. 그 뒤 세종은 소현왕후가 죽자, 효령대군의 도움을 받아 내

불당을 세웠고, 이어 수양대군의 도움을 받아《석보상절釋譜詳節》을 국문으로 지어 반포했다.

세조는 다시 효령대군의 도움으로《묘법연화경》번역사업을 벌이고 있었다. 이때 많은 승려들이 이 일을 맡을 사람으로 김시습을 추천했다. 효령대군이 김시습에게 이 일을 간청하자 그는 신미, 학조學祖 등 이름난 승려와 함께 내불당에 들어갔다.

김시습은 일단 임금의 공덕을 칭송했다. 그답지 않게 이제 굴절하는 모습을 보이고 있는 듯했다. 세조는 그를 융숭하게 대우했다. 때는 가을이었다. 세조는 햇과일이 들어오면 관례대로 궁중과 종친에게 나누어주었는데 내불당에 있는 김시습에게도 포도, 배 따위를 번번이 보내주었다. 이에 김시습은 이렇게 썼다.

"물건은 비록 작은 것이지만 성의는 크다."《매월당집》부록)

그가 내불당에 열흘쯤 머물고 있었는데 이때 또 이런 일화가 전해진다. 임금이 내전에서 승려들을 불러들여 법회를 열었는데 설잠도 여기에 끼여 있었다. 그런데 설잠이 이른 새벽에 도망을 가버리자 사람을 시켜 행방을 찾으니 거리의 거름 구덩이에 빠져 얼굴만 내놓고 있었다고 한다.《용천담적기》)

그는 열흘 남짓 내불당에 있다가 다시 금오산으로 돌아왔다. 왜 그는 일단 내불당에 들어갔다가 다시 나왔을까? 당시에는 영의정 정창손 등 이른바 공신들이 판을 치고 있었다. 또 많은 권신들은 서울 주변에 많은 농장과 노비를 거느리고 대지주 노릇을 하기도 했다. 그가 결코 조정 일에 무관심한 게 아니었다. 어떤 벼슬아치가 다시 자리를 받으면 늘 한탄했다고 한다.

"이 따위 인물이 이런 자리를 차지하다니, 백성이 무슨 죄인가?"

당시 그의 동료들도 높은 관직을 차지하며 출세를 하고 있었다. 그러나 깨끗한 선비들이 숨어 살고 있는 판에 자신이 초라한 모습으로 조정을 기웃거릴 수는 없었을 것 아닌가?

● 농민의 참상 앞에 시로 통곡하다

그는 경주를 돌아보고 복거지卜居地(살 만한 곳을 가려 찾는 일)를 했다. 경주의 남산 곧 금오산에 폐허가 된 빈 절 하나가 있었는데 이것이 용장사茸長寺였다. 용장사는 금오산의 남쪽 동구에 터를 잡고 있었다. 절이 폐허가 된 데다 골짜기도 깊어서 사람의 발자취가 거의 닿지 않았다. 그는 이곳에 토굴을 짓고 매화를 심었다. 이 토굴은 '금오산실' 또는 '매월당'이라고 했다. 이렇게 해서 그의 호가 매월당이 된 것이다.

그의 나이 서른한 살이 되었을 때다. 남향의 금오산실에는 봄볕이 따스하게 들고 매화도 꽃망울을 잘 피우고 있었다. 그런데 3월 그믐날, 서울에서 종자가 말 한 필을 끌고 내려와 말했다.

"효령대군께서 보내서 왔습니다. 성상께서 옛 흥복사를 새로이 세우고 이름을 원각사圓覺寺라고 지었습니다. 스님들을 모시고 낙성회를 갖는데 여기에 참석하시게 하라는 분부를 받고 왔습니다."(《매월당속집》)

이 낙성회에 효령대군이 그를 설법사로 천거했던 것이고, 세조가 이를 승낙해 그를 불러 올리라 한 것이다. 이에 효령대군은 "어기지 말고 올라오라"는 당부를 단단히 했던 것이다. 그는 대답했다.

"이런 좋은 모임이 늘 있지 않을 것이요, 훌륭한 세상을 만나기 어렵다."

그는 그날로 말을 타고 서울로 올라왔다. 이때 그는 "남은 나이를 마치 겠다"는 기록을 남기고 있다. 그가 이때 무슨 기대를 걸고 있었던 건지, 아니면 보신을 위해 얕은 꾀를 쓴 것인지, 세조에게 빌붙는 몸짓을 보인 점이 오늘날 사람들로서는 헤아리기 어렵다.

그는 서울로 올라와서 세조의 성덕을 칭송하는 시를 지었고, 또 낙성회 첫날 임금이 대사령大赦令을 내리자 또 이를 찬탄하는 시를 지었다. 이어 효령대군이 그에게 〈원각사 찬시〉를 지어 세조에게 올리라고 부탁했다. 이에 찬시를 지어 올리자, 세조는 이를 보고 효령대군에게 분부했다.

"이 찬시는 매우 아름답소. 내가 궁으로 돌아가 인견引見할 터이니 이 절에 거처하도록 하시오."

그러나 그는 뒷날 다음과 같이 기록했다.

내가 그때 무심히 성명聖明(임금을 가리킨다)을 우연한 기회에 만나기는 했으나 오직 천석泉石에 노닐기로 뜻을 삼았기에 서울에 있은 지 며칠이 못 되어 끝내 길을 떠났다.

《매월당속집梅月堂續集》

하지만 이 찬시는 지금 전하지 않는다.

그는 경주로 내려가는 길에 임금이 보낸 사자를 중간에서 만나 다시 올라오라는 분부를 받았지만 병을 핑계대고 끝내 다시 서울로 올라가지 않았다. 이때 그는 또 "법사法事가 이미 끝났으므로 홀연히 돌아왔다"라고 쓰기도 했다. 이런 행적이 정신적 방황 때문일까, 아니면 10년의 세월로 인해 감정이 무뎌진 탓일까? 아니면 높은 벼슬을 얻지 못한 처지에서 다시 방외인으로 돌아온 것일까?

김시습은 방랑생활을 하면서 절간에서 기식하기도 하고, 관가에 밥을 청하기도 하고, 때로는 마을의 여염에서 잠자리와 밥을 얻기도 했다. 그런 가운데 추위와 굶주림에 떨었다. 이 때문인지 금오산실에 있을 때 실제로 그는 건강이 좋지 않았다. 이런 와중에서도 그는 술에 취해 차가운 달빛 아래에서 매화를 바라보기도 하고, 대나무에 부는 바람소리를 듣기도 했다. 그리고 시를 토해냈다.

그가 시 짓는 버릇은 괴상했다. 서 있는 나무에 시를 새겨놓고는 한동안 읊고 난 뒤 한바탕 통곡을 하며 깎아버렸다. 그런가 하면 종이에 시를 써서 한참 바라보다가 물에 던져버렸다. 금오산실에서부터 이런 버릇이 들기 시작한 것으로 보인다. 그는 틈틈이 바닷가를 거닐기도 하고 또 교외나 시전에 나가 구경하기도 했다. 그는 체질적으로 방 안에나 산속에만 처박혀 시나 짓고 책이나 읽는 꽁생원은 아니었다.

그러면 무엇을 먹고 살았을까? 그는 일하지 않고 먹는 사람을 싫어했다. 지주를 싫어하듯, 유식배를 미워했다. 때문에 그는 약한 몸으로 손수 밭을 일구고 씨를 뿌렸다(그 후에도 여러 번 농사를 지었다). 그는 누구보다 애민의식이 강렬한 사람이었다. 이 애민의식을 실천으로 보여주는 것은 그의 노동이었다. 자신이 노동을 하여 먹고 살려는 의지가 평생을 통해 나타난 것을 보면 그는 결코 유식배나 기생寄生의 존재가 아니었다.

그는 산가山家의 고통을 이렇게 읊고 있다.

물 건너 등성이 너머 10리쯤에
비탈진 쪽 눈에 띄는 작은 떠집
소 부리는 소리 공중에 울리니
화전민이 늦갈이하는 줄을 알겠도다
해 지면 호랑이 무서워 사립문 닫아 걸고
동이 트면 움직여 고사리나물 삶는도다
깊숙한 산골에 더 깊은 곳일지라도
부역이나 조세를 안 내고야 못 배기지

화전민의 사정을 읊은 것이다. 밭에 싹이 나면 산짐승이 먹어대고, 남은 곡식 거두어들이면 새나 쥐가 훔쳐 먹는다. 그러고 나서 관가에 세금 바치면 남는 것이 없고 사채 때문에 소와 말을 빼앗긴다고 한탄했다. 이어 이렇게 읊었다.

원님이 어질고 자애로워도 허덕이는 살림일 텐데
이리 같은 벼슬아치 만났으니 백성은 정말 가엾구나
며느리 짐 이고 시아비 손자 끌어 길에 가득하니
어찌 주리고 얼어 죽는 것이 풍년 아니기 때문이랴

수탈에 못 이겨 유랑하는 농민의 참상을 그린 이 시에서 김시습은 농민의 고통을 여러 모로 따져 고발하고 있다.(《매월당집》〈고산가고〉) 부정한 관리만 고발한 것이 아니라, 토지를 겸병하고 사채로 땅을 빼앗는 대지주 그리

고 사치와 음탕으로 지새우는 위정자를 질타한 것이다. 또 그가 겪었음직
한 사실을 다음과 같이 읊기도 했다.

자갈밭에 바윗돌이 울퉁불퉁
온통 가시덤불 등넝쿨 얽혀 있네
땅은 토박한데 잡목만 자라고
밭둔덕 경사져 곡식 자라지 못하는구나
굶주린 까마귀 나무 끝에서 울어대고
여윈 송아지 둔덕에 누워 있네
이같이 깊은 산골인데도
해마다 세금이야 면할 수 있으랴

　　이것은 금오산 일대 화전민의 참상뿐만 아니라 오대산과 지리산에서
그가 본 화전민의 실상이었고, 그 자신도 겪은 고통이었다. 이런 농민 수
탈에 대한 시들을 그 시대 어느 누구보다도 많이 남겼다.
　　그는 어떤 때는 나무로 농부의 모양을 새겨서 책상 위에 두고 하루종일
바라보다가 통곡하고 불태우기도 했고, 어떤 때는 자기가 심은 벼가 자라
이삭이 탐스러운데도 술에 취해 낫을 휘둘러 한 이랑을 다 베어놓고 목놓아
울기도 했다 한다.《장릉지》이런 행동이 광인의 짓일까? 그는 자신의 애민의식
을 이런 방식으로 표현해, 실제로 그가 형상화한 농민시는 극히 일부분에 지나
지 않았다. 그는 금오산실에서 많은 시를 남겼고 또 다른 저작에도 몰두했다.

● 사랑을 이야기한 최초의 소설 《금오신화》

금오산실의 김시습은 몸은 병들었지만 동가식 서가숙東家食西家宿할 때보다 고달프지는 않았다. 그 덕분에 저술에 몰두할 수가 있었다. 이즈음 그는 소설을 썼다. 다음과 같은 작품들이다.

첫째는 〈만복사저포기萬福寺樗蒲記〉이다. 남원 땅 늙은 총각 양생梁生은 부처님과 처녀를 얻는 내기놀이를 해서 이겼다. 한편 한 처녀가 부처님께 배필을 점지해달라고 기도했고, 이때 양생이 구애해 허락을 받았다. 두 남녀는 며칠 함께 지내며 사랑을 나누었지만 그 여자는 원통하게 죽은 영혼이었다. 얼마 후 그녀는 인연이 다하였다며 다시 사라졌다. 그러자 양생은 여자의 부모를 만나 재물을 얻고 또 죽은 혼을 위로해주었다.

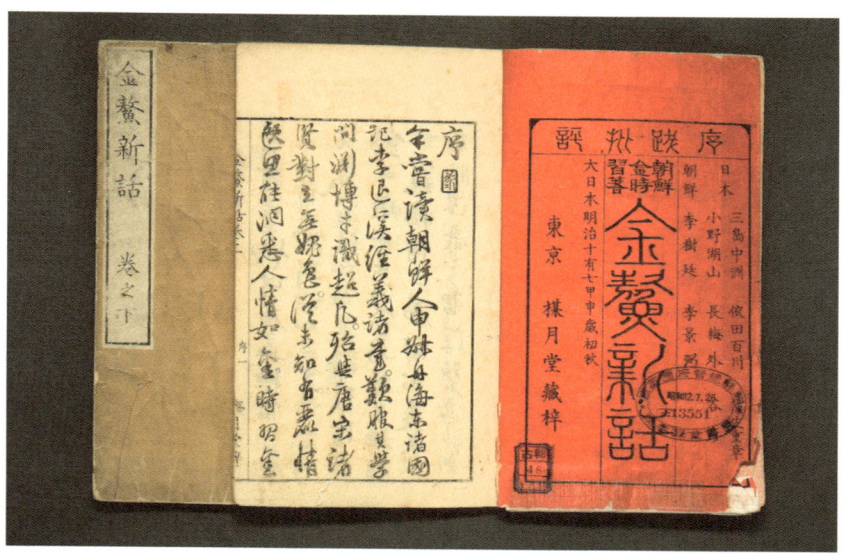

《금오신화》 이 목판본 《금오신화》는 1653년(효종 4) 일본에서 초간되었던 것을 1884년(고종 21) 일본 도쿄에서 재간한 것이며, 상·하 2책으로 되어 있다.

둘째는 〈이생규장전李生窺墻傳〉이다. 개성 땅에 사는 이생은 글도 잘하고 외모도 잘생긴 총각이었고, 또 선죽교 옆에 사는 양반 최씨 집 딸은 아름다움과 손맵시로 소문이 났다. 어느 날 이생이 연모의 시를 써서 던지자, 최씨 처녀는 황혼녘에 만나자고 언약을 했고 그리하여 그날 밤 그들은 가연을 맺었다. 이 일이 발각되어 이생은 울주 땅으로 쫓겨가고 최씨 딸은 병이 들었다. 이렇게 되자 그들은 결국 혼인을 하게 되었고 행복하게 살았다. 난리 때 이생의 아내가 죽자 이생이 홀로 고향에 돌아왔는데, 아내의 혼이 그에게 찾아와 그들은 다시 몇 년 살다가 이별했다. 그후 얼마 안 있어 이생도 죽었다.

셋째는 〈취유부벽정기醉遊浮碧亭記〉이다. 개성 부호인 아들 홍생이 부벽루에 올라 시를 읊조리자, 난데없이 시녀를 거느린 여자가 나타났다. 그 여자는 예전 기자箕子의 딸로 천계에 있다가 부왕의 묘를 돌아보고 가는 길에 홍생이 읊는 시를 듣고 반하여 왔다는 것이다. 그들은 서로 사랑의 시를 주고받다가 헤어졌다. 홍생이 그 뒤 병이 들어 누웠는데, 꿈에 한 미인이 나타나서 "우리 아가씨께서 당신을 견우성 아랫자리에 벼슬을 주었으니 속히 가자"고 했다. 이에 이생이 목욕을 하고 자리에 눕자 곧 숨을 거두었다.

끝으로 〈남염부주지南炎浮洲志〉와 〈용궁부연록龍宮赴宴錄〉이다. 이 소설은 경주 선비 박생이 꿈에 염라대왕과 세상일이나 치도治道·이단 등을 문답한 내용이요, 〈용궁부연록〉은 개성의 한생이 꿈에 용왕에게 극진한 대접을 받은 뒤 꿈에서 깨어났는데 용왕이 준 선물이 실제로 있어 이것을 가지고 명산에 들어가 세상과 인연을 끊었다는 내용이다.

김시습은 이것들을 묶어 《금오신화》라고 이름지은 뒤 석실石室에 간직하고 뒷날 이 소설을 알아줄 사람이 있을 것이라고 말했다고 한다. 그런데 앞의 세 작품은 자유연애를 구가한 것이요, 뒤의 두 작품은 자신의 정치관을 보여주고 자신을 이상화한 것으로 보인다. 그는 어려서 부모를 여의고 또 사랑하는 아내마저 본의 아니게 버렸다. 세상을 떠돌면서 이름은 떨쳤지만 남녀의 오붓한 사랑을 나누지 못했던 것이다.

《금오신화》는 남녀의 사랑에 대한 유교의 철저한 속박을 빗대어 소설에서 자유연애를 구가한 것으로, 사랑을 주제로 한 최초의 소설이기도 하다. 이들 작품이 중국의 《전등신화》를 모방했다고 하나, 소설 속에 그의 자유분방한 인생관과 불교·도교 등 폭넓은 사상이 짙게 깔려 있음은 말할 나위도 없을 것이다.

그가 6~7년을 금오산실에서 보낼 때 세조도 죽고 그 뒤를 이은 예종도 죽었고, 이제 새 임금 성종이 문치를 표방하며 널리 인재를 구하고 있었다. 김시습이 다시 서울로 올라올 무렵 정창손, 한명회, 노사신 등 이른바 공신들은 막강한 권세를 누리고 있었고, 선배인 신숙주, 김수온, 서거정 등은 고관의 대열에 있었다.

반면 그와 가까이 지내던 남효온, 홍유손, 이정은, 이우, 박제 등은 영락하여 서울 언저리에서 맴돌고 있었다. 그의 지기들은 그에게 서울로 올라오라고 당부했다. 그리고 새로운 기운을 맞고 있으니 벼슬살이를 하라고 권고하기도 했다.

이런 사람들의 주선 때문인지, 그는 서울 변두리 성동에 폭천정사를 지어 거처할 곳을 마련했고 궁방전宮房田(왕자나 공주에게 딸린 토지) 몇 떼기도 소작하게 되었다. 그는 일단 폭천정사에 거처하면서 서울생활을 준비하고 있었다. 이곳에서 그는 동쪽으로 흐르는 시냇가를 거닐기도 하고 가까운 남산에 올라가 약초도 캐었다.(《매월당집》〈화정절귀원전시〉) 도연명의 생활을 완연히 본받으려 한 것이다. 그러나 이곳은 서울과 너무 가깝지 않은가? 도연명이 고향으로 돌아가 버드나무를 심으며 산 뜻과는 사정이 사뭇 다르다.

그가 정든 금오산을 버리고 행장을 말끔히 챙겨 폭천정사로 옮긴 때는 서른아홉 살 되던 봄이었다. 성종이 한창 문치를 펴고 있을 적이었으니 태평성대라 말하는 시대였다. 그를 늘 아끼던 김수온, 서거정이 그에게 벼슬을 권고했다. 당시 김수온은 판서의 자리에, 서거정은 대제학으로 있었다.(《상유양양진정서》)

그가 서울에 올 때 거처로 삼은 곳은 남소문동의 수천부정秀川副正(왕손들을 관리하는 종친부에 딸린 벼슬) 이정은의 집이었다. 이곳은 폭천정사와 가까운 곳이니 늘 들렀음직하다. 이 집의 주인이 선비를 좋아하고 또 시 읊기를 즐겼기에 많은 방외인들로 사랑방을 가득 채웠다. 먹고 살 만도 했으니 술이나 음식 대접도 소홀하지 않았다.

어느 날, 김시습이 이 집에 들러보니 사랑방은 손님들로 만원이었다. 그는 방 안에 들어서면서 조우祖雨라는 승려가 있음을 알아차렸다. 김시습은 큰 소리로 떠들었다.

"조우는 노사신에게 글을 배운 중놈이오. 이 자리에 낄 수가 없소. 만일 여기에 오기만 하면 내가 죽여버리겠소."

이 소리를 들은 조우는 분을 이기지 못하여 김시습 앞에 불쑥 튀어나와 외쳤다.

"생원이 감히 드러내놓고 큰 재상 욕을 퍼부어도 되는가? 만약 나를 죽이고 싶으면 마음대로 죽여보시오."

이에 김시습은 조우의 목을 틀어쥐고 때리려는 시늉을 했다. 옆 사람들이 모두 떼어말려 조우는 겨우 몸을 빼서 도망쳤다.《월정만필》

노사신은 권신으로 당시 재상의 자리에 있었다. 이런 노사신에게 조우가 《장자》를 배우러 간 사실을 알고 김시습은 이런 행패를 부린 것이다. 글을 배우기보다 필시 아첨하려는 것으로 생각한 것이다. 조우는 조계산 송광사의 주지였는데 김시습과는 오랜 인연이 있었고 김시습은 그에게 신세도 지고 있었다. 김시습은 비록 폭천정사에 은거한다고 말했지만 남산에서 약이나 캘 위인이 아니었다. 서울 주변에 살면서 세상일에 초연할 기질이 전혀 아니었던 것이다.

● 권신들을 거침없이 조롱하다

정승 정창손이 벽제소리를 울리며 지나가고 있었다. 마침 술이 거나하게 취한 김시습이 이를 보고 그 앞에 나서며 소리쳤다.

"너 이놈, 그만 해먹어라."

정창손은 그 위인이 김시습인 줄 알고 못 들은 체하며 지나갔다. 이 이야기를 들은 김시습의 벗들은 그와 사귀면 위태롭다고 여겨 하나 둘 발길을 끊었다.《사우언행록》

권신 한명회는 한강가에 화려한 압구정을 짓고, 서강가에 별장을 두고 이를 감탄하는 현판들을 걸어놓았다. 보통 사람들은 감히 함부로 여기에 오르지 못했다. 어느 날 김시습이 서강에 갔다가 한명회 별장의 현판을 보았다. 현판에는 이런 시가 씌어 있었다.

청춘에는 사직을 붙들고
늙어서는 강호에 누웠네
青春扶社稷
白首臥江湖

김시습은 재빨리 이렇게 고쳐놓았다.

청춘에는 사직을 위태롭게 하고
늙어서는 강호를 더럽혔네
青春危社稷
白首汚江湖

곧 부扶자를 위危자로, 와臥자를 오汚자로 고쳐놓으니 영락없이 맞아떨어졌다. 사람들이 이를 보고 그럴듯하다고 수군거리자, 한명회는 현판을 아예 없애버렸다. 《매월당집》 부록)

신숙주는 김시습이 서울에 들어왔다는 말을 듣고 숙소 주인과 짜고 술을 실컷 먹이게 했다. 김시습이 술에 곯아떨어지자 신숙주는 그를 가마에 태워 자기 집으로 데리고 갔다.

김시습은 얼마 뒤 술에서 깨어나 자신이 신숙주 집에 누워 있는 것을 알

앉다. 그가 일어나 가려 하자 신숙주는 손을 잡고 "어째서 말 한마디도 없는 가?"라고 물었다. 그는 입을 꾹 다물고 옷자락을 뿌리치고 가버렸다.(《연려실기술》. 이들 일화는 연대가 밝혀져 있지 않다) 이런 김시습이었으니 벼슬을 주자고 한들 제대로 받을 수 있겠는가? 한명회나 정창손이 방해했을 법하지 않은가?

그러나 서거정은 그를 유달리 아꼈다. 서거정은 그가 서울에 왔다는 소식을 들으면 자주 찾아가서 선비로 예우했다. 그런데 김시습은 서거정과 이야기를 나눌 적에는 벌떡 드러누워서 두 발을 벽에다 대고 흔들어대며 이야기를 나누었다. 이 짓거리가 종일 가기도 했다. 그러자 이를 본 사람들이 수군거렸다.

"김시습이 예의도 차릴 줄 모르는데, 서 상공께서 지나치게 허물없이 대해준 탓에 버릇없이 굴어대니 후회하여 다음번에는 오시지 않을 것이다."

그러나 서거정은 며칠 뒤에 또다시 찾아와 담소를 나누었다.

서거정은 나이로도 김시습보다 15년 이상이었고, 또 젊을 때부터 대제학을 지낸 이름난 문사였다. 서거정은 권신은 아니었지만 대농장을 가지고 관계에도 탄탄하게 진출하고 있었다. 서거정은 오랫동안 대제학을 지낸 뒤 만기가 되어 후임자를 추천하게 되었다. 임금은 사림 출신 김종직을 늘 마음속에 두고 있었는데, 서거정은 후임자로 홍귀달을 추천했다. 다음 대제학으로 모두 김종직을 꼽고 있었는데 서거정은 자기보다 나은 김종직을 시기하여 평범한 문사 출신인 홍귀달을 대제학에 앉게 한 것이다. 이 말을 들은 김시습은 이렇게 풍자했다.

"천하에 가소로운 일은 홍귀달이 문장에 능통하다는 것이네."

이 말은 널리 퍼졌다.

김수온은 또 남달리 그를 돌봐준 벼슬아치였다. 김수온이 '맹자가 양혜왕을 만나본 일'에 대해 생원들에게 시험을 보게 했다. 한 생원이 이 글제를 삼각산에 있던 김시습에게 보여주니, 김시습이 답을 휘갈겨 써서 주면서 말했다.

"이 글은 자네가 썼다고 하게."

이를 받아본 김수온은 채 읽기도 전에 물었다.

"열경悅卿(김시습의 자)이 지금 어느 산 어느 절에 있는가?"

그러자 그 생원이 어쩔 수 없이 사실대로 말했다고 한다.

그 내용은 바로 "양 혜왕은 거짓 왕이기 때문에 맹자가 만나서는 안 된다"는 것이었다. 그 당시에는 맹자의 이 구절을 놓고 맹자의 인의仁義를 천명한 것이라고들 배우고 있는 현실이었다. 김시습의 이 견해는 근본적으로 맹자의 잘못된, 다시 말해서 명정名正하지 못함을 나무란 것으로 탁견이었던 셈이다.

뒷날 김수온이 죽으며 좌화坐化(선승들은 곧잘 죽을 적에 앉아 죽는 것을 높이 평가한다)했다는 말을 들었다. 그러자 김시습은 뇌까렸다.

"괴애乖崖(김수온의 호)가 욕심이 많은데 어찌 좌화할 수 있느냐? 좌화는 어림없는 소리네."

김수온은 높은 벼슬을 했고 또 그의 형인 신미는 고승으로 이름을 떨쳤다. 그렇기에 김시습은 노사신이 신미에게 《장자》를 가르친 것이나 김수온이 좌화했다는 것이나 모두 욕심꾸러기요 권세에 찌든 인물들에게는 걸맞지 않은 모습이라고 생각한 것이다.(이이 《본전》)

이렇게 고관일지라도 거침없이 비판하는 그를 신숙주나 서거정, 김수온은 국사國士로 대우해 돌봐주었다. 이는 김시습의 재주와 본심을 알고 있었기 때문이 아닐까?

● 기인에서 평범한 지아비가 되었으나

그에게는 이름 없는 제자들도 따랐으나 친구 또는 후배들 중에서 그를 남달리 따르는 부류가 있었다. 그들은 바로 앞에서 언급한 이정은을 비롯 남효온, 홍유손, 김일손 등이었다. 적어도 김시습은 금오산에서 서울로 온 뒤 이들과 늘 어울려 다녔다. 수천부정 이정은은 태종의 손자이니, 세조와는 6촌간이 되며 뒷날 영의정을 지낸 이원익의 할아버지이다. 이정은은 종친부의 직책인 수천부정을 지내면서 청렴결백하게 살았고 김시습을 늘 도와주었으며 조정의 일에는 초연하게 지내면서 일사逸士들과 어울렸다. 그래서 그의 사랑채에는 많은 선비와 식객이 들끓었다.

　남효온은 김종직의 제자로 젊을 때 소릉昭陵의 복위를 상소했다. 곧 단종의 어머니인 현덕왕후의 능을 세조가 물가로 옮겨놓았는데 이를 바로잡으라고 한 것이다. 이 상소가 올려진 뒤, 정창손, 임사홍 등 권신들이 가로막아버리자 벼슬을 단념하고 방랑을 일삼으며 살았다. 남효온이 김시습과 언제 만났는지는 확실하지 않다. 그러나 김시습이 서울로 왔을 적부터 교우가 두터웠던 것으로 보인다. 남효온은 김시습을 스승처럼 섬겼는데 어느 날 김시습에게 물었다.

남효온 제 소견이 어떻습니까?

김시습 구멍난 창으로 하늘을 보지.

남효온 선생님 소견은 어떻습니까?

김시습 넓은 뜰에서 하늘을 보지.

남효온은 이런 대답에 심복했다.

홍유손은 김종직의 제자였으나 나이는 김시습보다 네 살 위였다. 그는 아전 출신이었으나 뛰어난 문사로 인정받아 아전 신분을 면제받았다. 수양대군이 왕이 된 뒤, 그는 죽림칠현을 자처해 호를 광진자狂眞子라 하고 청담淸談으로 세월을 보냈다. 홍유손도 자연스레 이정은, 김시습과 어울리게 되었다. (《성호사설》 인사문)

또 한 사람은 김일손이다. 김일손은 다 알다시피 사초에 스승 김종직이 지은 〈조의제문弔義帝文〉을 실어 세조의 찬탈을 풍자했다가 이것이 발각되어 죽임을 당한 사림파의 벼슬아치였다.

그런데 김시습이 성동 폭천정사에서 나와 다시 삼각산 중흥사에 머무를 때 김일손이 남효온의 손에 이끌려 술병을 차고 찾아왔다. 이들은 주위 사람들을 물리고 밤새도록 이야기를 나누었다. 그리고 모두 함께 백운대에서 시작하여 도봉산에 이르기까지 닷새 동안 산놀이를 벌이고 헤어졌다. (《매월당집》 부록)

이들은 시세를 논하고 세상 돌아가는 이야기를 나누었는데, 그때 김시습이 사관인 김일손에게 김종직의 〈조의제문〉을 사초에 올리라고 권고했다는 것이다. 다시 말해서 불의의 왕인 세조에 대한 비판이 역사에 올려져야 하므로 이를 수록하도록 했다는 것이다. 이로 따지면 김일손 등 사림파가 떼죽음을 당한 무오사화의 꼬투리는 김시습이 만든 셈이다.

이후 그들과 절친하게 사귄 남효온은 생육신으로 있다가 갑자사화 때 언행과 상소 등이 빌미가 되어 비참하게 죽었고, 홍유손은 무오사화 때 종이 되었다가 풀려났다. 만일 김시습이 연산군 때까지 살아 있었더라면 이들처럼 비참한 운명을 맞이했을지도 모른다.

이처럼 그는 은사, 지사, 현관 등 세 부류의 사람들과 때로는 어울리기도 하고 때로는 그들에게 경원을 당했던 것이다. 그중에서도 정창손, 한명회가 그를 못마땅하게 여겼을 것은 너무나 당연하다. 이들이 그를 죽이지 않은 것은 온 나라에 이름을 떨치고 있는 방외인을 함부로 죽였다가는 쏟아지는 비난을 감당하지 못할 것임을 염두에 두었기 때문이었다.

그의 나이도 이제 40대 후반이 되었다. 온갖 것을 다 겪고 보았으니 불혹의 나이에 걸맞게 인생관이 결실을 맺었을 법도 하지 않은가? 그의 친구들과 후배들은 그에게 아내도 얻고 자식도 낳고 조상들에게 제사도 지내고, 그렇게 평범한 가정과 사회로 돌아오라고 권고했다. 또 일부에서는 낮은 벼슬이라도 얻어 생계를 꾸리고 행동거지도 선비의 기품을 지니라고 권고했다.

그는 자신의 행동에 지쳤는지, 아니면 어떤 커다란 심경의 변화가 있었는지, 그도 아니면 친지들의 권유를 뿌리칠 수가 없었는지 아무튼 안씨 성을 가진 아내를 맞이했다. 그는 지난날 스물한 살 나이에 꾸린 가정을 불과 1년도 채 못 채우고 매정하게 버렸다. 그의 첫 아내인 남씨에 대한 소식은 그 뒤 전혀 알 길이 없다. 죽었는지 아니면 재가를 했는지 기록에 일절 나타나지 않는다. 어쨌든 적어도 그녀 입장에서 보면 김시습에게 배신당한 꼴이었다.

이제 새 아내를 맞이했으니 부모의 제사를 받들고 아들을 두어 대를 이을 결심이 섰을 것이다. 그는 머리를 길러 승려의 행색에서 벗어났다. 그리고 부모와 조상에게 이런 제문을 지어 올렸다.

제왕이 다섯 가지 가르침을 베풀면서 부모에게 효도하는 조목을 제일 첫머리에 두었고 또 3천 가지 죄를 늘어놓으면서 불효를 가장 큰 죄라고 했습니다. 무릇 천지 사이에 살면서 누군들 길러주신 은혜를 저버릴 수 있겠습니까?

어리석은 소자는 자손의 도리를 이을 듯도 했으나 이단에 빠졌다가 말로에 바야흐로 회개하옵니다. 이에 예전禮典을 상고하고 성인의 가르침을 찾아보아 조상을 추모하는 큰 의식을 강정講定하고 청빈으로 살아가는 계책을 참작해서 간소하게 정성 어린 제사를 올리나이다. ······만일에 속죄를 하려면 몸을 하늘가에 던져야 되겠습니다. 무슨 면목으로 지하에 가서 조상을 뵈오리까?

《사우언행록》

그는 이제 머리를 기르고 아내도 얻었으며, 제사도 지내고 고기도 먹으며 사는 일상 선비의 모습으로 돌아왔다. 의관을 정제하고 나들이를 나가면 제법 위엄 있는 행동도 했다. 그리고 제문의 내용대로, ㅈ난날 부모와 조상의 제사를 저버린 행동을 깊이 뉘우치고 유가의 예법대로 제사를 받들기로 결심했다.

● 멈추지 않는 기행, 네 것 내 것이 어디 있느냐?

그런데도 그의 기행은 멈추지 않았다. 1년도 채 안 되어 그의 아내가 죽은 탓이었다. 아내로서는 나이든 남편을 받들기에 어려움이 많았을 것이다. 원래의 성격이 제멋대로인 데다 30여 년의 방랑생활에 젖어 절제와 절도라고는 조금도 찾아볼 수 없었으니 말이다. 하지만 그에게도 지난날을 회개하고 새로 꾸민 가정에 마음을 붙이려는 몸부림이 있었다.

그는 방랑 속에서도 손수 농사를 짓고 제자들에게도 이를 가르친 사람이었다. 그러니 이때에도 분명히 농사를 지었을 것이다. 하지만 비록 그가 농사를 지었다 해도 제대로 재산관리는 하지 못했을 것이다. 이 무렵 그는 종들과 가옥, 전답을 모두 음흉한 사람에게 빼앗겼다. 성동의 폭천정사에 있을 때 궁방전을 갈아붙여 밥을 먹었는데 이때에는 궁방전을 비롯, 집안에서 물려받은 토지와 또 누군가 마련해준 종도 있었다. 이것을 어떤 구실로 빼앗긴 것이다. 그는 재산을 빼앗긴 줄 알고도 아무렇지 않게 지냈다. 그러던 어느 날 갑자기 그 사람을 찾아가서 재산을 돌려달라고 요구했다. 그 사람이 거절하자 김시습은 한성부에 고소했고, 두 사람은 대질을 하게 되었다. 보통 양반들은 이런 송사가 있으면 종을 대신 보내고 자신은 뒷전에서 하회를 기다리고 있어야 양반의 품위를 지킨다고 생각했다.

어쨌든 이들을 대질하는 과정은 두 사람이 서로 시끌벅적하게 떠들어대는 것이 마치 시장판 같았다. 김시습은 그야말로 입에 거품을 물고 자기 재산을 입증하며 장사꾼처럼 굴었던 것이다. 본래 그의 재산을 빼앗긴 것이니 승소한 것은 너무나 당연했다. 그는 송사에 이기고 문서들을 도로 받아 관아 문 밖에 나와서는 하늘을 보고 크게 웃었다.

"아하하, 네 것 내 것이 어디 있나?"

그러더니 문서들을 갈갈이 찢어 개천물에 내던져버렸다. 그러고는 옷깃을 펄럭이며 돌아왔다.《해동명신록》 그는 왜 애써 찾은 재산문서를 찢어 내버렸을까? 그는 이 무렵 이런 시를 남겼다.

지난해 일찍 가뭄이 들고 늦장마도 휩쓸어

물가에 수렁이 한 자 깊이나 패고

모래가 메워져 채전을 졸지에 흙탕물로 뒤엎고

쑥쑥 자라는 것은 잡초뿐이로다

아녀자는 배가 고파 길가에 울부짖으며 나앉고

길가에서 이를 보니 탄식뿐이노라

사채와 조세를 밤낮으로 독촉하는데

나도 백정(일반 평민)의 노역을 하기 어려워라

내 한 몸에 부과된 정역丁役(장정의 부역)이 삼처럼 얽혀

이리저리 빼앗는 부세 너무나 가혹하구나

올해 거둔 토란과 밤으로도 지탱하기 모자라

봄밭에 씀바귀 캐는 손길 밭둑에 꽉 찼도다

올해 갈고 심은 모가 이삭 팰 무렵

으스스 흙비 내리고 흐린 날 한 달 내내 이어져

보리이삭 싹이 터 누룩이 되고 벼뿌리 누렇게 썩고

철 어려우니 백성의 살 길 막막하도다

8월도 늦게 벼꽃이 한창 필 무렵에

동북풍이 불어닥쳐 쭉정이 여물지 않도다

도토리에 좀벌레, 채전에 황충, 오이덩굴 말라죽어

기근이 해마다 드니 살아갈 길 없네

내 기름진 땅 수십 이랑까지

지난해에 세도가에게 강탈당해버렸고

또 건장한 일손 있어 밭갈이 부리려 해도

지난해 지은 보保(군에 가는 대신 경비를 무는 장정)되어

군액軍額을 채워야 하네

어린아이 옆에서 시끄럽게 울어대고

서로 나에게 매달리는데도 못 들은 체

구중궁궐 깊고도 깊은 곳에

날개 달고 날아가 대궐문 두드리고 고소하고 싶네

《매월당집》〈기농부어〉

　이런 현실은 그 자신을 빗댄 것이었다. 다시 말해서 천재와 인재가 겹쳐 농민이나 백성은 살 길이 막막했다. 그러니 자신의 빼앗긴 재산을 찾은들 제대로 농사를 지을 수 있으랴. 이런 현실을 고발하는 그의 시는 애절하기 그지없다. 아무리 자신이 뼈빠지게 일해보아야 아내 입에 풀칠도 못해주게 되는 것이다(다른 이야기에 따르면, 이때 아이가 태어났는데 아내와 함께 곧 죽었다고도 한다).

　그는 이 무렵, 또 서울 거리를 종횡으로 휩쓸고 다녔다. 더욱 술에 취하고 몸가짐을 흐트러뜨렸으며 어떤 것에도 구애받지 않았다. 그는 거리를 지나다가 무슨 색다른 것을 보면 한없이 응시하곤 했다. 이렇게 바보처럼

거리구경을 하다가도 소변이 마려우면 사람이 있든 큰 거리이든 가리지 않고 냅다 골마리를 열고 오줌을 갈겨댔다. 옷은 너덜거리고 패랭이는 찌그러진 채 새끼띠를 두르고 거리를 종횡하고 있으니 아이들 눈에 영락없는 거지였다. 그런 그의 뒤를 아이들이 졸졸 따라다녔다. 그리고 "늙은 거지야"라고 놀려대며 깨진 기와 조각이나 돌멩이, 막대기를 던졌다. 그는 이런 아이들을 꽁무니에 달고 다니며 때로는 호령도 하고 때로는 웃기도 했다. 그러다가 밤이 되면 아무 곳에서나 잠을 잤다. 거리의 무뢰배들과 어울려 떠들썩하게 담소하기도 하고 함께 술을 마시며 농지거리를 했다. 남효온은 이렇게 적었다.

> 그가 마흔여덟 살 이후 세상이 더욱 쇠해가는 것을 보고 인간의 일을 하지 않아 점점 더 여염에서 버림받게 되었다.
>
> 《사우언행록》

● '큰 쥐' '작은 쥐'를 피해 수락정사로 들어갔으나

'세상이 더욱 쇠해간다'는 것은 무엇을 뜻하겠는가? 가정의 안락도 찾을 수 없음은 물론이고, 권신들이 점점 더 많은 요직을 차지하고 앉아 대토지를 넓혀가고 있는데 농민들의 생활은 더욱 참상을 빚고 있는 현실을 두고 말함이 아니겠는가? 이럴 때 그는 정창손이나 한명회를 조롱했고, 때로는 예전에 거처했던 삼각산 중흥사에 들어가 미친 듯 시를 지어 내버리기도 했다. 남효온이나 홍유손 등 그의 지우들이나 제자들은 그를 서울 거리에 내버려둘 수가 없었다. 약 10년 동안의 서울 생활은 오히려 새로운 가정의 좌절을 맛보게 했고, 더욱 현실에 안존할 수 없음을 증명하는 꼴이 되었다. 이들은 수락산에 새로운 거처를 마련해주었다.

수락산은 도봉산 동쪽의 양주 땅에 자리잡고 있다. 서쪽으로 긴 골짜기가 이어지고 그 골짜기를 따라 시냇물이 흐른다. 경치로 따지면 산세야 도봉산보다 처진다지만 포근함은 한수 위로 치기도 한다. 서쪽 골짜기 위에 바위와 나무가 어우러진 만장봉이 있다.

김시습은 만장봉 아래에 수락정사를 짓고 새 터전을 마련했다. 갈아먹을 땅 몇 뙈기도 있었다. 그는 이곳에서 일을 하며 제자들을 가르쳤다. 그가 이곳에서 다시 도를 닦았다고 하니, 새 터전에서 새로운 마음으로 살아보려는 의지가 있었던 것 같다.

이때는 유생들이 찾아오면 '공자와 맹자의 가르침'에 대해서만 말했지 결코 불법佛法을 말하지 않았다고 한다. 또한 유생들이 도가의 수련법에 대해 물으면 그다지 답하기를 즐기지 않았다고 한다. 이제 그의 나이 마흔 여덟. 그가 공자·맹자를 말하고 불법을 말하지 않은 것이 사람들의 입방아 때문인지, 아니면 불법을 말해보아야 그 깊은 뜻을 알아듣지 못한다고 생각했기 때문인지 모르지만, 이때는 그러했다는 기록이 전해진다. 그렇다고 하여 그가 예의 바른 유생 흉내를 낸 것은 아니다.

이곳으로 그를 찾아오는 인사들도 더러 있었다. 앞에서 조우라는 승려가 정승 노사신에게 《장자》를 배웠다고 하여 김시습에게 혼쭐난 적이 있었다. 예전의 잘못을 뉘우쳐서 사과하러 오는지, 아니면 한번 대판 따져

보러 왔는지 조우가 수락정사로 그를 찾아왔다. 김시습은 그를 흔연스레 맞이하며 말했다.

"자네가 고맙게 나를 찾아보러 왔는가? 자네가 글을 배우겠다면 내 마땅히 가르쳐주어야지."

이어 일꾼(종이라고도 함)에게 밥을 지어 먹이도록 했다. 밥상이 들어오자 김시습은 조우의 옆에 높직이 걸터앉았다. 조우가 시장하던 차에 밥을 먹으려고 입가로 숟가락이 갈 때마다 김시습은 발로 바닥을 쾅쾅 차 먼지를 일으켰다. 숟가락에 먼지가 하얗게 앉았다. 조우는 참고 계속 숟가락질을 했지만 김시습은 계속 먼지를 일으켰다. 그리하여 조우는 끝내 한 숟가락의 밥도 먹지 못했다. 이에 조우가 볼멘소리로 말했다.

조우 생원은 밥을 지어 나를 주고서 한 숟가락도 먹지 못하게 하니 이 무슨 심사요?

김시습 자네가 노가에게 글을 배웠으니 어찌 사람 노릇을 하겠는가?

조우는 어쩔 수 없이 김시습의 마음을 돌리지 못하고 돌아갔다.(《월정만필》) 그러나 조우는 뒷날 이 이야기를 박지화라는 선비에게 들려주며, 김시습은 정말 알 수 없는 사람이라고 말했다고 한다.

더러 그에게 글을 배우러 사람들이 오면 그는 나무나 돌로 두들겨 패기도 하고 활을 쏘아보라고도 했다. 이런 모욕을 지레 짐작하고 견뎌내고 글을 배우면 이번에는 화전을 일구게 하거나 밭일을 시켰다. 글을 배워 선비가 이런 그의 깊은 뜻은 어디 있었을까? 물론 이런 사람들만 수락정사에 찾아오는 것이 아니었다. 그를 따르는 남효온은 그가 거처하는 곳을 찾아다녔는데 수락정사를 찾아올 때 길을 헤맨 적이 있었다고 한다. 그와 만나면 다시 시를 화답하며 시세를 한탄하고 흉금을 털어놓았다. 이렇게 노동을 하고 도를 닦으며 살아가는 그에게 끊임없이 시련이 따라붙었다. 그도 농민이요 화전민이었다. 화전 몇 떼기 갈아먹고 더러 일꾼이나 제자들을 시켜 수확을 해도 남는 것은 거의 빈손이었다.

아무리 농사를 지어본들, 그는 나이도 들고 몸도 약한 일개 선비였다. 그리고 처자도 없는 몸이었다. 한 몸의 호구를 위해서는 어디 마음 맞는 대가의 사랑채에서 훈장 노릇이나 하며 밥을 얻어먹을 수도 있을 것이다. 그러나 그는 굳이 일을 했고 또 농부들과 어울리며 그들의 비참한 생활상을 몸소 겪고 보았다. 그 때문에 깡그리 조세니 도조니 하며 명목을 붙여 수탈을 일삼는 벼슬아치나 지주들을 미워했다. 그리하여 또 이런 시를 남겼다.

큰 쥐야 큰 쥐야
내가 거둔 곡식 먹지 말거라
삼 년씩이나 너에게 바쳐왔는데
나에게 적은 곡식도 남겨주지 않는구나

가리라, 너의 땅을 떠나가리라

저 즐거운 낙토로 가 노닐리라

큰 쥐야 큰 쥐야

네 어금니가 칼날같이 날카로워

내가 잘 갈아놓은 곡식을 해치고

내 수레바퀴마저 물어뜯어

나에게 길을 갈 수 없게 하고

다시 앞으로 나아갈 수도 없게 하네

큰 쥐야 큰 쥐야

소리내 늘 찍찍 울어대며

교활한 말로 사람 해치고

사람 마음을 두려움으로 떨게 한다

어떻게 하여 모진 고양이 얻어다가

한번 너를 잡아 남은 종자 없게 할까

큰 쥐가 한번 새끼를 낳으면

내 집안에 젖먹이 쥐 가득 차니

내가 너를 기르는 게 아니어서

쥐를 잡아 처형하던 옛 옥사에 붙여

너의 깊숙한 소굴 구멍을 메워

종적을 멸하게 하겠노라

〈석서碩鼠〉

이 '큰 쥐'는 누구를 뜻하는가?《시경》의 〈석서〉편에 나오는 이 시가는 조세를 마구 매기던 통치자들을 풍자하는 내용으로, 민간에 떠돌던 것이었다. 그러니 여기에서 말하는 '큰 쥐'는 누구를 가리키는지 알 만하다. 이 '큰 쥐'는 여느 농부만이 아니라 자신의 삶까지도 방해하고 오도가도 못하게 하는 재앙 덩어리였던 것이다.

그가 당초 수락산에 들어갈 적엔 몇몇 친구와 독서도 하고 농사도 지으며 자급자족할 작정이었다. 해마다 골짜기에 씨를 뿌리면 보리에서 조까지 많은 곡식을 거둘 수 있을 것이라고 생각했다. 또 벼와 밤 따위도 땅이 걸어 가을이 되면 수십 가마니를 수확하리라 생각했다.

이렇게 먹을거리를 만들어놓고 다음해에는 좀더 차분한 마음으로 독서와 학문에 힘쓰기로 마음먹었다. 가을걷이가 끝난 뒤에 그는 서울 나들이를 나왔다. 그리고 흡족한 마음으로 서울 거리를 돌아보았다. 그러던 어느 날 그가 수락정사로 들어가 보니 곡식이 한 톨도 남아 있지 않았다. 산쥐들이 깡그리 먹어치워 버렸던 것이다. 그는 망연자실해서 눈물을 삼키며 곡식섬을 바라보았다. 그리고 한숨을 쉬며 말했다.

"궁핍하다고 사람들에게 빌붙어 먹고, 입에 풀칠하기 위해 관에 몸을 조아리고 아양을 떨며 먹을 것을 구하는 것은 선비의 지조가 땅에 떨어진 것이다. 아아, 어찌할까?"

그때 옆에 있던 사람이 말했다.

"궁해지면 처먹으라고 내주는 음식도 받아야지요."

"옛 사람이 말하지 않았소. 늙을수록 더욱 장건해지고, 궁할수록 더욱 견고해져야 한다고……."(《상유양양진정서》)

그의 자존심은 또다시 서울의 대갓집에 빌붙어 얻어먹게 허락하지 않았다. 이에 그의 심사는 또 뒤틀어지기 시작했다.

그런데 여기에서 설명을 덧붙일 필요가 있다. 그의 시나 글을 보면 쥐를 미워하는 표현이 자주 나온다. 이 쥐가 앞에서 말한 '석서'인지, 아니면 산쥐, 들쥐인지는 모를 일이다. 도둑질하고 빼앗는, 사람 탈을 쓴 큰 쥐와 작은 쥐, 그리고 사람의 먹을 것을 요리조리 훔쳐 먹는 산쥐와 들쥐로 구분해서 나타낸 것이리라. 이 두 종류의 쥐를 그는 미워했을 법하다. 분명히 '쥐'는 그의 천적이었다. 그런 쥐를 다스릴 능력이 그에게는 없었다. 다만 그 쥐를 피해 다니면서 저주와 원망만을 퍼부어댈 뿐이었다.

이제 그는 10여 년이 넘는 서울 생활이나 서울 언저리 생활에 넌덜머리가 났다. 1년쯤의 수락정사 생활에서 그는 '동봉東峰'이라는 호 하나를 얻고는 또다시 떠날 차비를 했다.

그는 용산의 수정水亭에 잠시 머물렀다. 아마도 친구와 후배들을 만나보고 길을 떠날 작정이었을 것이다. 어느 날 수정에는 남효온을 비롯한 많은 명사들이 몰려들었다. 여러 사람들과 이야기를 나누던 김시습이 갑자기 정자 밖 두어 길 밑으로 떨어졌다. 어찌나 심하게 다쳤는지 숨도 제대로 쉬지 못할 지경었다.

여러 사람들이 눈이 휘둥그레져 달려가 몸을 끌어올리고 주무르고 물을 먹이고 법석을 떨었다. 이윽고 김시습이 깨어나자 사람들이 물었다.

"이렇게 많이 다쳤으니 내일 어떻게 길을 떠나겠소?"

"자네들은 내일 다락원으로 나와서 나와 송별할 것을 기다리고 있게. 곧 조섭을 잘해서 조금이라도 나으면 웬만한 아픔은 참고 길을 나서겠네."

다음날 아침 여러 사람이 다락원에 가니 그는 벌써 와 있었다. 다친 기색이라고는 조금도 없이 아무렇지도 않은 듯 웃고 있었다. 남효온이 말했다. "선생은 어찌 환술을 써서 우리들을 속이시오?"《월정만필》

🔴 마지막 방랑의 길

마흔아홉 살 되던 해 늦은 봄날인 3월 19일, 그는 강원도로 길을 떠났다. 많은 책을 싸 짊어지고 가면서, 그는 관동의 산수를 돌아보고 수수라도 심어 먹고 살 땅뙈기를 구해 살리라며 다시는 서울로 올 뜻이 없다고 했다. 그러자 남효온은 이렇게 썼다.

> 내가 술을 가지고 가서 손을 잡으며 슬픈 마음으로 이별했는데 다시 만나
> 볼 기약이 없었다.
>
> 《추강집秋江集》

그는 예전에 잠깐 머물던 설악산·강릉·양양 등지로 발길을 돌렸고, 다시는 서울로 돌아오지 않았다.

그는 소양강을 거슬러 올라가다 춘천의 청평산 청평사에서 한동안 지냈다. 그리고 오대산 한계령을 돌아보다가 동지 때에는 강릉에 이르렀다. 이때 그는 두 사람을 데리고 간 것으로 보인다. 종자인 어성갑於成甲과 친족인 김효남金孝男이었다. 두 사람은 그의 손발이 되어주었다.

이 방랑길에서 그는 병든 몸을 이끌고 또 백발이 된 자신을 돌보며 격렬한 감정의 표백보다는 과거를 돌이켜보는 감상에 젖은 심정을 드러냈다. 당시 그의 시는 자기 일생을 돌아보는 내용들을 많이 담고 있다. 쉰한 살이 되던 해 정월에 지은 것으로 보이는 시에서는 이런 자신의 모습을 읊조리고 있다.

어머니를 열세 살에 잃고
외할머니에게 이끌려 길러졌네
얼마 뒤에 또 유명을 달리하시자
생업이 뒤틀어졌네
벼슬살이할 심정이 적고
숲속에 노닐 뜻 많아
오직 생각은 세상을 잊는 것이어서
멋대로 산언덕에 누워 지냈구려

이 무렵 또 이런 시를 남기기도 했다.

늙음 병이 찾아든 속에
삼 년 동안 강릉을 떠돌았네
옛 친구는 만날 길 없고
꽃떨기만 마주하는구려
공중에 매달린 달을 금禁할 수 없겠으나

나무에 부는 바람도 미워지는구나

금년에는 어느 곳에 잘꼬

천지 사이에 하나의 떠돌이

　이렇게 그는 늙음과 질병과 그리고 흰 머리털을 보며 옛 친구들을 그리워하다가 설악산에 자리를 잡았다.

　이때의 양양부사는 유자한이었다. 유자한은 1486년(성종 17) 이곳 부사로 왔다. 그는 비록 벼슬자리에 있었지만 사림파들과 어울렸으며, 뒷날 갑자사화로 유배지에서 죽은 절의의 벼슬아치였다. 이런 유자한이 설악산에 있는 김시습의 이야기를 못 들었을 리 없었다. 유자한은 김시습을 지극히 후대하며, 조정에 벼슬을 천거할 것이니 늙은 몸을 돌보아 다시 머리를 기르고 서울로 가기를 권했다. 그리고 가업을 잇고 범상한 생활을 도모해 보라고 일렀다. 이때 김시습은 이런 편지로 회답했다.

　앞으로 긴 괭이를 만들어서 복령(약이름)과 창출(약이름)을 캐리로다만 나무에 서리가 내리면 중유(공자의 제자)의 더러운 옷을 수선하여 입고 천산에 눈이 쌓이면 장공(진나라 때 사람. 학창의를 입고 눈 위를 걸어다녀 신선이라 일컬었다 함)의 학창의를 고쳐서 입으리로다. 비굴하게 사는 것이 마음 펴고 사는 것만 하겠소. 천년 뒤에나 나의 뜻을 알아주기 바라오.

《해동명신록海東名臣錄》〈상유자한진정서〉

　그는 유자한의 뜻을 한사코 거절하며 산속에서 자족하며 살기를 바랐던 것이다.

● 속인의 경지를 벗어나다

유자한은 김시습의 마음을 달래고 그의 생활을 도우려 애썼으나 잘 받아들여지지 않자, 한번은 계집종을 보내 그를 돌보게 했다. 그는 계집종을 그윽이 바라보았다. 계집종은 김시습이 영 마땅치 않았다. 꾀죄죄한 모습에 쉰이 넘은 늙은이인 데다, 돈도 땅도 없는 방랑객이니 시종을 들거나 첩살이할 마음이 없었다. 하지만 당시 계집종은 상전의 지시에 따라 움직여야 했을 뿐만 아니라, 상전이 시키면 첩이 되어 수발을 들어야 했다. 만일 이를 거역하면 벌을 받게 되어 있었다. 김시습도 그 계집종을 별로 내켜하지 않았다.

마침 달빛이 환히 비추자, 김시습은 짐짓 계집종에게는 관심이 없는 척 달구경을 하며 그녀의 행동을 살펴보았다. 그랬더니 계집종은 그가 자신에게 관심을 기울이지 않음을 보고 눈치를 살피다가 가버렸다. 계집종은 돌아가 부사에게 이런 사실을 알렸고, 부사는 그녀를 크게 나무랐으나 어쩔 수 없는 일이었다.

그는 왜 계집종을 곁에 두고 일도 시키지 않고 노리개로 삼지도 않고 돌려보냈을까? 설명하지 않아도 알 것이다. 그가 자신의 이기심에 충실했더라면 그 계집종은 어떤 처지에 놓였을 것인가?

그가 설악산의 암자에 있을 때 강릉의 선비들이 그에게 글을 배우러 올라왔다. 최연 등 대여섯 명의 청년들이 글을 가르쳐달라고 하자 그는 한사코 거절했다. 그러나 최연만은 끝까지 버티고 앉아 글을 배웠다. 최연은 김시습이 시키는 대로 일도 하고 글도 배우며 아침저녁으로 극진히 모시면서 제자의 도리를 다했다.

그런데 달이 밝고 밤이 깊을 적에 최연이 자다가 눈을 떠보면 김시습은 잠자리에 없었다. 이러한 일이 여러 번 있었지만 최연은 물어보지도 못하고 혼자 궁금증을 삭이고 있었다. 어느 달 밝은 밤, 그는 김시습이 또다시 망건을 쓰고 나가는 모습을 보고 몰래 뒤따라 나섰다. 김시습은 깊은 골짜기에 있는 넓은 반석 위로 올라가 앉았다. 그러자 어디선가 두 사람이 더 나타났고 그들은 서로 이야기를 나누며 즐겁게 웃었다.

최연은 멀리 떨어져 숨어서 살피느라고 대화 내용은 알아들을 수가 없었다. 이들이 대화를 마칠 때쯤 최연은 재빨리 돌아와 잠든 척하고 예전처럼 누워 있었다. 다음날 아침 김시습이 최연을 불러 앉혔다.

"너를 가르칠 만하다고 생각했는데 지금 조급한 것을 보니 가르칠 수가 없구나. 가거라. 가서 네 일이나 하여라."

최연은 말할 나위도 없이 돌아왔다. 김시습과 대화를 나눈 게 사람인지 신선인지 모를 일이라고 한다.《어우야담》

그가 거처하던 설악산의 암자를 세상 사람들은 '오세암'이라고 했다. 곧 그의 어릴 적 별명을 따서 붙인 이름이다(오세암의 유래는 사실 이와 다르다). 설악산 오세암에서 그는 신선의 행적을 보인 것으로 전해졌지만 그가 도가에 깊은 관심이 있었던 것은 아닌 듯하다. 물론《노자》와《장자》를 읽었고, 또 수련과 같은 양생의 법을 몸소 익혀보기도 했지만 신선술에는 깊이 빠지지 않았다. 그는 삼각산에서 책을 내던지고 설잠이라는 중이 되었을 때 '이교異教'가 크게 일어나는 세태를 한탄해서 방랑생활을 하게 되었다고도 토로했다. 그러나 이것은 그가 중년에 심적 갈등을 겪으며 토로한 말일 뿐이다.

그가 삼각산에서 지었다는, "삼각의 높은 봉우리 태청太淸(도가의 세계)을 꿰었고 올라보니 두우성斗牛星을 딸 만하네"라는 시는 도가 분위기를 풍기는 내용인데, 자신은 이것을 지은 적이 결코 없으며 세상 사람들이 만들어 퍼뜨렸다고 했다. 그가 방외인이 되었다고 해서 도가류라고 말할 수는 없으며 시속을 멀리했다고 도인은 아니다.

불교에 대한 그의 깊이가 단순히 절간에서 밥을 얻어먹으며 귀동냥으로 들은 지식이 아니었음은 여러 군데에서 증명된다. 그는 30대에 불경 번역, 곧《묘법연화경》의 번역에 참여할 만큼 불교 지식을 인정받고 있었다. 그는 이어 이와 관련된 저술을 남기기도 했다. 특히 의상義湘의《화엄일승법계도華嚴一乘法界圖》에 대한 주석을 저술했다. 이는 보통 '법계도' 또는 '법성계法性偈'라고 부르며 우리나라 불교의식에서 빼놓지 않고 염송하는 것이다. 여기에는 화엄사상을 요약하여 담았는데, 이 화엄사상을 간단히 말하면 법계평등法界平等과 무차별상無差別相을 그 기저로 하고 있다.

그가 초기와 중년에 방외인의 모습을 보이며, 불경에 깊이 빠져 있으면서도 이단의 부흥을 나무라고 또다시 머리를 기르고 공맹의 도를 말하자, 많은 유자儒者들은 그의 근본은 어디까지나 유교라고 변호했다. 이이도 그를 두고 "심유적불心儒蹟佛"이라고 했다. 곧 '마음은 유학에 두고 행동은 불교였다'는 뜻이다. 이런 말이 어느 시기에는 맞았다.

그러나 그가 50대의 나이로 다시 방랑을 시작했을 적에는 사뭇 달랐다. 앞에서 본 대로 그가 송광사의 주지 조우를 비웃으며 욕한 것도 권문에 아부하는 조우의 행동 때문이었지, 불교와 관련된 그 무엇 때문은 아니었다.

또 세조의 명으로 불경언해에 참여했을 때 알게 된 '학즈'라는 스님이 있었다. 학조는 유자 집안 출신이었다. 그리고 앞에 나온 김수온의 형인 '신미'라는 중이 있었다. 이들은 속리산 복천사에서 세조를 모시고 대법회를 열기도 하고 왕명으로 금강산 유점사 중창의 주역으로 일을 벌였다. 김시습은 이들과 어울렸는데 학조와는 이런 일화가 있다.

학조는 김시습에게 굴복하지 않고 매양 맞섰다. 어느 날 산속을 함께 가게 되었는데 마침 비가 개고 길 옆에 산돼지가 칡뿌리를 캐 먹느라 파놓은 웅덩이가 있었다. 그 웅덩이에는 흙탕물이 가득 차 있었다. 김시습이 말했다.

"내가 이 흙탕물에 들어갈 터이니 자네도 함께 따라 들어오겠는가?"

학조는 그러자고 했다. 두 사람은 흙탕물을 휘젓다가 나왔는데 학조는 얼굴과 옷이 흙탕물에 범벅이 되었지만 김시습은 아주 깨끗했다. 이에 김시습이 말했다.

"자네가 어찌 나를 본받을 수 있겠는가?"《월정만필》

이런 야담에는 김시습을 의인으로 만들려는 뜻이 숨어 있겠지만 그가 불승을 얕잡아보았다는 이야기는 전혀 전하지 않는다. 그가 두 번째로 서울을 떠나 방랑의 길에 나섰을 때 다시 승복을 입고 머리를 깎은 것은 절에서 밥이나 얻어 먹으려는 얕은 생각에서 나온 게 아니었다. 그가 여느 승려처럼 조용히 불교를 익히거나 참선에 빠져든 것은 아니나 결국 불교로 종장을 삼았던 것으로 보아야 한다.

그는 성리학에서는 기일원론氣一元論을 철저히 주창했다. 만물은 '기'로 이루어진다고 본 것이다. 이는 성리학에서 이원론을 펴서 이는 선, 기는 선악의 혼잡으로 보는 일반적인 학설에 큰 반기를 든 것이다. 따라서 그는 물질이나 현상이 정신을 좌우한다는 논리에 접근했다고 볼 수 있고, 또 이것은 인간은 기에서 태어난 평등한 존재라는 논리로도 발전하는 것이다.(〈태극설〉)

그가 줄기차게 농민의 생활을 동정하고 그 자신이 노동을 신성시한 것들은 애민사상에서 나왔다. 그런데 그는 인간의 생활이나 차별의 궁극적 책임을 통치자인 왕이나 지배계층인 벼슬아치에게 두고 있다.(〈고금제왕국가 흥망론〉) 밑으로부터의 개혁, 곧 민중적 역량이나 동력을 중요시하지는 않았지만, 그의 애민사상은 매우 철저했다.

그리하여 그의 기철학은 뒷날 화담 서경덕에게 전수되었고 애민사상은 율곡 이이에게 영향을 주었으며, 그의 평등관과 무차별관의 불교사상은 현실과 밀접한 행동불교로 이어졌다고 볼 수 있다. 이런 투철한 사상을 지니고 말년의 허무와 감상에 빠진 그는 결국 홍산(지금의 부여군 내)의 무량사로 발길을 돌려 삶의 마지막 안식처로 삼았다.

🔴 처절한 자기성찰의 진보적 지식인

강원도에서 충청도로 발길을 돌렸지만 그가 병든 몸을 의탁할 곳은 역시 절간이었다. 절간에 머문다고 하여 법회를 열고 설법을 하는 것드 아니었다. 하루는 무량사의 여러 스님들이 설법을 청했다.

"빈승들이 대사를 받든 지 오래되었으나 설법을 한 번도 들려주지 않으셨습니다. 대사의 청정하신 법안法眼을 끝내 누구에게 전하시렵니까?

빈승들이 향할 곳을 알지 못하니 눈에 가린 것을 금집게로 긁어주소서."

"너희들은 크게 설법의 자리를 열라."

김시습은 가사를 걸치고 법상에 가부좌를 틀고 앉았다. 중들이 법당을 가득 메우고 꿇어앉아 있었다. 김시습이 소리쳤다.

"소 한 마리를 몰고 오라."

중들이 소를 끌어다가 뜰 아래에 매어놓았다. 그는 또 소리쳤다.

"소 먹일 꼴을 가져오너라. 그리고 소 꽁무니에 놓아두거라."

소와 꼴이 놓이자 그는 다시 껄껄 웃으며 말했다.

"너희들이 불법을 듣고자 함이 이와 같다."

설법은 이것으로 끝이었고 중들은 얼굴을 붉히고 수군거리며 물러났다. 무식한 사람을 '소 꽁무니에 있는 꼴뚜기'라고 일컫는 속담에 빗대어 불법에 어두운 승려들을 질타한 것이다.(《용천담적기》. 이 글에서는 승려들을 비웃는 뜻으로 쓰여졌다) 가위 선승의 설법 흉내를 낸 것이다. 그럼에도 그는 무량사에서 극진한 대접을 받으며 지냈다. 병이 깊은 가운데 그는 이런 시를 남겼다.

봄비가 주룩주룩 이삼 월에
모진 병 붙들고 선방에서 일어나
중생에게 서쪽에서 온 뜻을 묻고자 했으나
다른 중들이 기리고 높일까 두렵구나

〈무량사 와병〉

이처럼 그는 지식을 떠벌려 설법에 나서려 하지 않았다. 그는 키가 작고 얼굴이 못생겼으며 도통 예의를 차리지 않았다고 한다. 그러나 재기가 넘치고 독선적이었고 불의나 남의 허물을 보면 참지 못했다고 한다. 또 자기의 일로 남에게 부탁한 적이 없으니 벼슬살이를 구하는 것은 물론, 양식이 떨어져도 빌려올 줄 몰랐다. 이런 성격을 두고 그 자신도 원래부터 성품이 그래서 고칠 수가 없다고 했다. 그러니 그가 명망을 구했을 리도 없다.

그가 많은 시를 지어 내버렸던 것도 그런 '되지 못한 싯줄이 무슨 소용이랴' 하는 생각 때문이었다. 그는 선방에서도 이런 모습을 보였다. 다만 인연 따라 담담히 생을 마감하려 했다. 무량사에서 어느 날 그는 무슨 마음이 동했던지 붓을 잡고 자화상을 그렸다. 그리고 자화상 위에 이런 글귀를 써넣었다.

"너의 모양은 조그마하고 너의 말은 크게 분별이 없구나. 너는 구덩이 속에 처박아두어야 마땅하다."

인생을 마감하면서 남긴 말이었다. 처절한 자기성찰의 글귀였다. 이 글귀 밑에는 '청한淸寒'이라는, 또 하나의 자기 호를 새긴 도장을 찍어두었다. 그의 나이 쉰아홉 되던 해, 봄날씨도 따뜻한 3월, 조용히 유언을 남겼다.

"내가 죽거든 화장을 하지 말고 임시로 관을 절 옆에 두어라."

그의 제자들은 유언대로 그의 관을 절 옆에 그대로 조용히 모셔두었다. 3년 뒤에 장사 지내려고 관을 열어보니 안색이 마치 살아 있는 것 같았다. 여러 스님들이 놀라 모두 성불했다고 말했다. 불교의식대로 다비

를 했더니 사리가 나와서 그 사리를 담아 무량사에 부도를 만들어 안치했다. (이이 《김시습전》)

그는 분명히 불행한 삶을 살았다. 살아서는 그의 절의와 문명 탓인지, 여러 사람의 동정을 받기도 하고 시샘을 당하기도 했다. 또 죽어서는 수많은 일화로 민중의 가슴속에 자애로운 모습으로 자리잡았다.

선조는 그의 충절을 기려 생육신으로 떠받들게 하고 이이로 하여금《김시습전》, 윤춘년으로 하여금《매월당전》을 짓게 하여 기렸다. 그가 죽은 지 89년 뒤의 일이었다. 또 정조는 그가 죽은 지 289년 뒤에 이조판서를 증직했고 이어 곳곳에 생육신과 김시습을 기리는 서원과 사당이 세워졌다.

이는 모두 그의 충절을 기린 것이다. 곧 그가 세종에 대한 은의, 단종에 대한 충성을 다하기 위해 몸을 방랑과 물외物外에 두었다는 것이다. 그러나 결코 그 때문에 그가 세상을 깔보고 산 것은 아니었다. 그는 냉철하게 현실을 보고 비뚤어진 세상을 등졌다. 또 그는 백성을 사랑하는 마음을 가지고 있었고, 몸소 노동을 게을리 하지 않는 지사였다. 그러므로 그는 진보적 지식인이요 사상가였지, 음풍농월이나 일삼는 시인은 아니었던 것이다.

그와 가장 가까운 지기 중의 한 사람인 홍유손은 김시습의 제문에 그의 충절을 말하는 대신 "그는 색은행괴索隱行怪(궁벽한 것을 캐고 괴상한 행동을 하다)를 하지 않았다"고 썼다.

또한 그는 "저자에서 함께 술 마시던 무리들도 모두 통곡해 마지 않았다"고 했으며, "공을 우리들이 가장 잘 안다"고도 했다.

그런데 한편으로는 왕조의 지배층이 그의 충절을 지나치게 과장한 것은 충효를 통치철학으로 이용한 조선시대의 이미지 조작에서 나온 것이었다고도 말할 수 있다. 이러한 점을 감안하더라도 그는 분명 조선 전기에 나타나기 시작한 현실 모순에 철저히 저항한 시인이었고 사상가였음을 앞에서 나온 이야기들을 통해 알 수 있다. 다만 그는 현실 속에 뛰어들어 개혁사상을 실현하려 하지 않고, 방외에 멀찍이 서서 수선해야 할 망태기쯤으로 현실의 모순을 바라보았을 뿐이다. 이것이 그에 대한 해답이다.

02

허균

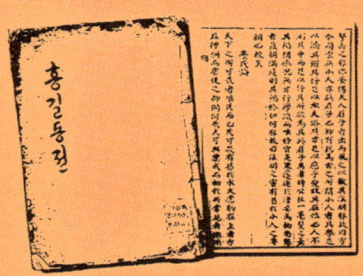

조선시대 반역과 이단의 상징

그를 단적으로 표현하면 한 세기에 날까 말까한 천재 시인이요 문사이자 최초로 국문소설을
쓴 작가였으며 유불선에 두루 통달한 학자였고 불같은 의지를 지니고 현실을 뜯어 고치려던
개혁사상가였다. 그러나 당시 그에게 붙여진 이름은 '막된 인간'이었다.

● 명문가의 자제로 불우한 이들의 벗이 되다

교산蛟山 허균許筠(1569~1618)은 분명히 시대의 반역아요 이단이었다. 그를 단적으로 표현하면 한 세기에 날까 말까한 천재적 시인이요 문사이자 최초로 국문소설을 쓴 작가였으며, 또한 유불선儒佛仙에 두루 통달한 학자였고 불 같은 의지를 지니고 현실을 뜯어 고치려던 개혁사상가였다. 이러한 것은 오늘날의 평가이지만 당시 그에게 붙여진 이름은 한마디로 '막된 인간'이었다.

허균은 대대로 고관직을 누리던 양반 가정에서 태어났다. 그의 아버지 허엽許曄은 서경덕의 수제자격으로 높은 벼슬을 지낸 동인의 거두였으며, 그의 맏형 허성許筬은 임진왜란 직전 일본에 통신사의 서장관으로 다녀와서 일본 침략을 정확하게 예단한 인물로 알려졌으며, 그의 둘째 형 허봉許篈은 명나라에 다녀와 기행문 〈조천기〉를 쓴 인물로 유명했다. 또 누이는 여류시인 난설헌이었다.

이런 가정배경이다 보니 어릴 적부터 유성룡과 같은 명사들을 만날 수 있었고 서울의 명문집 자제들과 어울리게 되었다. 허균은 또 어릴 적에 누이 난설헌과 함께 서자 출신 시인 이달에게서 시를 배웠다. 이때부터 당시 서자들이 사회에서 어떤 대우를 받는지를 알았다.

허균은 열 살 무렵부터 서울에서 천재로 일컬어졌고 그의 누이도 신동으로 소문이 자자했다. 이런 그였는데도 어찌 된 까닭인지 스물한 살에 생원시에 합격하고 스물여섯 살에야 겨우 사관의 벼슬을 얻었다. 그 뒤 그는 30대의 나이에 황해도 도사都事(감사 아랫자리)가 되기도 하고 수안군수가 되기도 했으나 관아에 부처를 모시고 염불했다는 둥, 부모 상중인데도 기생을 끼고 놀아났다는 둥 비난을 받고 벼슬자리에서 밀려났다.

그러나 허균은 조금도 부끄러워하거나 후회하지 않고 당당히 맞섰다. 도대체 썩은 세상에다 치졸한 선비들의 행동거지가 마음에 들지 않았던 것이다. 그는 썩어빠진 조정에서 벼슬할 뜻이 도통 없었다. 그런 탓에 그는 불우한 문인이나 시인들과 어울렸고 또 세상에서 버림받은 서자, 승려, 무사들과 한패가 되어 술로 나날을 지냈다.

왜 그랬을까? 그만한 까닭이 있었다. 현실과 타협하지 않고 불의를 보면 참지 못하는 성미 탓이었고, 또 예교禮敎를 중시하는 조선 사회에서 이를 깔보고 자기 멋대로 살았기 때문이었다. 한때 그의 제자였고 또 아주 가까이 지냈던 이식의 평을 들어보자.

허균은 총명했고 문재文才가 있었다. 부형父兄과 자제子弟들이 모두 높은 벼슬살이를 하며 유명했지만 그는 행동을 단속하지 않고 어머니의 상중에도 고기를 먹고 기생을 끼고 놀았다. 이런 사실이 드러나서 좋은 벼슬을 얻지 못했다. 드디어 도교·불교의 서책을 두루 읽고서 스스로 얻은 바가 있다고 말했는데 더욱이 이에 대해 거리낌이 없었다. 나중에는 원흉元凶과 줄이 닿아 벼슬이 참찬에 이르렀지만 끝내 대역을 피해서 죽음을 당했다. 그 사람의 일은 입에 올리기에도 더럽지만 그가 이런 말을 한 적이 있다. "남녀의 정욕은 하늘이 준 것이요, 윤기倫紀의 분별은 성인의 가르침이다. 하늘이 성인을 일등으로 높였으나 나는 하늘을 따르지, 감히 성인을 따르지 않겠노라."

그들 무리가 이 말을 외며 지극한 이론이라고 했으니 이단·사설의 극치
였다.

《택당집澤堂集》

그는 또 이렇게 말했다.

세상에 전해지기를 《수호전》을 지은 사람은 3대에 걸쳐 귀머거리와 벙어
리가 되어 그 응보를 받는다고 했다. 도둑들이 그 책을 읽으며 우러렀다.
허균·박엽 등이 그 책을 좋아해 책에 나오는 도둑들의 이름을 따서 서로
부르며 어우러졌다. 허균은 또한 《홍길동전》을 지어 《수호전》에 비겼다. 그
들 무리인 서양갑·심우영 등이 몸소 그들 행동을 답습하여 한 마을이 시
끄러웠다. 허균 또한 모반을 피하다가 죽음을 당했으니 이는 귀머거리·
벙어리가 되는 갚음보다 훨씬 심했다.

《택당집》

이 두 인용문에서는 허균이 이단이었다는 점과 《홍길동전》을 지어 돌
려 읽으며 반역을 도모했다는 점을 지적하고 있다. 허균을 욕질하기 위해
쓴 글이지만 오늘날의 우리에게는 그를 아는 데 중요한 자료가 된다. 이
식은 전형적인 유학자였고, 이를 밑천으로 하여 높은 벼슬과 명망을 낚았
다. 그러면 일단 그의 삶과 행동을 더듬어보고 그 속에서 그의 참모습을
발견해보기로 하자.

그는 집안이 좋았으므로 여느 사람 같으면 신분에 따라 끼리끼리 놀게
마련이다. 그런데 그는 전혀 그렇지 않았다. 그가 어울려 사귄 사람들은
핍박받는 서자나 불우한 문사나 벼슬에서 떨려난 사람들이나 산속에서 떠

도는 중들이나 어렵게 사는 화가 그리고 무사나 기생들이었다. 이런 모습에 대해 어떤 사람이 물었다.

> 그대는 문장이 뛰어나고…… 의당 사귈 적에는 높은 벼슬아치들과 한 무리가 되어 서로 찾아오고 찾아다니며 그들과 나랏일을 함께 짤 수 있을 것이오. 하루아침에 권세를 휘어잡아서 부엌이나 곳간에 물건을 그득히 쌓아놓고 살 수 있을 텐데 어찌하여 조정에서 물러나올 적에는 변명도 못하고 숙맥같이 입을 다무느뇨? 현달한 이가 찾아오는 법이 없으며 괴상망측한 사람들과 어울려 다니느뇨? 그들 중에는 얼굴이 검은 사람도 있고 수염이 붉은 사람도 있소. 수염이 붉은 사람은 혓바닥으로 희롱도 하고 얼굴이 검은 사람은 술병을 차고 오오. 어느 키가 작달막한 사내는 여우 코구려. 애꾸눈도 있고 눈썹이 붉은 이도 있소. 이들과 날마다 별당에서 떠들고 시끄럽게 노래를 부르고 만상을 아로새기며 그 스스로를 즐거워하는구려. 그래서 미워하는 사람들이 저 남산의 숲과 같이 많고 등을 돌리는 선비들이 별처럼 헤아릴 수도 없이 많소. 마땅하오. 그대 몸은 진흙 길에 내동댕이쳐진 신세이거늘 어째서 이런 무리들을 쫓아 보내고 중요한 지위에 있는 인사들과 사귀지 않는 것이오?

허균 《성소부부고惺所覆瓿藁》

허균은 물론 이 따위 비난에 한 점 흐트러짐이 없었다. 그리고 이런 사람들과 계속 어울려 다녔다. 그들은 바로 서양갑이나 이재영 같은 사람이었고, 화가 이정도 그들 부류에 속했다. 이렇게 살아가고 있으니 벼슬아치들은 눈살을 찌푸리고 양갓집 자제들은 허균을 멀리했다. 그들의 눈으로 보면 이들은 타락한 무리였던 것이다.

● 인간애 넘치는 개혁사상가

허균은 낮은 벼슬을 하다가 쫓겨나기 일쑤였는데 벼슬아치들이 보는 시험에서 연거푸 세 번 일등을 하자, 조정에서는 그의 재주를 특별히 인정하여 공주목사 직을 내렸다. 공주목사는 지방관 중에서도 그야말로 좋은 자리였다. 마음먹기에 따라서는 한 재산 톡톡히 모을 수 있는 벼슬이었다. 그런데 그는 맨 먼저 엉뚱한 일을 벌였다. 그는 친구 이재영에게 이런 편지를 보냈다.

나는 큰 고을의 원이 되었네. 마침 자네가 사는 곳과 가까우니 어머님을 모시고 이리로 오게. 내가 절반의 봉급으로 대접하리니 결코 양식이 떨어지지는 않을 것이네. 자네와 나의 처지는 다르지만 취향은 같으며 재주는 나보다 열 배이지만 세상에 버림받음은 나보다 심하니 내가 매양 기가 막히네. 내 비록 운수가 기박하나 몇 차례 고을 원이 되어 목구멍에 풀칠은 할 수 있지만 자네는 입에 풀칠도 못하는 것 같네. 이런 것은 모두 우리의 책임이네. 밥상을 대할 적마다 부끄러워 밥이 목구멍에 넘어가지 않네. 어서 오게. 비록 이 일로 비방을 받더라도 나는 마음을 쓰지 않겠네.

절절히 우정이 넘치고 있다. 실제로 그는 부정한 재산에 관심이 없었으며 적게 받는 봉급을 나누어 이재영이란 친구와 그의 어머니를 먹여 살렸다. 이런 사람들에게 그의 인정은 한없이 넘치고 있었다. 그는 공주목사 자리에서 1년이 못 되어 또다시 떨려나갔다. 이때 그의 식객은 이재영 모자만이 아니었다. 허균은 자신의 처외삼촌 되는 서자 출신인 심우영도 불러와 함께 살았다.

그 뒤 한직으로 돌다가 1609년 종사관으로 명나라에 가게 되었는데 이때 이재영과 이정을 데리고 갔다. 무슨 까닭이 있었을 것이다.

이정은 불우한 화가였다. 한 고관이 이정에게 그림을 부탁했다. 그러자 이정은 술을 마시며 빈둥거리다가, 뇌물 짐을 가득 실은 소들이 대갓집 솟을대문 안으로 들어가는 그림을 그려놓고 도망쳤다. 바로 고관이 뇌물을 받는 사실을 풍자한 것이다. 이러한 모습의 이정은 불행한 삶을 살다가 먼저 죽었다. 이때 허균은 또 이런 글을 남겼다.

서쪽에서 온 사람이 말하기를 이정이 죽었다고 하니 이 말이 사실인가? 통곡하며 피눈물이 흐른다. 하늘이여, 원통하도다. 나는 누구와 함께 물외物外에서 노닐까? 세상 사람들은 그의 그림을 중히 여기나 나는 그 사람 됨을 중히 여기네.

가슴에서 우러나오는 애절함이 깃들어 있다. 그는 1614년 사신으로 임명을 받아 중국에 가게 되었다. 이때에도 그는 외가의 서족인 현응민을 데리고 갔다. 그리고 그와 함께 많은 서적을 사 가지고 왔다.

허균은 이때 명나라의 기록에 선조와 광해군의 사실이 잘못 기록된 것을 바로잡기 위해 변무사辨誣使로 파견되면서 많은 자금을 가지고 갔다. 광해군이 내탕금을 몽땅 내준 것이다.

그런데 정작 그 돈을 로비 자금으로 쓰지 않고 책을 몽땅 사와 강릉에 도서관을 만들어 보관하고 선비들에게 읽게 했다. 현응민은 이런 허균의 일에 군말 없이 협조했고 나중에 허균이 일대 모반을 꾀할 적에 그도 함께 죽었다. 허균은 이런 사람들과 어울리며 문학과 사상의 폭을 넓혀 나갔다.

도덕군자들이 허균의 사람됨을 계속 나무라면서도 그의 시만은 칭찬을 아끼지 않는다. 그는 어릴 적에 이달에게서 누이 난설헌과 함께 시를 배웠다고 위에서 말했다. 그 뒤 그는 당시 시인·문사로 이름을 떨치던 전오자前五子·후오자後五子 등과 교류했다. 이들은 모두 불행한 시인·문사들이었다.

그중 권필의 경우를 보자. 권필은 벼슬길에 나가지 않고 가난하게 살았다. 그는 명신 이정구를 따라 시를 주고받는 수창외교酬唱外交에 동원되어 중국 사신을 접대하면서부터 문명이 자자했다. 그 뒤 권신 이이첨이 교류를 청했지만 끝내 거절했고, 왕비의 동생인 유희분이 날뛰자 성이 유柳인 것을 풍자하여 〈궁류시宮柳詩〉를 지어 세상의 웃음거리가 되게 했다. 그리고 이 시로 인해 귀양을 가게 되었다. 귀양길에 그는 말술을 마시고 동대문 밖에서 잠을 자다 그만 죽고 말았다. 권필은 허균을 아꼈고 허균은 권필을 사모했다.

허균은 시를 지을 때 부질없는 미사여구나 재주를 부리지 않았다. 뜻을 나타내고 시세를 한탄하고 질박하게 감회를 읊었다. 그의 시는 당대 시인들에게 표본처럼 널리 퍼졌다.

부안 기생 계생은 얼굴은 못생겼지만 시로 이름이 났다. 한미한 출신인 유희경과 정분을 나누는 사이였다. 허균이 부안에 유배가 있을 때 계생과 사귀면서 자주 시로 화답했는데 뒷날 허균은 계생의 시를 높이 평가해 시평집에 실을 정도로 아꼈다. 그는 시만 지은 것이 아니라 시평에도 일가를 이루었다. 그가 쓴 《학산초담鶴山樵談》과 《성수시화惺叟詩話》는 최초의 본격적 시평론으로 꼽힌다. 그는 여기에서 불행한 사람들의 시를 많이 소개했다. 또한 《국조시산國朝詩刪》이라는 시선집에서는 당파나 친소를 떠나 엄격한 기준에 따라 시선을 했다. 뒷날 전라감영에서 이를 찍어 출판했는데, 역적이 만든 책을 보급했다고 하여 그곳 감사가 파직되기도 했다. 그만큼 이 시선집은 독자가 많았고 그 권위를 인정받았다.

그의 문장 또한 시 못지않게 좋은 평을 받았다. 그가 지은 글은 뜻을 중시했지, 중국의 고사를 현학적으로 늘어놓지 않은 것이 특징이었다. 더욱이 그의 문장에는 현실비판이 강하게 깔려 있다. 그리고 중국의 인물이나 경전을 따져 견해를 밝히는 따위의 일반적 풍조를 배격하고 《호민론豪民論》 《유재론遺才論》과 같은 정치개혁 사상을 밝힌 것이 대부분이다.

"천하에서 가장 두려운 것은 백성이다"라고 시작하는 《호민론》은 호민의 혁명사상을 담고 있다. 이는 뒷날 이루어진 정약용의 《탕무혁명론湯武革命論》과 함께 이 분야의 2대 명작으로 꼽힌다. 《유재론》에서는 인재를 신분과 출신에 관계없이 발굴해 고루 써야 한다는 논지를 폈다. 그는 또한 귀양살이 중에 전국의 특산물에 대해 설명한 《도문대작屠門大嚼》을 집필했다. 이 책은 우리나라 식품사와 관련된 최초의 저술로 꼽힌다.

● 민중에게 사랑받은 《홍길동전》

그를 가장 유명하게 만든 것은 《홍길동전》이다. 공주목사에서 밀려난 뒤 그는 함열에서 귀양살이를 했고 이어 부안에서 살았다. 당시 서양갑 등 서 자들은 서자 차별을 없애달라고 조정에 상소를 올리기도 했지만 들어줄 리 만무했다. 그러자 그들은 여강(남한강)가에 굴을 파고 병서를 읽고 황해 에서 염전을 경영하여 거사자금을 염출하려 했다. 《홍길동전》은 이때 지 은 것으로 알려져 있다.

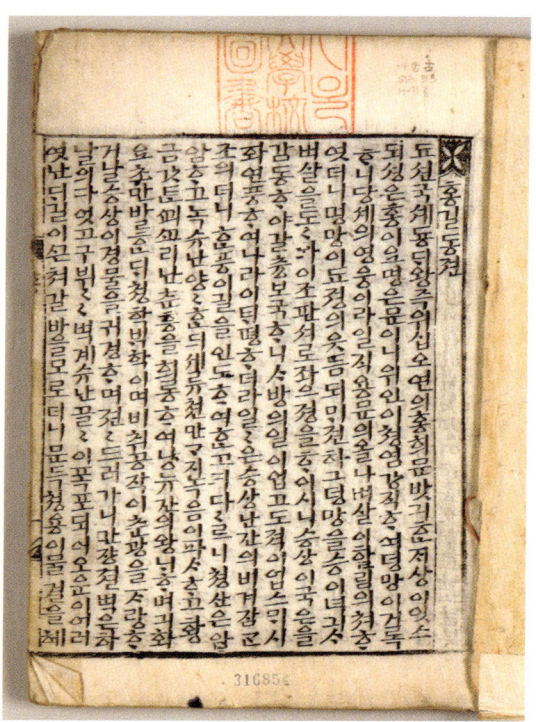

《홍길동전》　이 소설에는 당시 사회제도의 모순, 특히 적서의 신분차별 타파와 정치개혁을 주제로 한 영웅소설의 특 징이 잘 나타나 있다.

홍길동은 조선 초기에 충청도 일대에서 활약한 의적의 두목이었다. 역사 기록에는 실존인물인 홍길동이 서자라는 사실은 나타나지 않는다. 허균은 이런 역사인물을 빌려 서자로 만들고 부정한 재물을 털고 끝내 성공을 거두어 임금에게서 서자의 굴레를 벗는 허락을 받고, 이어 온갖 차별이 없는 율도국을 건설하게 한다. 실제 활동했던 역사인물을 빌리긴 했지만 홍길동은 바로 서양갑을 본보기로 한 것이다. 허균은 서양갑에게 석선石仙이라는 호를 지어주며 남달리 가까이 했다.

어쨌든《홍길동전》이 완성된 다음해에 박응서가 새재에서 은상을 털다가 잡혀 서자들의 거사음모가 발각되어 떼죽음을 당했다. 허균은 여기에 연루되지 않았지만 신상의 위험은 나날이 다가왔다.《홍길동전》은 그 뒤 베껴져서 민간에서 계속 읽혔다. 특히 서자들과 의적들은 홍길동을 영웅시하여 본받으려 했다. 뒷날 일본 식민지 시기에 의병이나 도둑들이《홍길동전》을 읽고 모방한다는 소문에 따라 일제 당국이 이를 번역하여 읽은 사실에서도 이런 일이 증명되고도 남는다.

더욱이 그의 다른 글들은 모두 한문이지만《홍길동전》만은 한글로 쓴 덕에 널리 민중들에게 읽혔고 이것이 국문학사상 한글로 쓴 첫 소설이라는 평가를 받게 된 것이다.《홍길동전》으로 그는 국문학사에서 작가의 위치를 확보했지만 이것은 그의 행동이나 사상의 한 면을 표현한 것에 지나지 않는다.

그가 마흔아홉 살 되었을 때 새로운 정세를 맞이하게 되었다. 인목대비의 폐비 논의가 일어난 것이다. 인목대비는 광해군의 아버지인 선조의 계비였으니 어머니뻘이 된다. 나이도 광해군보다 열 살 아래였는데, 그녀의 아버지와 자식이 모두 죽음을 당해 늘 광해군을 원한에 차서 대했다.

이때 허균은 형조판서가 되는 등 조정에서 활동하고 있었다. 허균 일파는 인목대비 폐비에 찬성하고 나섰다. 그리고 인목대비를 모략하는 글을 인목대비가 거처하는 경운궁에 던졌는데, 이 일을 주동한 사람이 허균의 일파인 김윤황으로 지목되었다.

인목대비의 폐비를 반대하는 세력들은 허균을 물고 늘어졌다. 그리하여 일대 상소운동으로 번졌다. 서로 공방을 펼친 이들 상소에서 허균 일파는 일단 기선을 잡았다. 이때 또 하나의 사건이 일어났다. 남대문에 격문이 붙었는데, 곧 난리가 날 것이니 모두 도성에서 피난하라는, 민심을 충동하는 내용이었다. 그것을 붙인 주모자가 앞에서 언급한 현응민이라는 사실이 밝혀졌다. 끝내 허균도 잡혀왔다.

● 반역자의 이름으로 기록되다

허균은 승려·무사들을 거느리고 일대 모반을 꾀했다는 죄명을 뒤집어썼다. 허균은 실제로 이런 음모를 꾸민 것으로 보인다. 그의 일파는 모두 시세에 불만을 지니고 변혁을 꿈꾸던 사람들이기 때문이다. 더욱이 허균은 광해군의 깊은 신임을 얻고 있었다. 그런데도 허균 일당이 여러 정치적 분란을 일으킨 것은 하나의 모반을 준비하기 위한 행동으로 보여지기 때문이다.

이런 점 때문에 당시 권력을 쥐고 있던 이이첨으로부터도 경원을 당하고 있었다. 이이첨은 재빨리 허균과 그 일파를 처형하라고 광해군을 압박

했다. 광해군은 마지못해 허균을 사형에 처하라는 조치를 내렸다. 허균이 감옥에 갇혀 있을 때 허균의 서자와 그의 부하들은 민활하게 움직였다. 그를 감옥에서 빼내려 한 것이다. 특히 허균의 서자는 이 일로 또 잡히는 몸이 되었다. 이런 낌새를 안 이이첨은 제대로 심문을 벌이지도 않고 허균과 그의 일파인 김윤황·하인준·현응민·우경방 등을 서문의 사형장에서 처형했다. 이때 허균의 나이 쉰 살이었다.

심문을 받을 때 현응민은 이렇게 말했다.

"앞뒤의 흉서는 모두 내가 한 것이고 허균은 알지도 못한다. 나를 죽이면 그뿐이요, 허균을 죽이는 것은 실로 원통하다."

그러나 허균의 첩 추섬은 이렇게 말했다.

"경운궁의 흉한 격서와 남대문의 흉한 방문은 모두 허균이 만든 것이다. 흉역凶逆의 일은 현응민과 함께 모의했고 방문을 붙인 사람도 현응민이다. 현응민이 허균의 집에 늘 드나들면서 일을 꾸민 것이다."

어느 말이 맞는지는 여기에서 굳이 따질 필요가 없겠다. 그의 시체가 토막나서 조리 돌려질 때 서리인 박충남은 술을 마시고 행패를 부리면서 잘린 허균의 머리를 훔쳐가려 했다. 또 이때 몇백 명이 허균 일당이라고 지목되어 잡혀와서 날마다 국문을 받았다. 어떤 사람은 끝내 허균을 감싸기도 하고, 어떤 사람은 있는 말 없는 말을 보태서 벗어나려 하고, 어떤 사람은 평소에 허균과 원수 사이라고 발뺌을 하고, 어떤 사람은 허균의 꾐에 빠졌다고 하여 곤장에 맞아 죽거나 귀양 가거나 사형을 당하거나 풀려나기도 했다. 이렇게 여덟 달을 감옥이 있는 거리인 무교동(의금부 자리)엔 울음소리와 신음소리, 고함소리가 뒤범벅이 되었다고 한다.

이와 같이 허균은 문사나 벼슬아치의 생애가 아닌 반역자란 이름으로 종장을 기록했다. 오늘날 우리가 그를 이름난 시인으로 평가하든, 《홍길동전》을 쓴 작가로 평가하든, 불 같은 개혁의지로 왕조를 한바탕 엎으려 한 의기의 인물로 평가하든, 그는 분명 범상한 인물이 아니었다.

오늘날 허균이 태어나 살았던 강릉에서는 허균−허난설헌제 등 여러 행사를 통해 그를 기리고 있고, 장성에서는 실제 인물 홍길동이 살았던 고장이라 하여 홍길동 축제를 열고 있다. 또한 허균을 진보적 사상가로 보는 글들도 쏟아져 나오고 있다.

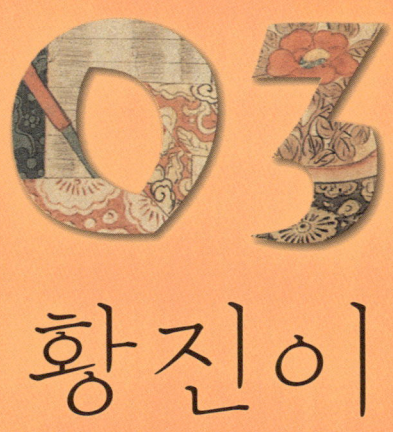

03

황진이

아름답고 다재다능한 저항의 여인상

그녀는 단순한 명기나 가무 예술인이나 시인만이 아니었다. 당대의 모순과 관습에 저항해 남성들을 비웃기만 한 여성도 아니었다. 그런 의미에서 신여성들에게 황진이는 귀감이었고 선각자였다. 오늘날에도 황진이의 이야기는 변함없이 수많은 소설가들의 작품 속에서 되살아나고 있다.

● 개성 기녀의 딸로 태어나다

우리는 역사적 인물을 바라볼 때 흔히 어떤 고정관념에 사로잡히기 쉽다. 한 사람을 '정치가'라거나 '장군'이라거나 '충신'이라는 선입관을 가지고 평가하게 된다는 것이다.

황진이도 '기생'이라는 선입관으로 평가하고 이야기한다. 동시에 기생이지만 시도 잘 짓고 거문고도 잘 타고 춤도 잘 추고 얼굴도 예쁜 데다, 남성들을 농락하는 교태를 지니고 서경덕과의 일화도 남겼다는 정도로 바라보는 것이다. 이들 이야기는 다분히 남성적 흥미로 엮어진 것들이다. 전혀 틀린 이야기는 아니겠지만 그녀의 참모습이 이것만은 아니다.

허균은 "황진이는 개성 맹녀盲女(눈먼 여자)의 딸이다"라고 기록했다. 허균의 아버지 허엽은 서경덕의 제자였다. 허균은 황진이와 서경덕의 관계를 아버지나 아버지의 동문수학 친구들에게서 들었을 것이다. 허균은 그녀에게 관심을 가지고 그녀와 관련된 몇 가지 기록을 남겼다. 그러니 그녀의 어머니에 대한 기록도 믿을 수 있을 것이다.

어쨌든 그의 어머니 진현금은 맹인 악기樂妓라 한다. 어릴 적부터 맹인이었는지 중년에 맹인이 되었는지는 모를 일이다. 그녀는 성이 진陳이라 했는데 이름은 현금玄琴에서 빌려왔을 것이다. 진현금은 비록 맹인이었지만 거문고를 잘 탔다.(이덕형 《송도기이》 참조) 진현금은 젊은 황 진사와 사랑을 나눈 끝에 딸 진이를 낳았으나 이 아이는 아버지에게서 버림받았다. 그리하여 진이는 어머니 손에서 자라고 어머니에게서 거문고 다루는 솜씨를 배웠고 또 어머니의 신분에 따라 기적에 올려져 교방敎坊에서 기생수업을 받았을 것이다.

황진이의 어릴 적 이야기는 전하는 게 거의 없다. 열대여섯 살 때 이웃집 서생이 그녀를 연모하다가 상사병에 걸려 죽고 말았다. 그 서생의 상여가 황진이 집 앞에 다다르자 그 자리에서 꼼짝하지 않았다고 한다. 이에 상여꾼들이 황진이의 저고리를 가져다 상여를 덮어주자 그제야 상여가 움직였다고 한다. 황진이는 이를 본 뒤 창기가 되었다고 한다.(김택영 《송도인물지》)

그런데 당시 기생은 어떤 신분인가? 기생은 거의 모두가 관기官妓였다. 곧 관가에 매여 있으면서 특별한 경우가 아니면 기생의 명부에서 쉽게 벗어날 수가 없었다. 기생은 백정, 장인, 승려와 함께 가장 낮은 신분에 속했다. 기생이 관가에 매였다는 것은 달리 말해서 종의 신분이나 다름이 없었음을 의미한다.

옛날에는 수령들이 현지에 부임할 때 원칙상 가족을 데려가지 못했다. 가족을 데리고 현지에 부임하면 가족들 때문에 부정을 저지르기 쉬우므로 이를 예방하는 조치였다. 《춘향전》에서 남원부사가 이몽룡 등 가족을 거느리고 관아에서 산 이야기는 원칙으로는 틀리지만, 조선 후기에는 이런 원칙이 무너져 지켜지지 않았을 뿐이다.

수령들은 현지 관아에서 기생의 수발을 받고 기생과 살았다. 또 중앙에서 고관이나 귀빈이 올 때 기생을 동원해서 접대하게 했다. 이런 연유로 기생제도가 생겼는데 기생의 딸들도 세습적으로 기적에 오르게 되어 있었다. 예전의 우리 사회는 철저한 남존여비여서 모든 것이 남성 중심으로 이루어졌지만, 한 가지만은 예외였다. 곧 아버지가 양반이더라도 어머니가 천한 신분이면, 어머니의 신분을 따르게 되어 있었다. 이를 천자수모

法賤者隨母法이라 한다. 기생도 바로 이런 신분의 굴레를 벗어날 수 없었다.

● 명월이 만공산한데 쉬어 간들 어떠리

황진이도 바로 이런 신분이었다. 기생의 자격으로 용모보다 더 중시한 것
은 가무였다. 그도 그럴 것이 위엄을 부리는 벼슬아치나 교양을 뽐내는
선비들의 노리개가 되다 보니 그들과 어울려 대화를 나누고 풍악을 다루
어야 했기 때문이다. 이 가무에 곁들여 시와 시조를 읊을 줄 알고 여기에
동서고금의 지식이 더해지면 바로 명기로 뽑혔다. 그녀의 노래와 거문고
연주는 녹음이 되어 있지 않으니 어떤 수준인지 알 길이 없지만 이 대목
에서 그녀의 시를 감상해보기로 하자. 다음은 '반달'을 두고 읊은 시이다.

곤륜산의 옥 그 뉘가 잘라	誰斷崑崙玉
직녀의 얼레빗을 만들었는고	裁成織女梳
견우는 한번 간 뒤에 안 와	牽牛一去後
수심에 겨워 허공에 던진 거라오	愁擲碧空虛

김안서 편 《한국여류한시선집》

반달을 허공에 떠 있는 얼레빗에 비유해 형상화하지 않았는가? 발상이 기
발하다. 여느 사람은 따르기 어려울 것이다. 시어도 누구나 쉽게 이해할
수 있다. 다음은 '꿈'에 대한 시이다.

꿈을 구어야 서로 사모하고 만나리　　相思相見只憑夢

때맞춰 임 찾아가니 임은 날 찾는구랴　　儂訪歡時歡訪儂

원컨대 밤마다 서로 다른 꿈　　　　　　願使遙遙他夜夢

한 시에 떠나 노중서 만날지고　　　　　一時同作路中逢

김안서 편 《한국여류한시선집》

　꿈에서만 임을 만날 수 있는데 꿈이 어긋나 만날 수 없으니 함께 떠나 길가에서 만나고 싶다는 소망을 담았다. 기발한 연상이다. 그녀의 시들은 시집으로 간행되지 못하고 구전으로만 전하고 있다. 이것저것 합해 10여 수에 지나지 않는다. 명문의 난설헌이 시집을 남긴 것과는 사뭇 다르다.

　아무튼 이런 명기와 접촉하려는 남성들이 들끓게 마련이었다. 한번 명기의 명성을 얻으면 기생으로서 재물을 모을 수 있고 당대의 명사들과도 자주 어울릴 수 있었다. 황진이는 바로 이런 명성을 얻었던 것이다.

　황진이가 개성에서 명성을 얻자, 그녀를 만나보기 위해 뭇 남성들이 그녀 집 문전을 기웃거렸다. 그녀는 뛰어난 용모에 재치와 기지가 넘쳤으며, 화제도 그칠 줄 모르는 등 여러 모로 재능을 지니고 있었다. 그뿐만 아니라 어느 누구와도 그 어려운 한시로 화답할 줄 알았다. 어떤 남성이 그녀의 이런 미모와 재능에 반해 그녀를 사모하게 되면, 그녀는 마음속으로 '쾌재'를 불렀을 것이다. 그녀의 이부자리 속에서 한번 자고 난 남성은 돌아가서도 애를 태웠다. 이런 것도 그녀가 노리는 바였을 것이다.

　거기에 얽힌 몇 가지 이야기를 알아보기로 한다.

첫 번째 이야기.

송공宋公(이름은 겸이라 함)이 개성유수로 부임해 와서 명절을 맞이해 간소한 잔치를 베풀었다. 그는 이 자리에 나온 황진이를 한눈에 알아보고 주위 사람들을 돌아보면서 "이름이 결코 헛되이 얻은 것이 아니로구나"라고 말하고 가까이 앉혔다. 이때 그의 첩이 문틈으로 이 모습을 엿보고 질투가 치솟아 머리를 풀어헤치고 소리를 지르면서 맨발로 안으로 뛰어들었고 당황한 송공은 자리를 피해 후다닥 일어났다고 한다. 얼마 뒤 송공이 그의 어머니 회갑잔치에 많은 손님을 초대하고 춤 잘 추고 노래 잘하는 기생을 모조리 불렀다. 이들 기생 속에 황진이가 끼어 있었는데 그녀는 얼굴에 분도 바르지 않고 담장淡粧(단순한 화장)한 모습이었으나 단연 돋보였다. 여러 손님들이 그녀를 보고 경국의 색이라고 찬탄해 마지않았다. 송공은 지난날 첩의 질투를 생각해 조용히 앉아 있었다. 그는 술이 거나해지자 잔에 술을 가득 부어 황진이에게 마시게 하고 노래를 시켰다. 그녀의 노래를 듣고 나서야 무릎을 치며 "과연 천재로다"라고 칭찬을 아끼지 않았다 한다.

《송도기이》

두 번째 이야기.

소세양蘇世讓은 서울의 유명한 벼슬아치였다. 그는 황진이의 소문을 듣고 동료들에게 이렇게 장담하고는 개성으로 왔다.

"내가 그녀와 30일의 기한을 정해 동거하되 하루라도 기한을 어기면 사람이 아니다."

그는 그녀와 정을 통하고 30일의 기한을 채우고 헤어지는 날 둘이서 남대문의 누각에 올라 술을 마셨다. 이때 황진이가 시 한 편을 써서 바치며 말했다.

"공과 이별하면서 어찌 한마디 말이 없을 수 있겠습니까?"

달빛 어린 뜨락에 오동잎 다 지고

서리 맞은 들국화 노랗게 피었네

누각이 높아 하늘이 한 척이고

사람이 취해 술이 천 잔이라

흐르는 물 거문고 가락에 맞춰 서늘하고

매화는 피리소리에 들어 향기롭구나

내일 아침 서로 헤어지고 나면

그리운 정 푸른 물결인 양 길게 뻗치리라

임방 《수촌만록水村漫錄》

소세양이 이를 받아 읊조리고 나서 "나는 사람이 아니다"고 말하고 여러 날을 머물렀다 한다. 동료들과의 약속을 집어던져 버린 것이다.

세 번째 이야기.

종실인 벽계수碧溪守(여기서 '수'는 왕자의 증손에게 주는 정4품이다)는 황진이를 한번 만나기를 원했으나 황진이가 들어줄 것 같지 않았다. 그래서 그녀를 알고 있는 시인 이달에게 그 방법을 물었다. 이달이 방법을 일러주었다.

"어린애를 시켜 거문고를 가지고 뒤를 따르게 하고 황진이의 집을 지나 누에 올라 술을 마시고 거문고 한 곡조를 타고 있으시오. 그러면 황진이가 나와 그대 곁에 앉을 것이오. 그때 본체만체하고 제빨리 말을 타고 달아나면 황진이가 따라올 것이오. 취적교를 지날 때까지 돌아보지 않으면 일은 성공이요. 만약 이를 어기면 성공하지 못할 것이오.”

벽계수가 그 말대로 하자 황진이가 취적교까지 따라오더니 수행한 어린애에게 “저 분이 벽계수냐”고 묻고는 이렇게 노래를 불렀다.

청산리靑山裏 벽계수야 수이 감을 자랑마라
일도창해一到滄海하면 돌아오기 어려우니
명월이 만공산滿空山한데 쉬어간들 어떠하리

서유영 《금계필담錦溪筆談》

노랫소리를 들은 벽계수가 뒤를 돌아보다가 말에서 떨어졌다. 이를 본 황진이는 다음과 같이 말하고는 돌아갔다.

“이 사람은 명사가 아니라 한낱 풍류랑風流郎이로구나.”

네 번째 이야기.

선전관인 이사종은 노래를 잘 불렀다. 한번은 개성에 가서 배 위에 드러누워 노래 한 곡을 뽑았다. 마침 황진이가 이 노래를 듣고 말했다.

“서울의 풍류객 이사종이 아니면 이렇게 훌륭하게 부를 수 없을 것이다.”

그리고 사람을 보내 확인하게 했다. 황진이는 이사종을 이끌고 자기 집으로 가서 며칠을 머물렀다. 그런 뒤 이사종에게 “나는 그대와 함께 6년을 살아야겠소” 하고는 3년 살림살이할 경비를 이사종 집으로 보내주고 함께 따라갔다. 황진이는 손수 일을 하고 모든 생활비를 대면서 3년을 지냈다. 3년 뒤에는 이사종이 황진이의 집으로 와서 다시 3년 동안 생활경비를 대면서 살았다. 이렇게 6년을 채우고 난 뒤 황진이는 “약속한 기한이다 되었습니다"고 말하고 가버렸다고 한다.

(유몽인 《어우야담》)

그녀는 이처럼 당대의 명사들과 어울리다가 소세양 같은 높은 벼슬아치들도 접했고 풋내기 시인과 가객도 품안에 품었다. 하지만 그녀도 때로는 한 남성에게만 사랑을 쏟으며 살고 싶었다. 그러나 그렇게 될 수 없는 것이 당시의 사회풍토였다. 설령 그렇게 된다 하더라도 첩살이었고, 첩살이로 낳은 자녀들에게는 서얼이라는 굴레가 씌워졌던 것이다.

황진이는 이런 사회제도에 어떻게 대처했던가? 그 길은 삐뚤어진 남성 사회에서 남성들을 농락하는 것이었다. 그렇다. 황진이는 기생으로서 사회 실정을 터득했고, 찾아드는 남정네와 수작을 벌여왔다. 그러다 중년의 원숙한 여성이 된 황진이는 스스로 새 남성들을 찾아 나섰다.

● 인생의 스승 서경덕을 만나다

그녀는 자신의 용모와 재능과 질탕한 짓거리에 흠뻑 빠지는 남성들에게는 진력이 났다. 별로 보잘것없는 남정네들이 양반입네 선비입네 하고 뽐내는 것이 눈꼴 사나운 정도를 넘어 아니꼽기조차 했다. 권태감이 솟았다. 어디 그럴듯한 남성이 없을까? 자기 따위는 거들떠보지도 않는 초탈한 남성이 없을까?

그 첫 대상이 지족선사였다. 지족선사는 평생 참선으로 마음을 닦아 무아경에 들어 있는 도인이라는 소문이 퍼져 있었다. 황진이는 이 지족선사를 유혹했다. 처음에 지족선사는 황진이를 거들떠보지도 않았지만, 그렇다고 쉽게 물러날 황진이가 아니었다. 말이나 용모로 통하지 않자 적극적인 공세를 취했다. 소위 육탄공격을 한 것이다. 지족선사는 끝내 무릎을 꿇었다. 따지고 보면 부처의 경지에서 볼 때 영육靈肉과 속진俗塵의 나뉨이 어디 있는가? 들이닥치면 겪고 물러나면 그만이 아닌가?

그러나 황진이는 별로 신선한 맛을 느끼지 못했다. 그녀는 다시 송악산 밑의 서경덕을 찾아 나섰다. 서경덕은 "모든 현상은 기의 작용에 의해 이루어진다"는 기일원론의 이론을 확립한 사상가였다. 그는 철저한 학문적 사유로 민중사상과의 만남을 모색했다. 그의 제자들은 두 계열로 흘러갔다. 한 계열은 박순, 허엽과 같이 조정에 몸을 담고 벼슬살이를 했으며, 또 한 계열은 이지함, 박지화와 같이 철저히 속세를 외면하고 은둔ㅎ며 현실에 저항한 것이다. 서경덕은 이런 제자들의 떠받듦 속에 명망을 얻고 개성 주변에서 학문과 사유로 일생을 마쳤다.

황진이가 《대학》을 끼고 서경덕을 찾았을 때 서경덕은 혼자 있었던 모양이다. 서경덕의 아내는 여염에 살면서 가끔 그의 거처를 찾아와 빨래며 먹을거리를 마련해주고 있었다. 서경덕은 황진이가 누구인지도 몰랐을 것이다. 황진이가 "글을 배우러 왔노라"고 해도 "그렇게 하라"고 대답했고, "한 방에서 잠을 자겠다"고 해도 "그렇게 하라"고 했다.

황진이는 첫 절을 하고 말했다.

"《예기》에 이르기를, 사내는 가죽띠를 두르고 계집은 실띠를 두른다고 했습니다. 첩도 학문에 뜻을 두고 실띠를 두르고 왔습니다."

그리고 제자 되기를 청했다. 서경덕은 이를 곱게 받아들였다.

황진이는 며칠 밤을 서경덕의 이불에서 잤지만 서경덕은 담담했을 뿐이다. 어릴 적부터 몸이 약했다고는 하지만 그다지 노인도 아닌데 그 아리땁고 보들보들한 살결에 정말 아무런 동요가 일지 않을 수 있었을까? 풍류를 즐긴 허균이 그런 처지에 있었다면 질탕하게 놀아난 뒤 시를 한 섬이나 토해냈을 것이다.

그런데 이런 말도 범상한 자들의 입놀림일 뿐, 어느 정도 학문적 경지에 이르면 미추와 선악을 초월하게 되는 것 아닌가? 이를 두고 도인道人이라 했다. 황진이는 서경덕의 삶과 행동을 보고 그야말로 구원의 남성이라 생각했다. 그리하여 그녀는 서경덕에게서 진정한 학문과 사상을 배우게 되었다. 서경덕이 죽고 난 뒤, 황진이의 행동을 보면 그런 사정을 짐작할 수 있다. 이에 대해 허균은 이렇게 말하고 있다.

진랑은 화담의 사람됨을 사모했다. 늘 거문고와 술을 가지고 화담의 정자에 가서 한껏 즐기고 돌아갔다. 늘 말하길 '지족선사가 30년을 면벽面壁했다지만 내가 품어보았다. 화담 선생만은 여러 해를 가깝게 지냈지만 끝까지 어지럽지 않았다. 참으로 성인이다'라고 했다.
《성옹지소록惺翁識小錄》

그녀는 서경덕을 대한 뒤 진정으로 흠모했고, 그 자신 역시 도학자가 되었다. 이제 그녀는 기생이 아니었고 토정 이지함이나 서기와 같은 도인의 반열에 들어선 것이다.

한편 개성 사람들은 개성의 3절三絶로 서경덕, 황진이, 박연폭포를 꼽는다. 개성에는 서경덕과 황진이에 얽힌 이야기들이 무수히 널려 있다. 황진이는 어느 날 박연폭포로 나들이를 나갔다. 박연폭포 아래에는 널찍한 바위가 있는데 여기에서 서경덕이 독서를 했다고 한다. 황진이는 머리를 감고 나서 먹을 듬뿍 묻혀 바위에 이태백의 시구인 '비류직하삼천척飛流直下三千尺'을 휘갈겨 썼다. 이 시를 사람들이 그대로 돌에 새겼다 한다. 이 석각石刻이 지금도 전해져 관광객의 눈길을 끈다.

● 세상 여자들은 나를 거울삼으라

학문연구에 몰두하던 서경덕은 때때로 전국의 명산을 찾아 유람을 다닌 적이 있었다. 그는 남쪽 지리산 언저리에 파묻혀 도학을 익히는 조식을 만나기도 했다. 한번은 개성의 서경덕과 지리산의 조식이 속리산에서 만나 도담道談을 나누었다. 그리고 그들은 지리산으로 자리를 옮겨 며칠씩 함께 지냈다.

서경덕이 죽고 난 뒤, 황진이는 서경덕의 발걸음이 닿았던 곳을 두루 찾아 나섰다고 한다. 금강산, 속리산, 지리산, 묘향산은 물론 서경덕의 숨결이 느껴지는 곳이면 어디든 찾아보았다고 한다. 연약한 여자의 몸으로 이렇게 찾아다닌 뜻은 새삼 말할 나위가 없을 것이다. 황진이는 죽을 때까지 이런 여행을 멈추지 않았다고 하니, 아마 구원의 남성, 아니면 영원한 스승의 잔영을 이런 데에서 찾아보려 한 것이 아니겠는가? 황진이는 세상의 모든 명리를 끊고 세상의 이목도 피해가면서 지팡이와 짚신을 벗 삼아 전국을 떠돌아다녔던 것이다.

또 서경덕의 유문遺文들을 모두 읽고 익혔다고 하니, 스승의 사상을 터득하는 것으로 생의 종장을 삼은 것이 아닌가 싶다. 그녀는 어느 날 금강산을 구경하러 가자며 이 생원이란 선비를 유혹했다고 한다. 이런 기록이 전한다.

박연폭포 서경덕·황진이와 함께 송도(개성) 삼절의 하나로 일컬어진 박연폭포.

이 생원에게 하인을 따라오지 못하게 하고 베옷에다가 삿갓을 쓰고 몸소 양식을 짊어지게 했다. 진이는 여승이 쓰는 송라松蘿를 쓰고 갈포 저고리와 베치마를 입고 짚신을 질질 끌고 대나무 지팡이를 짚고 뒤를 따랐다. 금강산 곳곳을 돌아보았다. 여러 절에서 빌어먹기도 하고 더러 자신의 몸을 중들에게 팔아 먹을거리를 얻기도 했다.

《어우야담》

그녀의 발걸음은 어느 날 나주의 금성관에도 닿았다. 마침 나주목사와 많은 인사들이 모여 잔치를 질펀하게 벌이고 있었다. 그녀는 해진 옷차림과 얼굴에 땟자국이 자르르한 모습으로 마루로 올라가 앉아 태연하게 이蝨를 잡았다. 여러 사람들이 자리값을 하라고 으르자 서슴없이 가야금을 뜯으며 노래를 불렀다. 그 자리에 앉아 입을 삐죽이고 있던 여러 기생들은 기가 한 풀 꺾였다. 눈이 휘둥그레진 좌중은 그제서야 그녀를 알아보았다고 한다. 그녀는 이렇게 세월을 보내다가 세상 사람들이 알아보지 못하는 곳에서 세상을 떠났다. 그녀는 임종을 앞두고 집안 사람들에게 일렀다.

내가 죽어도 곡을 하지 말고 상여가 나갈 적에는 장구를 두드리고 음악을 울려 인도해달라.

《성옹지소록》

또 묘를 길가에 써달라고도 했다.

내가 죽거든 비단이나 관을 쓰지 말고 옛 동문 밖 물가 모래밭에 시체를 내버려서 개미와 땅강아지, 여우와 살쾡이가 내 살을 뜯어먹어 세상 여자들로 하여금 나를 거울 삼도록 해달라.

김택영《송도인물지松都人物誌》

앞의 이야기는 저항의 기운이 감돌고 뒤의 이야기는 자괴의 분위기가 깔려 있다. 어느 쪽이 진실일까? '자괴'는 여러 정황으로 보아 걸맞지 않다.

하지만 그녀의 무덤으로 알려진 묘는 장단군 입우물재의 길가(현재 황해남도에 속함)에 있다. 그녀의 친지들이 유언을 따르지 않고 끝내 무덤을 썼다. 북한에서는 2005년부터 관광객을 위해 박연폭포 언저리와 황진이묘를 새롭게 정비하고 단장했다.

조선 5백 년에 가장 뛰어난 명기로 꼽히는 황진이는 말년을 이렇게 보내고 죽었다. 여기에 황진이의 참모습이 있다.

그녀는 단순한 명기나 가무 예술인이나 시인만이 아니었다. 그리고 당대의 모순과 관습에 저항하여 남성들을 비웃기만 한 저항의 여성만도 아니었다. 뒷날 백호 임제는 그녀의 무덤에 잔을 붓고 통곡했다. 임제가 누구인가? 그는 좁은 조선 땅에서 태어난 것을 한탄하고 좀스러운 인간군상에 구역질을 느껴 술과 시로 세월을 보내며 호탕한 삶을 살았던 인물이다. 그런 그가 황진이의 무덤에서 통곡한 뜻은 단순히 정인으로 여겨서가 아니었다. 황진이의 후반기 생애와 견주어봄직하다.

19세기 말기 개화사상이 밀려올 때 이른바 신여성들은 봉건사회의 남녀차별을 타파하기 위해 남녀평등을 부르짖었다. 그러면서 신여성들은 자유연애를 구가했다. 황진이는 바로 이들 여성의 귀감이었고 또 선각자였다. 조선조의 여인상을 현모양처로만 그리지 말고 좀더 활기에 차고 모순에 저항한 여인상을 찾아보아야 할 것이다. 황진이는 그런 여인 가운데 하나였다.

　현대에 와서 이태준·박종화 등이 그녀를 소설의 주인공으로 내세웠다. 근래에는 김탁환이 여러 서적을 섭렵하고 철저한 고증을 거쳐《나, 황진이》라는 작품을 써서 주목을 받았으며, 북한의 홍석중도《황진이》라는 장편소설을 발표했다. 홍석중의《황진이》는 황진이의 처지를 빌려 신분사회의 갈등을 부각시키려 했다. 이와 달리 김탁환의《나, 황진이》는 머리에 '주석판'이라 부제를 붙인 것처럼 소설적 수법을 빌려 황진이에 관련된 모든 자료를 제시하고 하나하나 평을 곁들인 '가이드 북'이라 할 수 있다. 더욱이 이 글은 인간평등의 역사의식을 잘 보여주고 있기도 하다. 이처럼 황진이는 현대에 들어서도 여전히 화제를 뿌리는 여인이다.

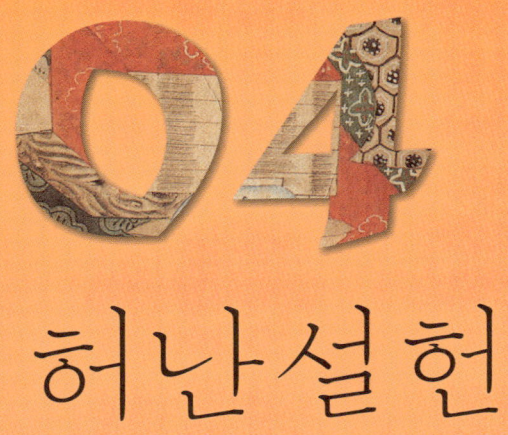

04

허난설헌

봉건시대의 굴레에 부대낀 한맺힌 부용꽃

봉건사회의 굴레를 벗어나지 못한 천재 여류시인 허난설헌은 한과 원망을 안은 채
스물일곱의 나이로 숨을 거두었다. 그녀가 좀 더 자유분방한 삶을 누릴 수 있었다면 아마 훨씬
아름다운 시를 남길 수 있었을 것이다. 허난설헌의 시는 허균을 통해 중국에 널리 소개되었고
중국의 여류시인들은 앞 다투어 그녀의 시를 애송했다.

● 허균과 함께 이달에게 시를 배우다

지난날 우리나라는 철저한 남존여비의 사회였다. 그러한 사회에서 부덕이 높은 현모양처를 여성의 모범으로 꼽기도 했고, 바느질 잘하고 베 잘 짜는 여인을 훌륭한 여인상으로 꼽기도 했다. 이러한 속에서도 과감히 남성을 농락하며 한 세상을 불행하게 산 황진이 같은 여인도 있었고, 규방에서 한숨을 토하며 한에 젖어 산 여인도 있었다. 허난설헌許蘭雪軒(1563~89)도 그중의 하나다.

널리 불리는 '난설헌'은 그녀의 호이고 본명은 초희楚姬, 자는 경번景樊이었다. 그 당시 여성이 이름·호·자를 고루 갖춘 경우가 드물었는데 그녀의 경우는 달랐다. 바로 여성으로서 대우를 그만큼 받았다는 뜻이다. 그의 아버지는 당시 명망이 높았던 초당草堂 허엽許曄이었다. 그녀는 위로 오빠 허성許筬, 허봉許篈을 두었다. 두 오빠도 중요한 벼슬자리에 있으면서 상당한 명망을 얻고 있었고, 동생 허균도 어릴 적부터 뛰어난 문사의 기질을 보여 촉망을 받았다. 그리하여 이 허씨 집안을 모두 부러워했고 3허三許니 4허四許니 일컬으며 형제 시인으로 꼽았다.

이런 명문가였기에 당시 많은 시인들이 이들 집안과 활발한 교류를 했다. 그중에서도 당시 3당三唐 시인으로 일컬어지던 미천한 출신인 최경창, 백광훈, 이달 등과 유난히 친분이 두터웠다. 또 천한 신분의 시인 유희경도 이들 허씨의 후원을 입었다. 허성, 허봉 등은 이들 불우한 시인들을 남달리 알아주고 재정적 후원을 아끼지 않았던 것이다.

이런 연유로 허성, 허봉과 터울이 지는 허난설헌과 허균은 어릴 적부터 이달에게 시를 배웠다. 지금 남산 밑 마른내길乾川洞에 살았던 이 어린 남매는 이달에게서 매일 시 수업을 받으며 천재성을 발휘했다.

그렇다면 이달은 어떤 사람인가? 그는 양반의 혈통을 받았으나 어머니가 기생 출신 첩이어서 서자로 살았다. 이로 인해 그는 낮은 벼슬을 얻었다가 내팽개치고 방랑생활로 나날을 보냈다. 그는 가는 곳마다 술을 마시고 시를 토해냈다. 이렇게 하여 그의 시명詩名은 당대에 널리 알려져 있었다. 이런 이달에게서 명문 자녀인 이들 남매가 시를 배웠던 것이다.

열 살이 좀 넘어 이달에게 시를 배운 뒤 그녀의 재질은 장안에 소문이 났다. 아름다운 용모와 재치, 그리고 뛰어난 시재는 바로 그런 명성을 얻는 계기를 만들었다. 그리하여 그녀는 여신동으로 일컬어졌고 서울 양가의 딸들은 그녀와 한번 만나보기를 간절히 소원했다.

그녀는 여덟 살에 〈광한전백옥루상량문廣寒殿白玉樓上樑文〉이라는 장편 시를 지었다. 이 글은 저 하늘의 신선이 산다는 백옥루에 대해 상상을 동원해 지은 것이다. 이 글이 언젠가부터 서울 장안에 나돌아 그녀의 시재는 더욱 인정받았다. 나중에 정조도 이를 읽고 감탄해 마지않았다고 한다.

풍부한 정감은 그때그때 곧바로 시로 표현되었다. 그녀가 이렇게 시를 쏟아내면, 그녀보다 여섯 살 아래인 허균은 이를 애송했고 뒷날 이 시들을 고스란히 옮겨 적어 후세에 전했다. 그러나 그녀도 남존여비의 사회에서 태어났기에, 나이가 차자 어쩔 수 없이 한 남성에게 시집을 가서 남편을 받들며 시집살이를 해야 했다.

그녀는 부모가 정해주는 대로 안동 김씨 집안의 남편을 맞이했다. 그런데 남편 김성립은 어지간히 변변치 못했던 모양이다. 과거 공부를 했지만 별로 진전도 없었고 더욱이 아내와 시를 주고받을 수준도 안 되어 대화도 나누지 않았고 화락하지도 못했다. 여기에다 아내에 대한 열등감이 쌓여 걸핏하면 기생방에서 밤을 새우기가 일쑤였고 술에 곤드레가 되어 새벽에 돌아오곤 했다.

비록 그녀의 남편이 주먹질을 했다는 따위의 기록은 없지만 부부가 화목하지 못하다는 소문이 퍼졌다. 이에 그녀는 달을 보며 신세를 한탄하거나 이불을 둘러쓰고 가슴을 태우거나 혼자 시를 읊으며 한을 노래했다. 그 가운데 유명한 시로 〈규원閨怨〉이 있다. '규방의 원망'이라는 뜻이다.

비단 띠 깁 저고리 적신 눈물 자국
여린 방초 임 그리운 한이외다
거문고 뜯어 한 가락 풀고 나니
배꽃도 비 맞아 문에 떨어집니다.
달빛 비친 다락에 가을 깊은데 울안은 비고
서리 쌓인 갈밭에 기러기 내려 앉네
거문고 한 곡조 임 보이지 않고
연꽃만 들못 위에 떨어지네

《허난설헌집》

지아비의 버림을 받고 규방에서 눈물로 지새우는 나날, 버려져 있는 자신의 처지를 시로 풀었던 것이다. 그런 나날 속에서도 딸과 아들을 두었다. 이제 남편에 대한 애정을 자식들에게 옮겨 정성을 쏟았고 어린 남매가 자라는 모습을 보고 인생의 재미를 느꼈다.

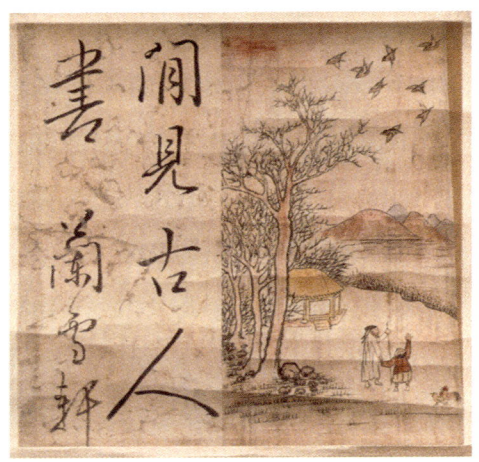

양간비금도 허난설헌이 그린 그림으로, 낯익은 풍경과 어린 여아의 모습이 한 장의 풍속화를 보는 듯 생생하다.

그런데 그녀는 어느 때보다 더 큰 불행을 맞이했다. 두 자식이 채 봉오리를 맺기도 전에 해를 연이어 죽은 것이다. 이를 어쩌랴. 그녀는 슬픈 마음을 시에 담는 수밖에 달리 도리가 없었다. 이때 쓴 시가 〈곡자哭子〉이다. 그 가운데 한 구절을 보자.

지난 해엔 귀여운 딸을 잃었더니
이번 해엔 사랑하는 아들마저 잃었네
가슴 메어지도다, 광릉의 흙이여
작은 무덤을 나란히 마주 세웠네
......
응당 언니 아우의 혼들이 알아
밤마다 서로 손잡고 놀아라

그녀는 이제 걷잡을 수 없는 슬픔에 빠졌다. 딸과 아들의 무덤을 자신이 사는 광릉 땅 양지 바른 언덕에 만들고 나서 낮은 봉분에 잔디를 심었다. 그녀는 자신이 죽으면 두 아이의 무덤 뒷자리에 묘를 쓰라고 했다. 그리하여 세 무덤은 광주 지월리의 달을 보고 밤을 지키며 지금도 그대로 있다.

● 견디기 어려운 세 가지 불행

그녀의 불행은 계속 꼬리를 이었다. 남편의 방탕은 조금도 쉴 줄을 몰랐다. 그리고 행복과 기쁨이 넘치던 친정집에도 풍파가 연달아 이어졌다. 그녀의 아버지는 상주에서 객사했고 이어 오라버니 허봉은 이이의 잘못을 들어 탄핵했다가 갑산으로 귀양 가게 되었다. 허봉은 2년 뒤 풀려나 백운산, 금강산 등지로 방랑생활을 하며 술로 세월을 보냈다. 그러다 병이 들어 서울로 돌아오다가 금화 생창역에서 아버지처럼 객사하고 말았다.

이런 친정의 슬픔은 그녀를 더욱 외롭게 했고, 자신의 시재를 알아주었던 인물이 하나씩 사라지는 데 더욱 가슴이 메어졌다. 그녀는 삶의 의욕을 잃었다. 그리하여 더욱 감상과 한에 빠졌다. 그러다가 한번은 '삼한三恨', 곧 '세 가지 한탄'을 노래했다고 한다. 첫째는 조선에서 태어난 것이요, 둘째는 여성으로 태어난 것이요, 셋째는 남편과 금슬이 좋지 못한 것이라 한다.

첫째는 바로 그녀가 시재를 널리 뽐낼 수 없는 좁은 풍토를 안타까워한 것이고, 둘째는 남성으로 태어나 마음껏 삶을 노래하지 못한 것을 뜻한다. 셋째는 그녀의 남편이 나이가 들어가는데도 더욱 방탕의 수렁으로 빠져들고 있었음을 말한다.

그녀는 스물세 살에 어머니의 초상을 당해 친정에 가 있을 때 꿈을 꾸었다. 그녀는 꿈속에서, 저 신선 사는 곳에 올라 노닐면서 온갖 구경을 다 하다가 한 줄기 붉은 꽃이 구름을 따라 날다가 아래로 떨어지는 것을 보았다.

이윽고 꿈에서 깨자 곧 "붉은 부용꽃 서른아홉 송이가 차가운 달에 떨어졌네"라는 시를 지어 읊었다. 자신의 죽음을 두고 읊조린 것이다. 그녀는 끊임없이 죽음의 그림자를 느꼈고, 그 죽음의 형상은 곧 신선의 세계였다. 그녀는 많은 한과 원망을 가슴 가득히 안고 스물일곱의 나이에 숨을 거두었다. 그녀의 죽음은 분명 슬픈 것이었고 한 천재의 한 어린 삶을 마감한 것이었다. 이에 허균은 이렇게 썼다.

"부용꽃 서른아홉 송이는 곧 스물일곱 살의 자기 죽음을 징험한 것이다."

혹자는 39는 죽은 아이들 나이를 합한 숫자일 것이라고도 한다.

● 사후에 중국에까지 이름을 날리다

그녀의 죽음을 가장 슬퍼한 사람은 허균이었다. 허균은 누이의 시를 모아 베껴 세상에 소개했다. 생전에 넓은 중국에 시명을 날리지 못한 것을 한탄한 누이를 위해 허균은 그녀의 시집을 중국 사신인 주지번朱之蕃에게 주었다. 이리하여 그녀의 시는 중국에 널리 소개되었고, 중국의 여류시인들은 앞다투어 그녀의 시를 애송했다.

한편 국내에서도 그녀의 시는 시화詩話나 시평을 통해 널리 소개되었다. 어떤 시화에서는 격조면에서 허봉이나 허균의 시가 모두 그녀의 시에 미치지 못한다고 극찬을 했다. 그녀의 시가 이렇게 높이 평가받자, 허균의 정적들은 허균이 그녀를 높이기 위해 스스로 지은 시를 누이의 시라고 세상을 속였다고 써대기도 했다. 특히 허균이 한글로《홍길동전》을 써서 미움을 받고 역적으로 몰려 죽자, 많은 정적들은 허균의 위선을 드러내기 위해 이 말을 그럴듯하게 날조했던 것이다.

그러나 시의 안목을 갖춘 사람들은 위의 말처럼, 그녀의 시를 오히려 허균보다 윗자리에 놓기도 했다. 그리고 많은 여류들, 곧 신사임당, 황진이, 옥봉 이씨, 계생 등을 여류시인으로 꼽으면서 허난설헌을 최고로 보았다. 뒷날 허균은 부안의 기생으로서 뛰어난 시재를 보인 계생을 극진히 사랑했다. 계생에게서 누이의 잔영을 본 것이다. 계생 또한 허균의 시를 좋아했고, 따라서 허난설헌의 시도 남달리 아꼈을 것이다.

그녀의 시는 강렬한 대결의식 또는 시사를 풍자하기보다 원망과 한탄을 주로 노래했지만, 풍부한 시어와 언어 구사력은 예전이나 지금이나 높이 평가되는 것만은 사실이다. 다만 그녀의 말처럼, 한 천재적인 여인이 봉건 굴레에서 헤어나지 못해 재주를 마음껏 뽐내지 못한 것은 한국 한시문학사의 불행이다. 만약 그녀가 좀더 자유분방한 삶을 누릴 수 있었다면 아마 훨씬 아름다운 시를 더 많이 남겼을 것이다. 그리고 그 흔한 충효나 음풍농월의 주제를 뛰어넘어 인간의 내면세계를 노래했다는 것만으로도 그녀의 시가 지닌 가치는 높다.

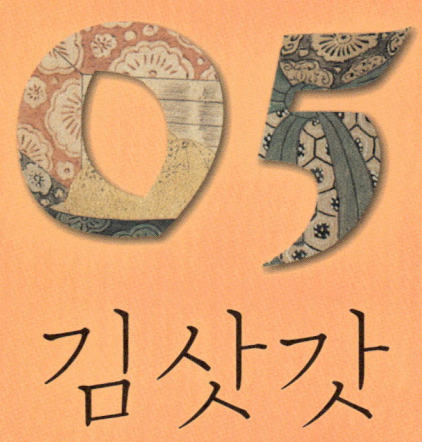

05

김삿갓

민중의 언어로 기성권위에 도전한 시인

방랑시인 김삿갓. 수많은 화제를 뿌린 그는 삐뚤어진 세상을 농락하고,

기성 권위에 도전하고, 민중과 함께 숨쉬며 탈속한 참여시인이었고, 민중시인이었다.

● 조부를 조롱하는 시로 장원급제하다

우리는 흔히 김삿갓을 방랑시인, 그리고 풍자와 해학이 넘치는 시를 남긴 기행의 시인쯤으로 알고 있다. 그러나 그것이 김삿갓의 참모습일까? 김삿갓(1807~63)의 본명은 병연炳淵이요, 삿갓을 쓰고 다녔기에 흔히 김삿갓 또는 김립金笠이라고 부른다. 그의 조상은 19세기에 들어와 권력을 온통 휘어잡은 안동 김씨와 한 집안이었다. 그 때문에 그의 할아버지도 이런저런 벼슬을 할 수가 있었다. 그의 할아버지는 익순益淳이요, 그의 아버지는 안근安根이다. 그는 세 아들 중 둘째로 태어났다.

그가 태어날 때 그의 집안은 부러울 것이 없었다. 벼슬이 높았던 그의 할아버지는 그가 다섯 살 때 평안도 선천부사로 나가 있었다. 그런데 1811년 평안도 일대에서 홍경래가 주도한 농민전쟁이 일어났다. 이때 농민군들은 가산·박천·선천을 차례로 함락시켰는데, 가산군수 정시는 항복하지 않고 거역하다가 칼을 맞아 죽었고, 선천부사 김익순은 재빨리 몸을 피했다. 그 뒤 김익순은 농민군에게 항복해 직함을 받기도 하고, 또 농민군의 참모 김창시를 잡았을 때 그 목을 1천 냥에 사서 조정에 바쳐 공을 위장하려는 어줍잖은 짓거리를 하기도 했다. 이로 인해 김익순은 모반대역죄로 참형을 당했다. 정시는 만고의 충신이 되었고, 반대로 김익순은 비열한 인물로 사람들 입에 오르내렸다.

그의 집안은 폐가가 될 수밖에 없었다. 역적의 자손이니 그 자식과 손자들은 법에 따라 죽음을 당하거나 종이 될 운명에 놓여 있었다. 그러나 죄는 당사자 김익순에게만 묻고 아들 손자들은 종이 되는 신세를 면했는데, 여기에는 안동 김씨들의 비호가 있었던 것으로 보인다.

김삿갓의 어머니는 아들을 보호하는 데 남다른 신경을 써야 했다. 나이든 큰아들 병하炳河와 작은아들 병연은 종을 딸려 황해도 곡산으로 가서 숨어 살게 했다. 그리고 그녀는 막내아들을 데리고 광주廣州 땅 촌구석에서 살다가 이어 강원도 영월로 옮겨가 살았다는 말도 있다. 그녀의 고향은 충청도 결성(지금의 홍성군 결성면)이었지만 창피해서 친정으로 갈 수도 없었을 것이다.

김삿갓 형제는 세상이 좀 잠잠해지자, 어머니 곁으로 와 살았던 것 같다. 그녀의 어머니는 집안 내력을 철저히 숨기고 살면서 남달리 영민한 작은아들 병연을 글방에 다니게 했다. 철없는 어린 병연은 열심히 공부했고, 스무 살이 되자 과거를 보아 출세하려고 마음먹었다.

그는 고을에서 보는 향시에 나갔다(어느 지방인지는 확인할 수 없다). 시제는 다음과 같았다.

"가산군수 정시의 충절을 논하고 선천부사 김익순의 죄가 하늘에 닿는 것을 탄식한다論鄭嘉山忠節死, 嘆金益淳罪通于天."

김삿갓은 가슴을 펴고 시를 써내려갔다. 그중 마지막 한 구절만 보면 이렇다.

임금을 잃은 이 날 또 어버이를 잃었으니
한 번만의 죽음은 가볍고 만 번 죽어 마땅하리

춘추필법을 네 아느냐 모르느냐
이 일을 우리 역사에 길이 전하리

김삿갓은 마음껏 붓을 놀렸다. 그는 장원급제를 했고 이 사실을 어머니에게 자랑했다. 그러나 어머니는 할아버지의 옛 일을 더 감출 수가 없었다. 이 말을 들은 김삿갓의 심정을 여기에서 적당히 표현하는 것은 적절하지 않다. 그의 어머니는 아들의 마음을 가라앉히려 했는지 스물두 살 때 장가를 보냈고 이어 손자도 보았다. 그러나 그는 마음을 잡지 못했다. 연민을 거듭한 끝에 그는 아무도 몰래 가족과 이별했다.

● 고통을 토해내는 방랑생활

그는 삿갓을 쓰고 전국 방방곡곡을 돌아다녔다. 삿갓을 비스듬히 쓰고 해학을 토해내면서 이름을 물어도 대답하지 않고 고향을 물어도 모르는 체했다. 그러니 김삿갓으로 통했던 것이다. 그의 호는 난고蘭皐였는데, 바위 틈에 자라는 난초라는 뜻으로 고고함을 드러내려는 호였다. 자신의 이름을 꼭 대야 할 자리에서는 난이라 했고, 자를 댈 적에는 이명珥鳴, 호를 댈 적에는 정상正裳이라 했다. 방울이니까 울고 치마를 입었다는 뜻이니 이것은 무엇을 상징하는가?

그는 2년 만에 집으로 돌아왔다. 형 병하가 죽었다는 소문 때문이었다. 이때 아내와 동침을 해 둘째 아들이 태어났고, 아들을 본 뒤 그는 또 어느 날 훌쩍 집을 떠났다. 이것이 어머니와 아내와의 마지막이었고, 이 둘째 아들은 뒤에 아버지를 찾아 헤맸다.

그 뒤 그의 발걸음은 안 닿는 곳이 없었다. 위로는 강계·금강산·영월, 아래로는 여산·지리산·동복까지 끝없는 방랑의 길을 떠돌았다. 그의 발길이 닿는 곳마다 시가 물처럼 쏟아졌고, 그의 숨결이 닿는 곳마다 해학이 넘쳤다. 그는 세상을 환히 알고 있었다. 거들먹거리는 양반의 모습, 거짓에 찬 훈장의 몰골, 정에 굶주린 기생, 굶주림에 허덕이는 농민, 수탈만을 일삼는 벼슬아치……. 그의 눈에 비치는 것은 모두 가식과 위선이었다.

이런 현실을 보고 그는 풍자와 해학을 일삼았지만 실제는 달인의 경지에 이르러 있었다. 중도 도인도 아닌 탈속의 달인, 이것은 그의 행동과 모습에서 여실히 드러나고 있었다.

그는 언제나 겹옷을 입고 살았다. 추울 때는 솜옷, 더울 때는 홑옷을 입는 것이 평범한 사람들 모습이 아닌가? 누군가 따뜻이 재워주고 먹여주고 그리고 솜옷을 지어주면 마다 않고 입었다가 그 집을 떠날 때에는 어김없이 겹옷을 들고 나갔다. 그리고 헐벗은 사람을 만나면 솜옷을 벗어주고 다시 남루한 겹옷을 걸쳤다.

그는 술만 보면 통음을 했다. 실컷 마시고 나서 싯줄을 지어놓고 떠들다가 때로는 대성통곡을 일삼기도 했다. 주위 사람들에게, 중국의 굴원屈原이 세상 돌아가는 꼴을 보고 통곡한 사연을 떠올리게도 했던 것이다. 세수를 하지 않아 땟국이 줄줄 흘렀고 옷과 신발이 해지거나 너덜거려도 꿰맬 줄을 몰랐다. 추위와 더위, 배고픔과 배부름, 좋고 나쁨, 허위와 진실이 그의 행동을 제어하지 못했다.

그는 발길 닿는 대로 살면서도 어머니에 대한 그리움을 떨쳐버릴 수가 없었다. 한번은 어머니가 결성에서 친정살이한다는 소문을 듣고 찾아왔으나, 이미 세상을 떠났다는 말을 듣고 외가에 들르지도 않고 발길을 돌렸다. 아마 패륜아의 심정으로 발길을 돌렸을 것이다. 그의 둘째 아들은 그를 여기저기 찾아다니다가 세 번쯤 따라잡았지만, 김삿갓은 변 보는 척하며 보리밭 속으로 들어갔다가 도망치는 식으로 아들을 따돌리곤 했다.

그는 쉰일곱 살에 전라도 땅 동복에서 숨을 거두었다. 그의 아들은 시신을 거두어 그의 연고지인 영월 땅 태백산 기슭에 묻어주었다. 이렇게 그는 자연으로 돌아가 모든 것을 떨쳐버렸다.

● 그의 참모습은 무엇인가

세상 사람들은 그를 방랑시인, 철인, 광인, 술꾼으로 거듭 일컫고 있다. 하지만 그는 서민의 애환을 노래하고 민중과 벗이 되었으며, 한문을 조선 것으로 만들고 한시의 틀에 박힌 정형을 깨부순 시인이다. 한시를 짓는 선비나 시인들은 운자를 맞추고 글자의 고저를 따지고 또 화조월석이나 음풍농월만 일삼는다. 그래야만 시의 격이 높고 품위가 지켜진다고 생각한다. 그는 이런 것을 거부했다. 그의 시가 비록 칠언고시七言古詩(한 구가 칠언으로 된 한시의 형식) 등의 형식을 빌려 운자를 달았지만 이것은 하나의 오'형일 뿐이다. 그가 다루는 주제는 모두가 인간의 일이었고 그가 쓰는 시어는 더러운 것, 아니꼬운 것, 뒤틀린 것 그리고 우리말의 속어, 비어가 질펀하게 깔려

김삿갓 고택 강원도 영월군 하동면 와석리 '김삿갓 유적지' 내에 위치한 김삿갓 주거지. 김삿갓 묘에서 산길을 따라 조금 올라가야 한다.

있다. 예전에 박지원이 비·속어를 마구 써서 문장을 만들자, 젊은 문사들이 이를 추종했다. 그러자 정조는 이를 두고 크게 염려하여 '문체반정'을 지시했다. 즉 고전의 문장으로 돌아가라는 것이다.

김삿갓은 조정에 몸을 담지도 않았고 서울에서 양반 노릇을 하지도 않아 이런 간섭을 받지 않았다. 다시 말해 그는 제멋대로 시를 짓고 읊었다. 한번은 사람이 죽어 그에게 부고를 써달라고 하자, 그는 '유유화화柳柳花花'라고 써주었다. '버들버들하다가 꼿꼿해졌다'는 뜻이다. 한자를 빌려 우리말을 표현한 것이요, 한자로 되지못하게 쓰는 부고가 못마땅하다는 것이다. 언젠가 그가 개성에 갔을 때였다. 어떤 집 문 앞에서 하룻밤 재워주기를 청하자, 그 집 주인은 문을 닫아걸고는 땔감이 없어 못 재워준다고 했다. 그러자 그의 입에서 이러한 시가 튀어나왔다.

> 고을 이름은 개성인데 어찌 문을 닫아걸며
> 산 이름은 송악인데 어찌 땔감이 없다 하느냐
> 邑名開城何閉門
> 山名松岳豈無薪

이 시는 해학으로만 볼 것이 아니다. 한문 또는 한시를 대중화한 것이다. 이런 것은 언문을 섞어 짓는 그의 모습에서 또 달리 나타난다. 그는 또한 한시를 지을 줄 모르면서 언문만 깨우쳤다고 거들먹거리는 선비를 농락했다. 그래서 언문을 섞어 지어보라고 하자, 이렇게 읊었다.

> 人間은 여기저기 有라
> 소위 언뚝삐뚝 客이
> 평생 쓰나다나 酒라

이처럼 김삿갓은 삐뚤어진 세상을 농락하고, 기성 권위에 도전하고, 민중과 함께 숨쉬며 탈속한 '참여시인'이었고 '민중시인'이었다. 예전에 겨울 동네 사랑방에서는 그의 싯줄을 외며 와자지껄 화제로 떠올렸다. 그러면서 자신들의 카타르시스로 삼았다. 이 소재는 우리의 훌륭한 전통유산이다.

한용운

붓끝으로 보여준 굳은 지조와 나라사랑

끼니조차 이을 수 없는 쪼들린 생활 속에서도 시 쓰고 소설 쓰기를 멈추지 않았던 한용운.
그러나 그의 지조는 한 점 굽힘이 없었다. 오늘의 우리는 그의 모습에서 굳은 지조와
나라사랑의 모습을 배우게 된다.

● 동학농민전쟁을 목격하고 번민에 빠지다

산을 깎아 집을 짓고
돌을 뚫어 샘을 팠다

이 대목은 만해卍海 한용운韓龍雲(1879~1944)의 시 〈산거山居〉의 한 구절로, 끝없는 고행과 굳센 의지를 적절히 표현했다. 그의 삶이 바로 이런 모습이었다.

한용운은 개항으로 외국의 문물이 밀어닥치기 시작할 때 충청도 결성에 있는 옥동이라는 한 궁벽한 마을에서 태어났다. 작가는 해도 생활을 꾸리며 행세를 할 정도의 재산을 지닌 지주 집안이라 그도 어릴 적부터 안락한 환경에서 글공부에 열중할 수 있었다. 10여 년간 글공부를 한 끝에 그는 상당한 한문 실력을 쌓았다.

그는 1894년 거세게 타오른 동학농민전쟁을 열다섯 살의 나이에 겪었고, 아버지가 이를 토벌하기 위해 나서는 모습도 보았다. 이때 아마도 그는 커다란 회의에 빠져들었을 것이다. 그래서인지 열여덟 살에 의병의 자금을 위해 관가의 돈 1천 5백 냥을 터는 모험을 감행했다. 이 일로 인해 군대에 쫓기느라 뜻하지 않게 출가하게 되었다. 이것이 출가의 직접적 동기라 할 수 있다.

한편 그의 아버지가 동학농민군 토벌에 나선 일을 두고 늘 번민했다고한다. 그래서 이를 반성하는 마음으로 출가한 것이라고도 한다. 현재 탑골공원에 있는 3·1만세 시위 장면을 담은 부조상 옆에는 그의 공적비가 세워져 있다.

이 비문을 명승 이운허李耘虛가 썼는데 여기에 그런 내용을 적은 글이 나온다. 이운허는 한동안 한용운을 모시고 있었으니 직접 들은 이야기를 적었을 것이다.

그는 쫓기면서 세상에 태어나 처음으로 굶주림과 기갈에 시달리며 인생의 쓴맛을 보았다. 소년의 발길은 강원도 깊은 산골로 향했다. 산속을 헤매다가 오대산의 오세암에 닿았다. 오세암은 저 유명한 김시습이 머물러 있었던 암자였다. 그는 이곳에서 불목하니로 일을 해주며 밥을 얻어먹었다. 그러다가 그곳 산 아래 냇가에 있는 백담사로 찾아가 다시 땔나무를 해주며 지냈다.

● 불교혁신에 헌신하다

1905년, 이런 산속에까지 을사조약으로 나라가 껍데기만 남았다는 소식이 전해졌는지는 모르겠지만 한용운은 정식으로 득도식得度式을 갖고 승려가 되었다. 이렇게 해서 만해 스님이 태어났다. 승려가 된 한용운은 5년 동안 불경공부와 참선에 열중하면서 중으로서 갖추어야 할 지식과 경험을 쌓았다. 그러나 그는 평범한 중이 되기에는 기氣가 너무 셌고 또 현실문제에 대한 관심이 높았다.

그는 먼저 5개월 정도 일본 각지를 방랑객의 모습으로 돌아보았다. 일본이 무슨 힘으로 우리나라를 삼키려 하는지를 알아보려 한 것 아니겠는가? 그리고 이듬해인 1910년 나라가 완전히 일제의 식민지가 되던 해, 홀연히 바랑을 짊어지고 만행萬行의 길에 나섰다. 삭풍이 몰아치는 북간도와 시베리아로 떠돌아다녔다.

그리고 다시 서울로 왔다가 또다시 북간도 일대로 갔는데 아다 이때 망명을 결심하고 독립군의 군자금을 모집하러 다녔던 것으로 보인다. 이렇게 3년을 또 보냈다. 의기 넘치는 장년의 그는 어느덧 국내외의 정세와 독립운동의 수준도 나름대로 판단할 수 있는 지도자가 되어 있었다. 그러나 그가 몸담고 있는 불교계는 너무나 침체되었고 어느덧 친일불교로 전락하고 있었다.

이 때문인지 그는 산사에 묻혀 있지 않고 서울로 와서 살았다. 1912년 한용운이 중심이 되어 서울 대사동(지금의 인사동)에 본부를 두고 조선 임제종 중앙포교당을 설립했지만 조선총독부에서 곧바로 폐지 조처가 내려왔다. 이어 조선총독부의 보호를 받는 30본산에 맞서 조선불교회를 조직하려 했지만 온갖 방해를 받아 뜻을 이루지 못했다. 이런 상황에서 조선불교개혁론이 등장했다.

한용운은 1913년 오랜 고민 끝에 《조선불교유신론朝鮮佛敎維新論》을 집필해서 세상에 발표했다. 이 글은 사회진화론에 입각해 우승열패優勝劣敗 약육강식弱肉强食 이론을 도입해 경쟁을 통해 살아남아야 한다는 내용을 기저에 깔고 자기반성과 현실비판을 추구했다.

이것의 기반이 된 것은 부처의 평등주의였다. 좀 장황하지만 그 서문의 한 대목을 보자.

내가 일찍이 불교를 유신할 뜻을 품고 조금 마음속에 그려보았으나 모든 일이 뜻대로 되지 아니하여 당장 실천에 옮기지 못하고 시험 삼아 하나의 형적 없는 불교의 신세계를 구구하게 글자로 얽어서 풀어, 스스로 아무 소리 없는 적막한 세상에 위로로 삼을 뿐이다.

무릇 갈증을 느낄 때 신 매실(매화나무)을 바라보고 침이 고여 잠시 갈증을 푸는 것도 또한 양생의 한 방법이다. 이 논의야말로 실로 매화의 그림자이며 나의 갈증으로 내 몸을 태우는 것이다. 그러니 스스로 어쩔 수 없어 하나의 매화 그림자에 펄펄 솟는 맑은 샘물을 퍼부으려는 것이다.

요즈음 불가는 너무나 가문데 우리 무리들 속에 갈증이 나는 사람이 있는지 모르겠다. 과연 있다면 이 매화 그림자로써 서로 비추어보기 바란다.(이해를 위해 현대문으로 약간 고쳤다)

이렇게 겸손하게 말문을 열었으나 이어 법방망이를 이렇게 들이대고 있었다.

유신이란 무엇인고, 파괴의 자손이오. 파괴란 무엇인고, 유신의 어머니라. 천하에 어미 없는 자식이 없다고 말하되 파괴 없는 유신이 없다고 말하면 더러 알아먹지 못하니 어찌 그 비유의 학에 이렇게 어두울 수 있는가? 무릇 파괴란 것은 헐어서 없애는 것을 말하는 것이 아니라, 다만 그 시세에 맞지 아니하는 구습을 고쳐서 새로운 것으로 향하게 하는 것뿐이다. 이름은 비록 파괴이나 실은 파괴가 아니다.

유신을 보다 잘 하는 것은 파괴를 더욱 잘 하는 것이니 파괴에 느린 자는 유신이 느리고 파괴에 빠른 자는 유신이 빠르고 파괴가 작은 자는 유신이

한용운 초상화 만해 한용운은 끝없는 고행과 굳센 의지를 글로써 훌륭히 표현한 인물이다. 그의 삶 역시 그의 글과 다르지 않았다.

작고 파괴가 큰 자는 유신이 크다.

(이해를 위해 현대문으로 약간 고쳤다)

이 대목에서 그는 파괴를 혁명의 첫걸음으로 갈파했다. 이어 그가 제시한 내용은, 절을 산속에 두고 중들이 산속에 사는 것은 염세에 적합하고 구세를 외면하는 것이니 도시와 민간 속으로 들어가 다른 종교와 경쟁해야 한다는 것이다.

또 만행의 하나로 구걸행각하는 짓은 금지해야 하며, 예불격식도 하루 한 번으로 줄여 간소하게 해야 하며, 염불당, 칠성각, 산신각은 미신을 조장하는 것이니 헐어내야 한다고 외쳤다.

또한 승려는 구구하게 계율에 얽매이지 말고 장가를 들어서 세속 안으로 들어와야 한다고 주장했다. 그 요지를 한마디로 요약하면 부처의 평등주의를 토대로 중생제도에 앞장 서야 한다는 것이다.

이 마지막 대목이 오늘날까지 가장 많은 논란을 빚는다. 적어도 조선총독부가 조선불교를 일본불교로 만드는 과정에서 승려의 취처娶妻를 허락하기 13년 앞선 주장이었다.

국한문 혼용의 4만 2천 자로 쓰인 이 글은 일본불교와 개신교를 모델로 제시했다는 비판이 따랐고, 지나치게 전통을 무시하고 세속화를 주장했으며 제국주의 발전논리인 진화론을 수용했다는 한계를 지적하기도 한다. 하지만 조선시대 이후 불교개혁을 이렇게 강렬하게 주장한 이가 없었다. 그리하여 민족불교의 성향을 가진 승려와 진보적 지식인 등이 열띤 호응을 보였다. 그의 인기는 치솟았다.

한용운은 계속해서 불교혁신을 위해 잡지 〈유심〉을 간행했으며 강연과 글을 줄기차게 벌이고 썼다. 그는 불교의 침체를 질타하고 불교가 대중 속으로 파고들어야 한다고 역설했다. 분명히 이런 목소리는 그때로서는 여간 혁신적이 아니었으며 그의 주장은 선승禪僧들의 머리를 어지럽혔다.

● 최후의 일인까지 최후의 일각까지

1919년 봄, 그는 서울에 머물러 있었다. 3·1운동을 일으킬 때 한용운은 처음에는 개인 자격으로 참여했다. 손병희 주도로 민족대표 33인을 지정할 때 한용운은 박한영, 진진응, 도진호 등 여러 승려를 추천했으나 모두 전보와 전화로 연락할 수 없는 산속에 있어서 마침 서울에 와 있던 배인사 승려인 백용성을 추천할 수밖에 없었다.

그리고 최남선이 지은 〈독립선언문〉을 읽어보고 그 미지근한 내용에 분통을 터뜨리며 자신이 다시 짓겠다고 나섰다. 그러나 이 뜻이 관철되지 않자, 마지막 공약 3장에 "최후의 일인까지 최후의 일각까지 정당한 의사를 쾌히 발표하라"라는 구절을 넣게 했다.

그뿐 아니라 이른바 민족대표 33인이 체포될 것을 알고 또다시 투쟁원칙을 제시했다. 첫째 변호사를 대지 말 것, 둘째 사식을 먹지 말 것, 셋째 보석을 요구하지 말 것 등이었다.

그의 행동은 여기에서 멈추지 않았다. 중앙학림의 학생이었던 백성욱, 김법린 등을 유심 사무실로 불러 〈독립선언문〉 3천 장을 주어 여러 절에 배포하게 하고 만세시위에 참여하도록 지시했다. 그 결과 동화사, 표충사, 석

왕사 등의 승려들이 만세시위를 벌였던 것이다. 또 이들은 한용운의 지시를 받아 상하이에 파견되어 요인들과 접촉했고 국내에서 지하신문〈혁신공보〉를 발행해 해외 독립운동을 알렸다.

그는 구속되어서도 일제 경찰에 맞서 과감하게 자기 의사를 밝혔다. 어떤 사람은 미리 변명을 늘어놓기도 했고 어떤 사람은 주동자가 아니라고 발뺌을 했고 어떤 사람은 자기의 뜻이 아니었다고 늘어놓았으나 그는 한점 꿀림이 없이 조선독립을 주장했다. 결국 그는 3년의 옥살이를 하고 풀려났다.

3·1운동을 겪은 뒤 한용운은 어느 누구보다도 이미지가 뚜렷한 민족 지도자로 부상했다. 서울에 살면서 민족운동을 은밀하게 벌이고 청년교육에 나서기도 했고, 시짓기에도 열중했다. 또한 총독부가 제정한 사찰령의 철폐운동도 벌였다. 1929년에는 불교도 중심의 만당卍黨이 결성되어 그를 당수로 추대했다.

● 님과 조국 그리고 민중 사랑

그는 학교에 발을 들여놓은 적이 없다. 어떤 동기로 시작의 방법을 배우고 시를 지었는지는 모른다. 그는 한시를 거의 짓지 않았다. 하지만 민족어를 구사해 주옥 같은 시를 토해냈다.

그의 시에는 '님'이 등장한다. 그 님은 누구인가? 그의 조국이기도 했고 그의 민족이기도 했고 그의 동경과 이상의 사람이기도 했을 것이다. 이들 시를 모아 1926년에 시집《님의 침묵》을 출판하니, 이제 민족시인이라는 또 하나의 이름을 그에게 붙이게 되었다. 그의 시는 널리 애송되었다. 식민지 아래에서 사랑이니 눈물이니 하는 이른바 신시新詩에 젖어 있던 사람들에게 그의 시는 커다란 충격과 함께 새바람을 불러일으켰다.

그의 많은 시들 중에서 한 작품만 보자.

뜰 앞에 버들을 심어 님의 말을 매량더니
님은 가실 적에 버들을 꺾어 말채찍을 하였습니다.
가지마다 채찍이 되어 님 따르는 나의 말 채칠까 하였더니
남은 가지 천만사千萬絲는 해마다 해마다
보낸 한을 감아 맵니다.

《님의 침묵》

여기에서 '님'은 누구일까? 바로 잃은 나라요 서러운 민중이다. 한용운은 선후를 구분할 수 없을 정도로 시작활동도 민족운동도 왕성하게 벌였다.

한동안 항일민족운동이 침체되어 있었던 1926년, 좌우의 여러 세력이 합작하여 신간회新幹會를 발족시키고 민족운동의 새로운 전기를 마련했다. 한용운은 이 단체의 집행위원과 서울지회장을 맡아 맹활약했다. 그러나 신간회는 창립된 지 2년 만에 조선총독부의 방해공작과 내부의 분열로 해체되고 말았다.

한용운은 다시 불교청년운동을 벌이기도 하고 불교언론운동을 벌이기도 했다. 이때 그는 쉰이 훨씬 넘은 나이로 새장가를 들었는데 고향의 전처 소식도 모르고 있던 때이다. 이제 승려의 몸으로《불교유신론》에서 주장한 대로 아내를 맞고 가정을 꾸렸다.

이 무렵, 국내는 중일전쟁과 태평양전쟁으로 항일민족운동이 침체를 면하지 못하고 있었다. 이럴 때 많은 동지들은 거듭 변절해서 학병을 권유하거나, 정신대 동원에 나서거나 총독부 정책에 협조했다. 그는 이를 통한해 마지않았다. 어느 날 그는 거적을 끼고 친구인 최남선의 집을 찾아가 문앞에 펼쳐놓고 구슬프게 곡을 했다. 친일행각을 벌이는 최남선은 죽었다는 뜻이다. 또 이상재가 죽었을 때 사회장을 치르게 되었는데 한용운을 장례위원으로 올렸다. 그러자 그는 장례식장에 가서 이상재의 이름을 철필로 죽죽 그어대더니 철필을 내던지고 나왔다. 이상재의 미온적 운동을 나무란 것이다.

그는 끼니를 이을 수조차 없는 쪼들린 생활 속에서 시를 쓰고 소설을 썼다. 그래도 생활이 어렵기는 매한가지여서 그나마 제자들이 간간이 쌀되를 보내주는 것으로 죽을 끓여 먹었다. 이렇게 살면서도 그의 지조는 한 점 굽힘이 없었다. 어느 독지가가 성북동 골짜기에 그의 거처를 마련해주기 위해 집을 지으려 하자 엉뚱하게도 북향으로 집을 짓게 했다. 조선총독부 쪽을 바라보고 살 수 없다는 고집이었다. 그는 이처럼 사소한 일에도 일제에 대항했다. 단지 죽을 무렵 〈조선일보〉에 어줍잖은 소설을 써서 원고료를 챙긴 일 때문에 논란이 벌어진 일이 있을 뿐이었다.

한용운은 8·15 광복이 되기 1년 전, 5월의 신록이 그의 거처 심우장尋牛莊에 드리워질 적에 오랜 지병인 중풍으로 세상을 떠났다. 그는 한을 가슴에 묻어둔 채, 조국의 해방을 보지도 못하고 눈을 감았다. 그러나 오늘날 우리는 그의 흔적을 통해 굳은 지조와 나라사랑의 모습을 배우고 있다.

현재 심우장이 서울 성북동에 보존되어 있고 설악산의 백담사에는 시비를 세워 그를 기리고 있으며 그 아래에는 만해 창작마을을 조성해 작가들의 집필 공간으로 제공하고 있다. 또 불교계에서 만해상을 제정해 해마다 그의 정신을 이은 인사들을 골라 시상하고 있다.

07

홍명희

서민 문학의 정수 《임꺽정》의 저자

월북작가 홍명희는 북한에서 부수상까지 되었으나 우리는 그를 정치인이라기보다는
《임꺽정》의 작가로 본다. 시대상황에 따라 반봉건, 반제국주의운동에 앞장 선 그였지만,
마지막까지 문필가로서 생애를 보낼 수 있었다면 그 문학적 비중은 훨씬 컸을 것이다.

● 아버지와 아들이 맞담배질을 하다니

북한에서 역사연구와 국역사업에 일생을 바친 홍기문洪起文은 바로 소설
《임꺽정》의 작가로 널리 알려진 홍명희洪命熹(1888~1968)의 아들이다. 또
한《황진이》를 써 화제를 불러일으킨 소설가 홍석중은 홍명희의 손자요 홍
기문의 아들이다.

이들 부자에게 다음과 같은 일화가 전해진다. 괴산의 풍산 홍씨 집안의
어른들이 무슨 일로 서울에 있는 홍명희의 집에 들이닥쳤다. 그런데 이들
부자는 집안 어른이 온 줄도 모르고 바둑 두기에 열중하고 있었다. 더욱이
그들 부자는 맞담배질을 하며 바둑을 놓고 있었다. 이런 광경을 보다 못한
집안 어른이 불호령을 내렸다.

"풍산 홍씨 가문이 어떤 집안인데 부자가 맞담배질을 하다니, 집안이
망했구나."

이 말처럼 풍산 홍씨는 조선시대 5대 명문가로 뽑혔고 특히 그의 집안
은 임진왜란 때 활약한 홍이상洪履祥 이후 줄줄이 고관을 누렸다.

그러면 이런 집안에서 법도를 잘 익혔을 홍명희는 왜 아들과 맞담배질
을 했을까? 이들 부자는 어느 누구보다도 개명했고 잘못된 관습을 고치는
데 앞장섰으며 양반의 위세를 깨부수기 위해 노력했다. 따지고 보면 부자
가 한자리에서 담배를 피우지 못할 이유가 무엇이겠는가? 이것을 구습개
량운동이라 한다.

홍명희의 아버지 홍범식洪範植은 괴산 인산리에서 태어나서 집안 배경
덕에 일찍이 중앙의 벼슬아치가 되었다. 그는 구한말, 외세에 흔들리는 조

정에서 심한 갈등을 겪었는데 1907년 의병이 한창 일어날 즈음 태인군수로 있다가 일제가 의병을 마구 잡아 죽일 때 이들을 많이 구했다고 전해진다. 이어 금산군수로 있을 때 나라가 일제에 의해 완전히 합병되었다는 소식을 듣자 유서를 남기고는 그곳 조종산에 올라가 목을 매 자결하여 나라를 위해 순국한 인물로 널리 이름이 알려졌다.

홍명희는 이런 아버지의 장남으로 역시 괴산 인산리에서 태어났다. 그는 어릴 적 사정을 이렇게 회고했다.

> 내가 세상에 나온 뒤 세 살 되던 해에 어머니가 돌아가시고 증조부가 돌아가시고 여섯 살 되던 해에 할머니가 돌아가셨다. 네 살에 새 어머니가 생겼으나 나는 증조모와 대고모 손에서 자라났다. …… 젖 얻어먹는 것만 해도 여간 일이 아니었는데 어린 내가 몸이 약하고 병이 잦아서 밤잠을 편히 잘 날이 드물었다.
>
> 자서전

그는 명문의 부잣집 아들로서는 불행하게 자랐던 것이다. 또 그를 키워준 증조모는 이렇게 말했다.

> 클 때 어찌나 셈이 바르고 얼마나 영악했는지 모른다.
>
> 홍기문 〈아들로서 본 아버지〉

이를 보면 그는 어릴 적부터 천재성이 드러났다. 또 여덟 살 때부터 글을 짓기 시작했는데 어머니를 그리워하여 이런 시를 썼다고 한다.

사람들은 해마다 태어나는데

우리 어머니 어찌 돌아오시지 않는고

蒼繩年年生

吾母何不歸

이것이 그의 어릴 적의 모습이다. 한편 열세 살 어린 나이에 민씨와 혼인
했는데 여느 개화 청년의 경우와 달리 끝까지 해로한 것으로 알려져 있다.

아버지가 순국할 때 그의 나이 스물두 살이었으니 모든 정황을 꿰뚫어
보기에 충분했다. 당시 그는 도쿄 유학을 중단하고 고국에 돌아와 있었다.
곧 졸업을 앞두고 새로운 번민에 싸여 있었는데 결국 고국에 돌아와 민족
운동을 결심하게 된 것이다. 그는 도쿄 대성중학교에 다닐 적에 문일평,
최남선, 이광수, 최인 등과 어울려 민족독립심을 고취하고 있었다. 그에
게는 아버지가 순국한 뒤에 가족과 일가를 이끌 종손의 책임, 많은 토지와
머슴을 관리할 가장의 임무가 지워져 있었다.

어릴 적부터 전통적 교육을 받아온 그였지만 서울 집에 살면서는 고향 땅
을 자주 밟지 않았다. 진보적 청년들과 어울려 새로운 학문에 빠졌고 이어
다시 일본 도쿄로 건너가 그곳 대성중학교를 다니다 중퇴했던 것이다. 그
곳에서 그는 서양의 문학작품을 탐독했고 또 사상 관련 서적에도 몰입했다.

그는 일본에서 돌아와 새로운 번민에 빠졌으나 아버지의 순국을 보고
무한한 감동을 받았다. 그리하여 뒷날 자식들을 앞에 앉혀놓고 말했다.

나는 《임꺽정》을 쓴 작가도 아니고 학자도 아니다. 홍범식의 아들, 애국자
다. 일생 동안 애국자라는 그 명예를 잃을까봐 그 명예에 티끌이라도 묻을

세라 마음을 쓰며 살아왔다.

그는 국내 독립운동의 활로를 찾아 정인보와 함께 처음에는 만주 서간도, 나중에는 중국의 상하이 등지를 떠돌아다녔다. 이때의 홍명희의 모습을 이광수는 이렇게 전한다.

> 나는 침대나 침구를 살 돈도 없어서 벽초의 침대에서 벽초의 이불을 덮고 잤다. 매트리스도 없는 침대, 게다가 도쿄에서라면 서로 꼭 껴안고 입이라도 맞추고 자련마는 둘이 다 스물이 훨씬 넘은 징글징글한 엉그럭이라 자다가 깨어보면 궁둥이만 마주 대고 잤다. …… 그래도 그때에 가인(假人, 가짜 인생이라는 뜻)이던 벽초는 싫다는 빛 하나도 아니 보이고 1개월 이상이나 나를 한자리에 넣어 사랑하여주었다. 이것은 실로 인생의 일생에 드문 일이다.
> 〈문단고행 30년〉 《조광》 1936년 5월호

어려운 생활과 함께 홍명희의 인간됨이 드러난다. 당시 홍명희는 '가인'이라는 가명을 지어 부르게 하였고 프랑스 조계에 집 한 채를 얻어 중국인 심부름꾼과 식모를 두고 살았다. 홍가인은 관조의 생활을 하면서 오스카 와일드의 《도리언 그레이의 초상》이나 바이런의 시집 등 명작을 탐독했다 한다.

그 당시 청년 홍명희는 상하이에서 일이 뜻대로 되지 않자 우리의 독립기지를 버마나 싱가포르와 같은 동남아시아에 옮겨두려는 계획을 세우기도 했다.

그는 싱가포르 일대에서 3년을 보냈는데 그 고생은 여기에서 굳이 말하지 않아도 알 만하다. 이 일이 뜻대로 되지 않자 중국이나 만주에서 독립항쟁을 하기보다는 국내에서 활동을 전개하기로 방향을 정했다.

그리하여 1918년 초쯤 다시 국내로 잠입했다. 그의 귀국 동기에 대해 아들 홍기문은 이렇게 썼다.

그렇게 나가신 우리 아버지도 만주로 상해로 남양으로 7~8년 온갖 풍상을 다 겪으며 돌아다니시는 동안 몸도 피곤하고 마음도 고달프셨다. 어머니같이 키워주신 늙은 증조모도 생전에 한번 뵐 겸 아우들이나 아들들도 가르칠 겸 조선 땅을 다시 밟으시게 되었다.

〈아들로서 본 아버지〉《조광》1936년 5월호

그러나 고향생활이라고 편할 날이 없었다. 곧 3·1운동이 일어나 고향 괴산 땅에서 만세시위를 주동한 혐의로 체포되어 3년형을 받아 복역했다. 이때부터 그는 독립지사 또는 민족 지도자로 주목받게 되었다.

홍명희의 국내 초기 활동에서는 교육자와 언론인의 면모가 두드러진다. 그는 한때 국학의 본산으로 일컬어진 연희전문 강사를 지냈고 휘문고보 교원이 되기도 했다. 또한 〈동아일보〉 편집국장과 〈시대일보사〉 일을 맡기도 했다.

일제는 교육자요 언론인인 그를 끊임없이 감시했는데, 이를테면 민족주의자라는 낙인에다 사회주의자들과 어울려 일을 벌인 탓에 꼬리표 하나가 더 붙어 있어서 더욱 크게 주목을 받았던 것이다.

● 사실주의 문학의 대표작 《임꺽정》

1919년 3·1운동으로 상하이 임시정부가 태동하고 만주 일대에서 무장항 쟁이 치열하게 전개되었으나 3~4년이 지나자 다시 침체의 국면에 빠졌 다. 국내의 독립운동 세력들도 좌우익으로 갈라져 그 운동 방향을 놓고 분 열 양상을 보였다.

이 시기 홍명희는 새로운 사상에 심취해 있었다. 그의 목소리를 들어 보자.

> 좋다! 그러면 이른바 신흥문학은 유산계급문학에 대항한 문학일 것이며, 생활을 떠난 문예에 대항한 생활의 문학일 것이며, 구계급에 대항한 신흥 계급의 사회변혁의 문학일 것이다. 그러면 프롤레타리아 문예는 즉 신흥 문학의 별명이 아닌가? 그리하여 지금 신흥문예는 조선의 문예계에 있어 서 새로운 기운을 진작하고 있다. 그리고 역사적 필연을 가진 신흥계급이 계급전선에 있어서 반드시 이길 것이나 마찬가지로 문단세력에 있어서도 신흥문예가 주도를 잡을 것은 멀지 않은 장래일 것이라 한다.
>
> 〈신흥문예운동〉《문예운동》1926년 1월호

아주 신념에 찬 새로운 문학관을 피력하고 있다. 그는 사회주의자로 많 은 주장을 폈으나 타협을 모색한 온건파였다.

이때 좌우 합작으로 전국적 규모의 운동단체를 태동시켰는데 그것이 바로 신간회新幹會이다. 회장에 이상재가 추대되고 부회장을 권동진이 맡 았다. 이 단체의 이름은 홍명희가 지었는데, 분열과 이견을 지양한 새로운 줄기라는 뜻으로 신간회라 한 것이다. 그리고 그는 신간회의 중앙집행위원 등을 맡으며 좌우익의 통일전선 형성에 주력했다.

조선총독부는 처음에는 신간회를 합법적 단체로 인정했으나 차츰 교활한 음해공작을 펴나갔다. 이에 사회주의 계열은 그 해소解消를 결의했고 이어 지하운동으로 방향을 돌렸다.

홍명희는 민족해방 항쟁과 반봉건적 운동을 위해 사회주의의 이념이 필요했으나 결코 모험주의자나 급진파는 아니었다. 이 나라와 사회에 보수세력의 뿌리가 얼마나 깊은지를 알고 있었다. 따라서 그는 신중하게 현실에 대처했다.

1931년 신간회가 일단 해소되자, 홍명희는 잠시 한가한 시간을 얻었다. 그는 오랫동안 구상하고 있던 소설을 〈조선일보〉에 연재하기로 했다. 곧 조선왕조 초기 의적 임꺽정의 행적을 더듬어 문학작품으로 형상화한 것이다. 그는 이 소설을 쓰면서 당시의 풍습·언어·생활상을 철저히 고증했고 또 임꺽정 개인의 활동상과 도둑들의 모습을 여러 자료를 섭렵하여 사실적으로 그려냈다. 그는 하루 2백자 원고지 10장 분량을 겨우 채우면서 거듭 생각하고 거듭 고쳤다고 한다.

이 작품이 연재되는 동안 독자의 인기는 말할 것도 없었거니와 그 뒤 미완성인 채로 조선일보사(1939~40)와 을유문화사(1948)에서 단행본으로 간행되자, 우리나라 사실주의 문학 또는 프롤레타리아 문학의 대표적 작품으로 꼽히게 되었다.

조선일보의 판매부수는 치솟았고 책을 낸 출판사는 떼돈을 벌었다. 그가 쓴 처음이요 마지막 소설《임꺽정》은 이렇게 해서 우리 문학사에서 독

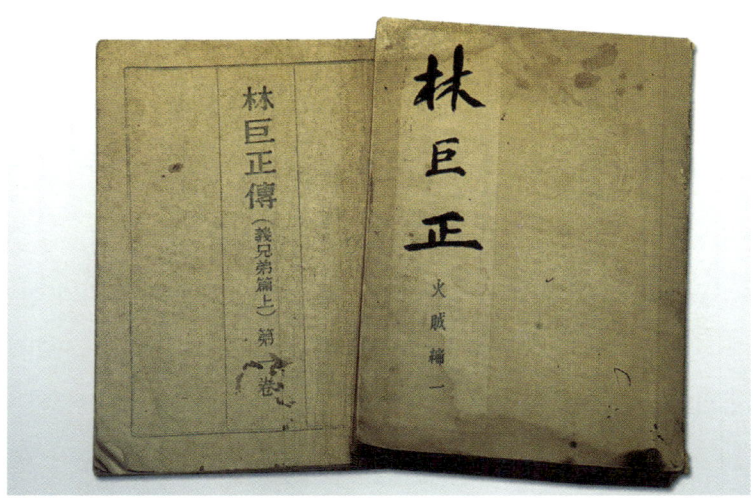

《임꺽정》 조선일보에 연재했던 〈임꺽정전〉을 단행본으로 펴내 큰 화제를 불러 일으켰다.

특한 위치를 점령했다.

필자는 《임꺽정》을 10대와 50대에 두 차례에 걸쳐 탐독했다. 그런데 《임꺽정》에는 빼앗아 먹을지라도 배고픈 이야기는 도통 없다. 왜 그럴까? 작가가 어릴 적에 너무 부유한 집안에서 산 탓일까? 한번 따져보아야 할 문제이다.

하지만 당대를 잘 반영했다는 점과 소설적 기법의 우수성 면에서 홍명희의 《임꺽정》과 조정래의 《태백산맥》을 2대 소설로 꼽기에 오늘도 주저함이 없다.

● 북한에서 생애를 보내다

《임꺽정》을 쓸 때 홍명희의 나이는 40대 중반이었다. 이 소설이 나오자 그의 명성은 더욱 높아졌다. 언제부터인가 조선의 3대 천재로 이광수, 최남선, 홍명희를 꼽았고, 또 문일평과 정인보가 이 세 사람을 대신해 비집고 들락날락거렸다.

다른 사람들은 일단 제쳐두고 홍명희의 경우를 살펴보면, 한문과 고전에 해박한 데다 일어·영어·스페인어까지 능통했다.

그리고 철학·역사 등 광범위한 지식을 가지고 있었으니 그런 말이 엉뚱한 것은 아니었다.

그러나 그는 위의 사람들과 달랐다. 위의 사람들이 흔히 써대는 남의 문집의 서문이나 묘비문을 그는 거의 쓰지 않았다. 그리고 그 스스로 남보다 한발 앞서 봉건잔재를 청산하기에 힘썼다. 또 위 두 사람은 뒷날 친일파로 변신했으나 그는 끝까지 지조를 지켰다.

광복이 된 뒤, 그의 친구인 이광수나 최남선은 반민특위에 걸려들었으나 그는 조선문학가동맹 위원장과 남조선 과도입법위원을 맡아 활약했다. 또 자신이 민주독립당을 창당해 위원장으로 활동했다. 그리고 이즈음 남조선 단독정부를 반대해 남북정치협상회의에 민주독립당 당수 자격으로 평양에 갔다가 그곳에 눌러앉았다.

그가 북한에 머무른 동기는 분명했다. 남쪽에서는 이승만과 한민당의 입김을 받아 미 군정시기부터 친일 경찰·군인·교사 그리고 판사·검사들이 다시 날뛰면서 독립지사들을 '빨갱이' 등 온갖 혐의를 씌워 탄압했다. 이를테면 친일청산이 되기는커녕 다시 친일파 천지가 되었던 것이다. 그는 이를 참을 수 없었다.

그런 와중에 북한에서는 일찌감치 청산작업이 이루어지고 있는 모습을 보았던 것이다. 그런데 과연 이 판단이 옳았을까? 그가 만일 후기 김일성의 유일사상, 김정일의 독재를 목격했더라면 생각을 달리했을 것이다. 그는 아들 기문을 비롯 가족을 평양으로 불러 올렸다. 이것도 대단한 용단이었다.

그 뒤 그는 북한의 부수상까지 되었으나 신중한 몸가짐 덕에 박헌영 등의 남로당 사건에도 연루되지 않았고 또 연안파가 숙청될 때에도 관련되지 않았다. 그리하여 연안파의 숙청이 일어날 무렵 조용히 병사했다고 전해진다.

이런 삶을 살다 간 그를 일반 사람들은 정치적 행동인으로서보다는《임꺽정》의 저자로 더욱 우러러보고 있다. 시대상황에 따라 반봉건·반제국주의운동에 앞장 선 그였지만, 마지막까지 문필가로서 생애를 보낼 수 있었다면 그 비중과 의의는 훨씬 컸을 것이다.

16년 차이인 아들 홍기문도 비록 최고인민회의 부의장 또는 사회과학원 원장 등을 역임했지만 어디까지나 역사학자·국어학자·고전번역가로 일생을 마쳤다.

특히 홍기문은《이조실록》의 번역 완성이라는 큰 공적을 세웠으니 아버지와 시대상황이 달랐던 탓인지도 모른다.

오늘날 남쪽에서는 그동안 금서로 나돌던《임꺽정》을 합법적으로 출간했고(1985년, 사계절), 그의 고향인 괴산에서는 그의 생가를 복원해 관리하

고 있다. 하지만 안타깝게도 월북했다는 이유로 그를 독립유공자로 대우
하지는 않고 있다.

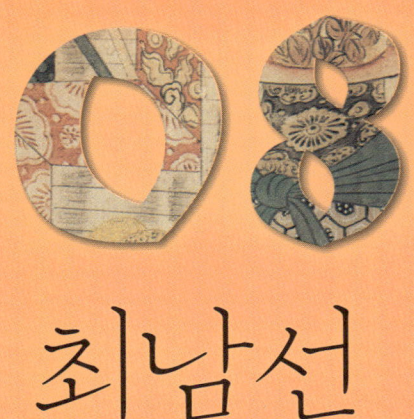

08

최남선

굴절된 친일파 지식인

나약한 지식인 최남선. 우리는 그를 통해 한 지식인의 굴절된 모습을 보게 된다.
그 모습은 바로 우리 자신의 모습일 수도 있기에 글 쓰는 이로서는 한편으로 옷깃이 여며지고
한편으로는 가슴이 떨린다.

● 당대 3대 천재의 한 사람

육당六堂 최남선崔南善(1890~1957) 하면 우리는 흔히 천재를 떠올린다. 그뿐만 아니라 그는 박람강기博覽强記(동서고금의 서적을 많이 읽고 사물을 잘 기억함)한 학자로, 부지런한 신문화운동가로, 논설을 쓰면서 신문사 사장을 지낸 언론인으로, 많은 시조를 쓴 시조시인으로, 우리 역사를 줄기차게 쓴 역사학자로, 수많은 책을 모은 장서가로, 3·1운동의 〈독립선언문〉을 기초한 민족대표로 우리에게 각인되어 있다. 확실히 그는 자신이 살았던 당대에 3대 천재의 한 사람으로 꼽혔을 정도로 범상하지 않은 인물이었다.

그러나 우리는 최남선을 그리 좋은 인상으로 기억할 수 없다. 말년에 가서 친일파로 변신해 민족 앞에 죄를 지었기 때문이다. 선비란 비록 가난해도 명예를 중히 여기는 터인데, 그는 이런 통상의 범주에서 벗어났던 것이요, 또 여러 차례에 걸쳐 자기갈등을 겪으면서 잦은 변신을 했던 것이다.

왜 그랬을까? 변신하지 않으면 끼니 걱정이 어려웠던 것도 아니고 목숨을 내놓아야 할 절박한 처지에 놓인 것도 아니었는데. 더군다나 역사를 연구한 이로서 시대정신을 꿰뚫어보지 못할 리도 만무하고 그의 친일행각이 훗날 준엄한 심판으로 다가올 것을 모를 리 없었을 터인데.

● 12세에 겪은 필화사건

따사로운 햇볕이 내리쬐던 1890년의 어느 봄날, 웃보시꼬지(지금의 서울 을

지로 2가)의 한약방에서는 생남례(生男禮, 사내아이 출생을 축하하는 잔치)가 펼쳐지고 있었다. 이 약방 주인이요, 관상감(지금의 천문대)에 소속된 지관(묘자리 등을 보는 벼슬아치) 최현규의 둘째 아들이 태어난 것이다. 이 아이가 최남선이다.

이 최씨 집안은 쓰러져가는 고려를 받치려고 안간힘을 쓰다가 죽은 최영 장군의 후손이었다. 그러나 이 명문 집안이 언젠가부터 기술관 노릇을 하는 중인이 되었고, 그의 부친 최현규도 관상감에 소속되어 낮은 벼슬을 했던 것이다.

그런데 최남선이 태어날 무렵에는 그의 집안에 상서로운 기운이 감돌았다고 한다. 갑오개혁으로 중인들도 실력과 줄만 있으면 어떤 고관이라도 될 수 있는 세상이 되었기 때문이다. 실제로 최현규는 뒤에 관상감의 기감을 거쳐 학부의 학무국장에까지 올랐다. 비록 나라가 망해가는 때였지만 중인 신분으로 예전 관직으로 따지면 '참의'라는 차관급에 해당하는 고관 대열에 들어선 것이었다. 나라가 완전히 망한 뒤에는 한약재 무역사업을 벌여 많은 돈을 벌었고 이 넉넉한 살림으로 아들들의 사업을 뒷바라지해줄 수가 있었다.

최남선은 천재의 재질과 남달리 많은 탐구심을 타고 났다. 어릴 적부터 글방에 다녔고 열 살 무렵에는 《춘향전》 같은 이야기책을 읽었으며, 관수동에 있는 중국인 서점에 드나들며 중국 소설들도 탐독했다.

또 미국인이 세운 병원인 제중원에 드나들며 성경과 서양역사 책들도 읽었고, 당시에 발행되던 〈황성신문〉 등도 구독했다. 그리고 열두 살에는 책을 읽는 것에서 한 발짝 나아가 스스로 글을 써서 〈황성신문〉에 투고하기도 했다.

이때쯤 그는 단순한 글방의 서생을 넘어서 신문물에도 심취했고 나라 돌아가는 사정도 잘 알았다. 특히 구한말의 개화파는 역관 오경석·한의사 유대치 등 중인들이 주도했던지라 그의 아버지도 여기에 한 자리 끼게 되어 그도 이런 개화파의 얘기와 신학문을 어릴 적부터 듣고 배울 수 있었다.

이런 가정환경에다 얼마든지 책을 사볼 수 있는 생활의 여유도 있었으니 그의 자질은 십분 발휘될 수밖에 없었을 것이다. 그는 더 발전하여 열세 살에는 일본인이 경영하는 경성학당에 입학해 일본 말을 배웠고, 이 일본 말을 밑천으로 〈조일신문〉을 구독하기도 했다. 바야흐로 이 소년에 대한 명성이 서울바닥에 자자하게 퍼졌고 주위의 관심과 촉망을 받게 되었다.

그의 나이 열다섯 살인 1904년, 대한제국 황실에서는 50명의 고관 자제를 뽑아 일본에 보내 신문물을 익히게 했다. 여기에 뽑히려면 높은 신분이어야 함은 물론 부모의 배경도 있어야 했다. 소년 최남선은 여기에 들었다. 그리하여 일본으로 건너가 도쿄부립 제일중학교에 입학했다. 그는 소년반장으로 뽑혀 활약하면서 일본의 신문물을 익히는 한편 최인, 홍명희 같은 친구들을 사귀게 되었다.

이때 최인과의 만남은 큰 의미를 지니는 것이었다. 최인은 함흥 출신으로 조선시대에 소외되던 지방 출신이었으나 그의 아버지가 중앙에 나와 고관을 지낸 데다 집안이 엄청난 부자라 여기에 뽑힌 것인데, 가정배경이나 현실 조건이 최남선과 매우 비슷했다. 둘은 이후 너무나 비슷한 길을 걸었다.

두 사람은 일본 학교에 입학해 신문물도 제대로 배우지 못하고 있을 때 일본인 교장에게서 "조선민족은 열등하여 교육을 시킬 필요가 없다"는 따위의 말을 듣자 분개하여 항의 동맹휴교를 일으켰고, 그로 인하여 주동자로 몰려 다른 조선인 학생들과 함께 퇴학당했다.

퇴학을 당하고 나서 최인은 그대로 일본에 머물렀지만 최남선은 고국으로 돌아왔다. 유학을 떠난 지 석 달 만의 일이었다. 귀국한 그는 사춘기 소년으로 일본을 배격하는 글을 썼다. 1905년, 이른바 을사조약이 맺어지던 해였다. 그는 조약이 맺어지기 전 이 글을 〈황성신문〉에 투고했는데 그 내용이 문제가 되어 한 달간 잡혀가 구류를 당했다. 이것이 그의 일생 최초의 필화사건이었다.

● 잡지《소년》을 창간하다

1906년, 17세의 그는 두 번째로 일본으로 건너가 와세다대학 역사·지리과에 입학했다(3·1운동 때 잡혀 심문을 받을 때에는 배울 것이 없어 졸업하지 않았다고 했다). 그리고 동시에 유학생 회보 편집일도 맡았다.

그는 이때 이광수를 만나게 되었다. 이광수와 최남선, 최인 이 세 사람이 나중에 친일의 3거두가 되었음은 운명의 장난일까? 이들은 학보 등 출판물에 열렬히 글을 쓰면서 나라 잃은 학생으로서 민족의식을 고취했다.

그러나 또다시 유학생들의 모의국회에서 불온한 사상을 고취했다고 하여 다른 한국인 학생들과 함께 퇴학당했다. 학교와는 인연이 없었던 셈이다(학교에 더 이상 다니지 못했지만 그는 나중에 대학에서 강사와 교수직을 맡게 된다).

그는 학교에 다니지는 않으면서 도쿄에 남아 출판사업 준비를 서둘렀

소원바위   육당 최남선의 집터에서 발견된 소원바위. 서울시 강북구 우이동 대로 옆에 자리 잡고 있다.

다. 그의 말에 따르면 청년들을 계몽하고 국민정신을 진작하기 위해서였다. 무력 독립항쟁보다는 자신의 지식을 활용해 문화운동을 하려 했음을 알 수 있다. 그는 아버지에게 자금 지원을 요청해 거금으로 인쇄기계를 사들이고 일본인 기술자까지 고용해 귀국했다.

그리하여 웃보시꼬지의 한약방에다 이 기계들을 차려놓고 '신문관新文館'이라는 출판사를 차렸다. 그때 그의 나이 열여덟이었다. 그만한 또래의 부잣집 아들들이 도쿄에서 기생이나 끼고 한창 질탕한 놀이에 빠져 있을 적에 그는 이 일을 벌였으니, 비록 칼과 총으로 일제침략에 대항하지는 않았지만 그의 계획과 의지를 칭찬할지언정 나무랄 일은 아니었다.

그 뒤 그는 잡지 《소년》을 창간했고 조선광문회를 만들어 조선어 편찬을 시작했으며, 싼값으로 일반에 보급하기 위해 '6전 소설'을 내는 등 많은 책을 찍어냈다. 또 그 자신도 많은 글을 썼고 안창호 밑에서 여기저기 강연을 하러 다녔으며, 소년 잡지 《아이들 보이》를 통해 소년들의 민족의식을 고취해나갔다.

자그마치 12년에 걸쳐 이런 일에 몰두하는 동안 때로는 판금을 당하기도 했고, 때로는 찍은 책을 몰수당하기도 했다. 그러는 사이 나라가 완전히 제국주의 일본에 넘어가 많은 지사들이 투옥되거나 죽음을 당하거나 동북 만주나 상하이로 가서 무력항쟁을 벌였는데, 그는 이에 조금도 개의치 않고 글 잘 쓰는 문사로서, 해박한 학자로서의 기반을 착실히 다져나갔다. 그리하여 그의 명성은 온 장안에 울려 퍼졌다.

● 시류에 타협하는 굴절된 지식인의 모습

1919년 봄, 나라 안팎의 정세에 힘입어 국내 인사들 위주로 일대 시위운동이 준비되면서 그에게도 일거리가 하나 주어졌다. 그의 문장력을 높이 사 〈독립선언문〉을 작성하게 한 것이다. 그는 웅혼한 문장으로 이 선언문을 지었다. 그러나 정작 민족대표 서명 차례가 되자 학자로 남겠다는 뜻을 비치면서 이를 거부했다. 그 말고도 김성수는 사업을, 송진우는 언론을, 현상윤은 교육을 핑계대고 서명에 끼지 않았다.

그가 작성한 〈독립선언문〉은 뛰어난 한문투의 문장이었고, 그때로서는 참신한 감각을 지닌 용어가 구사되었다. 그러나 일제침략에 저항하는 독립선언문으로서는 지나치게 온건했고, 또 지나칠 정도로 비폭력을 내세웠다. 이에 이 선언문을 맨 처음 비판하고 나선 사람이 바로 한용운이었고, 오늘날에도 그 온건한 내용과 함께 어려운 문투가 민중의 가슴에 와닿지 못했다는 지적을 받는다. 그는 이 글 말고도 〈일본 정부에 대한 통고〉, 〈윌슨 미 대통령에게 보내는 의견서〉, 〈파리강화회의에 보내는 메시지〉 등의 공식문서를 썼는데, 이것들도 오늘날 한결같은 비판을 받고 있다.

그는 이 사건으로 일제의 경찰에 의해 삼각동 자택에서 체포되었는데, 경찰과 법정의 심문 과정에서 "민족자결은 이상에 불과하다"는 둥, "내가 선언문을 지었다는 사실을 결코 말하지 말라고 대표들에게 부탁했다"는 둥, "대표들과는 동지가 아니다"는 둥, "나는 학자로 남을 결심으로 해외 망명지사들과 연락도 아니했다"는 둥 너무나 책임없는 말들을 했다. (이병현 《3·1운동비사》) 나약한 지식인의 모습을 여지없이 드러낸 것이다. 그의 이런 미지근하고 비굴한 태도는 그동안 쌓아올린 명성의 탑을 하루아침에 와르르 무너뜨렸다고 볼 수 있다.

그는 3·1운동 대표 48인의 한 사람으로 2년 6개월의 징역형을 언도받았고 복역한 지 열석 달 만에 가출옥으로 석방되었다. 왜 일제는 형기를 다 채우지 않은 그를 내보냈을까? 여기에는 그만한 까닭이 있었다. 그 뒤에는 3·1운동 뒤 부임해온 사이토 총독의 정책이 숨어 있었던 것이다. 사이토 총독은 겉으로는 문화통치를 내세우고 〈동아일보〉와 〈조선일보〉의 창간을 허락하는 따위로 온건정책을 펴는 한편 음흉한 계획, 이른바 민족주의 세력을 매수하는 공작을 펴고 있었던 것이다.

그러니까 명망 있는 민족주의 인사들을 회유하거나 매수하거나 공갈과 협박을 동원해 한편으로는 민족주의 노선의 분열을 꾀하고, 한편으로는 민족주의자들을 이용하려 들었다. 우선 손병희를 비롯하여 송진우, 최인, 최남선 등 민족주의 우파들을 가출옥시켰고, 계속해서 이들에게 검은 손을 뻗쳐나갔다. 이것은 바로 세차게 뻗어가는 항일노선을 약화하고 해외에서 활동하는 독립투사들의 활동에 대한 국내인의 호응을 줄이려는 술책이었다고 볼 수 있다.(강동진《일제의 한국침략정책사》)

최남선은 감옥에서 나와 주간지《동명》을 창간하는가 하면 이를 발전시켜 일간 신문〈시대일보〉를 발행하는 등 사업을 벌여나가면서 일본에 대해서는 온건노선을 고수했다. 그도 때로는 일제의 간섭을 받았지만 온건노선 덕에 큰 탄압은 받지 않았다. 결국 그는 일제가 '조선민족은 아직 열등하여 독립을 누릴 자격이 없다'는 논리로 교묘하게 깔아놓은 덫에 걸렸다. 이른바 민족개량주의로 빠져들고 만 것이다. 그의 친구 이광수, 최인도 다 여기에 걸려들고 있었다.

일제는 기왕에 만들어놓은 이완용, 송병준 등 친일파를 동원해보아야 국민들에게 별반 영향을 끼치지도 못할 터이니, 한때 민족운동을 벌였던 이들이야말로 이용가치가 있다고 판단한 것이다. 이광수가 맨 먼저〈민족개조론〉을 써서 총독정치에 이용당했다. 이어 최남선도〈조선민시론朝鮮民是論〉을 발표해 간접적으로 여기에 동조했다. 최인이 천도교를 친일어용으로 돌리는 데 온 힘을 쏟고 있을 때였다.

이후 이들은 총독부가 거들어 이루어진 연정회研政會에도 참여하고 조선자치론에도 찬성하고 나서는 등 총독부 정책에 영합하고 나섰다. 여기에 참여한 세력은 거의 민족주의 우파들로서 언론이나 교육계의 지식인들, 기업을 벌이고 있던 이른바 민족자본가들이었다.

최남선은 1925년에 〈동아일보〉 객원이 되어 많은 사설들을 썼고, 1927년에는 조선사편수회에 위원으로 촉탁되었다. 〈동아일보〉에 발표된 글들은 단군의 정신과 백두산의 혼을 이야기함으로써 민족의 유래와 역사를 말했고, 조선사편수회에서는 일제가 조선의 역사를 자기들 구미에 맞추어 조작하는 일에 협조하는 일을 했다.

이렇게 그는 1920~30년대를 보냈다. 그의 옛 동지들인 한용운, 정인보 등은 그를 죽은 사람으로 쳐서 상대도 하지 않았지만 그는 줄기차게 그들을 찾아다녔다. 그가 '친일파'라는 이름에 고뇌하고 있었음은 분명했다. 1938년에는 이런 갈등과 고뇌를 털어버리려는 듯 만주로 떠나갔다. 그곳에서 그는 일본의 괴뢰 신문인 〈만몽일보滿蒙日報〉의 고문이 되었다.

이듬해에는 또 우리의 독립투사들을 무수히 잡아들여 고문과 살육을 감행하던 일본 관동군이 세운 건국대학의 교수로 취임했다. 이 일로 그는 많은 월급을 받았다. 이것은 월급이라기보다는 매수자금이었다. 그와 비슷한 처지의 이광수가 〈동아일보〉 논설위원으로 있을 때 받은 월급이 3백원(강동진은 《일제의 한국침략정책사》에서 "이 돈을 1980년의 물가가치로 환산하면 450만 원으로 대비되나 실질가치는 더 높다"고 했다)이었으니 그가 받은 월급 액수가 어느 정도였는지는 대충 짐작이 간다.

● 나약한 지식인으로 회한에 찬 삶을 마감하다

그 뒤 그는 일제의 공작에 더욱더 휘말려 들어갔다. 그들에게 농락당하면서 발을 뺄 수 없을 정도로 깊은 수렁 속에 빠져버렸다. 우리 조선 유학생들을 학병으로 나가게 하려고 도쿄에 가서 강연을 하는가 하면, 서울에서도 이런저런 일에 끌려 다니며 일제의 침략정책에 협조했다. 그러면서도 창동에 은거하고 있던 정인보, 홍명희 등을 찾아가 그들이 외면하는데도 얼굴을 계속 들이밀었다.

마침내 시대의 운이 바뀌어 일제는 패망했다. 회한에 찬 그는 우이동의 집에서 반민특위에 의해 친일부역배로 잡혀 이광수, 최인과 함께 오랏줄에 묶여 서대문 감옥에 갇혔다.

30년 만에 서대문 감옥으로 다시 들어온 것이다. 그때와 이때의 사정은 너무나 달랐다. 그러나 그는 그 유려한 문장으로 자기반성문을 쓰고 한 달 만에 풀려났다.

〈독립선언문〉을 쓰던 손으로 자열서自列書를 썼던 것이다.

그는 이후 우이동에 침거하면서 남은 정열로 우리 역사에 관한 글을 계속 썼다. 그러나 이런 글이 무슨 감동을 주랴. 학문은 그 사람의 인격이나 의지에 따라 해석이 달라지지 않던가.

1957년 죽음을 맞이하며 그는 걸맞지 않게 천주교에 귀의했다. 이 또한 단군을 숭배하는 마음으로 연구에 몰두했고 또 우리 민족의 무속을 정열적으로 파고들던 그로서는 어딘가 이치에 맞지 않는 행동이었다.

우리는 최남선을 통해 한 지식인의 굴절된 모습을 보게 된다. 그 모습은 바로 우리 자신의 모습일 수도 있기에 글 쓰는 이로서 한편으로는 옷깃이 여며지고 한편으로는 가슴이 떨린다.

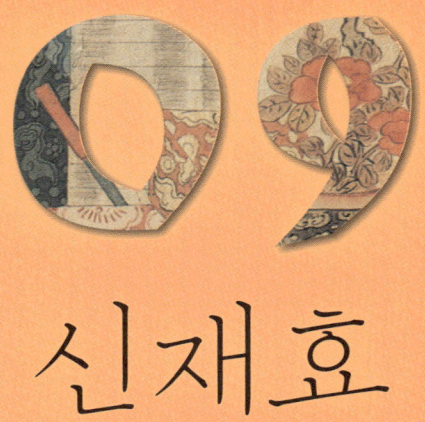

09

신재효

판소리의 아버지

그는 찌든 현실을 내면으로 승화시켰으며 강한 행동적 저항을 접어두고 노래 속에서
민중의 삶을 찾으려 했다. 신재효는 고매한 예술가라기보다는 민중과 애환을 함께하며
한숨짓고 눈물 흘린 한 인간이었다.

● 고창에서 태어난 판소리의 대가

전라북도 고창군 모양성 앞에는 동리국악당桐里國樂堂이 세워져 있다. 이는 말할 것도 없이 판소리 여섯 마당의 체계를 잡아 작품화하고 사재를 털어가며 많은 소리꾼을 교육한 신재효申在孝(1812~84)를 기리기 위함이다.

고창에 가면 곳곳에 신재효의 전설과 유적이 남아 있다. 지금도 남아 있는 고창 모양성 안에는 그의 추모비가 서 있고 성문 입구에 있는 신재효의 생가를 지방문화재로 지정해 보호하고 있으며, 그 집 안에는 그의 업적을 기리는 돌비가 서 있다. 또 그의 묘소는 고창읍 내 성두리에 있다. 이처럼 고창에는 신재효의 유적이 널려 있어 '신재효 판소리'의 고장으로 알려졌다.

그의 생애는 정확히 알려져 있지 않다. 조선시대 천대받던 아전 출신인데다가 '상놈'들이나 부르는 판소리에 평생 매달려 있었으니 시문집이나 연보 같은 기록이 제대로 정리되지 않은 것이다. 그러나 그에 관한 단편적인 글과 전설을 종합해 그의 생애를 알아보자.

그의 신상을 알려주는 호적 단자單子가 전하는데 그에 따르면 그의 아버지는 광흡光洽이요, 평산 신씨였다. 그리고 조상 대대로 경기도 고양에서 살았다.

그의 아버지는 한양의 경주인京主人 노릇을 했다고 하니 중인이었던 셈이다. 경주인은 중앙과 지방의 연락사무를 맡기기 위해 수령이 서울에 보낸 아전 또는 향리였다. 그의 아버지는 경주인 노릇을 하면서 고창과 인연이 닿아 고창으로 내려와서 관에서 하는 약방을 맡아 보았다.

지금 그의 생가로 알려져 있는 고창읍성인 모양성 입구에 있는 집의 규모는 여염 농가보다 조금 크긴 하지만 부호의 거처였다고는 볼 수 없다. 그의 나이 일흔한 살 때의 호적 단자에도 주소가 고창 천남면 서문리로 되어 있다. 이것으로 보아 그는 이 집에서 태어나서 이 집에서 생애를 마친 것으로 보인다.

그는 고창에서 자라면서 글을 배웠고, 자라서는 고창현감인 이익상 밑에서 구실아치인 이방 노릇을 하다가 호장이 되었다. 그가 몇 년 동안 이 자리를 맡아 일을 했는지도 확실히 전해지지 않는다. 아마 인정 많고 남 돕기를 잘했다는 그의 성품으로 보아 그 당시 일반화되어 있던 호장戶長(구실아치의 우두머리)의 위세는 별로 부리지 않았던 것 같다.

● 판소리 여섯 마당을 정리하다

비록 아전 벼슬을 지냈지만 젊을 때부터 학식이 뛰어나고 풍류를 즐긴 멋쟁이인 것만은 틀림없다. 그런데 그가 호장 노릇을 할 때 관아에서 잔치를 자주 벌였다. 그는 잔치를 위해 원근 여기저기에서 소리꾼을 불러들였고, 그들의 소리를 들으면서 여러모로 고칠 내용이 많다고 여겼다. 그래서 중대 결심을 했다. 몇 살 때인지는 확실하지 않지만, 호장을 그만둔 뒤부터 50대 중반 이후에 판소리 사설을 정리하고 소리꾼들을 가르친 것으로 확인된다.

신재효는 자신의 집을 '동리정사桐里精舍'라고 이름 붙이고 소리청을 만들었다. '동리'는 그의 아호이다. 그는 이 소리청에 소리꾼들을 불러들였다. 당시 소리꾼들은 대개 무식해 판소리 가사의 내용을 이해하지도 못할 뿐만 아니라 한자의 음도 제멋대로 부르고 있었다. 그는 소리꾼들에게 문자를 가르치고 판소리의 정확한 발음과 뜻을 일러주었다. 물론 소리꾼들이 먹고 자는 일, 때로는 그들 가정의 생활비까지도 대주었다. 천석군이라 불렸으니 별로 모자람이 없었을 것이다.

신재효는 이들에게 소리를 가르치는 스승으로 동편제東便制의 명창 김세종을 초빙했다. 그와 김세종은 소리의 새로운 영역을 개척했다. 동편제 소리는 장단에 충실하고 박자의 변화를 엄격하게 제한한 것에 반해, 서편제 소리는 잔가락이 많고 박자의 변화도 많아, 두 편의 소리가 달랐다. 이 차이를 종합하고 조화를 이루게 했다.

그리고 그는 판소리의 가사가 난잡하기도 하고 조리가 없기도 하다고 여겨 이에 체계를 세우고 정리하기도 했다. 곧 〈춘향가〉, 〈심청가〉, 〈수궁가〉, 〈흥보가〉, 〈적벽가〉, 〈변강쇠타령〉등의 가사를 정리하고 이를 제자들에게 해설하여 내용을 이해하게 한 것이다. 그 당시 유행하던 판소리 열두 마당 중에 위의 여섯 마당만 온전히 전해지고 있었다.

그는 소리청에서 명창들과 어울려 술과 벗하며 많은 제자를 길러냈다. 이들 제자가 뒷날 명창이 된 김세종, 정춘풍, 진채선, 허금 등이었고 이들 명창이 오늘날의 판소리를 전수했다.

정현석이라는 사람은 당시의 소리청 전경을 이렇게 전한다.

"멀고 가까움을 가릴 것 없이 배우러 몰려든 사람들이 매일 그의 집 문을 꽉 채울 정도였는데, 모두 재워주고 먹여주었다."

정현석은 또 이경태라는 소리꾼에 대해서도 썼다.

"자음子音이 분명하고 소릿말에 조리가 있는 것으로 보아 물어보지 않아도 선생의 제자임을 알 수 있었다."

이만큼 그의 교육은 철저했던 것이다.

그는 또 유달리 인정이 많아 가난한 사람을 잘 도와주었고 아무리 천한 사람이라도 깍듯이 대해주었다. 그 자신이 아전 출신이기 때문이기도 했지만, 선비 대접을 받는 처지인데도 거들먹거리지 않는 이런 태도는 바로 그의 인품을 나타낸다.

어느 날, 신재효는 한 선비와 함께 길을 가다가 갓 만드는 상놈 출신 갓장이鹽工를 만났다. 그는 이 갓장이와 반갑게 인사를 나누고 다정하게 이야기를 주고받았다. 그러자 그 선비가 난처해하면서 나무랐다.

"체신머리 없이 상놈에게 그토록 다정하게 대하는가."

그러자 신재효가 대꾸했다.

"양반은 통갓을 쓰고 뽐내며 깃을 귀하게 여기면서도 정작 갓 만드는 사람을 얕보는 버릇이 있네. 선비가 할 짓이 아니야."

그는 판소리 여섯 마당을 정리했고, 〈도리화가〉, 〈성조가〉, 〈광대가〉, 〈오섬가〉, 〈어부사〉, 〈방아타령〉, 〈괴씸한 양국놈가〉 등 30여 편의 작품을 지어 남기기도 했다.(《신오위장본》, 서울대 도서관소장)

그런데 그는 여섯 마당을 정리할 때 야한 언어나 음담패설 등을 손질해 민중정서를 순화했고 나머지 것들은 아예 없애버렸다고 한다. 그 결과 판소리를 변질시켰다는 비난을 받기도 했다. 다시 말해 벼슬아치나 양반들의 비위를 맞추려 변경시켰다는 뜻이다.

● 경복궁에서 울린 신재효의 〈방아타령〉

그런데 그의 작품을 서울 경복궁에서 연주할 수 있는 기회가 찾아왔다. 동리정사와 경복궁. 그 거리는 너무도 까마득했다. 당시 흥선대원군은 왕실의 권위를 위해 온 국력을 들여 경복궁의 중건을 마친 참이었다. 흥선대원군은 경복궁 역사를 벌일 때 많은 노래를 지어 일꾼들에게 부르게 했다. 〈경복궁타령〉도 그중 하나로 오늘날까지 전한다. 이는 대원군이 노랫가락을 좋아했기 때문이기도 하지만 일꾼들의 능률을 올리고 노동의 즐거움을 느끼게 만들려는 의도도 있었다.

이 경복궁 역사가 끝나자 경회루에서 축하잔치가 벌어졌는데 이때 신재효의 제자요 연인인 진채선이 이 자리에서 아리따운 몸짓을 하며 흥겨운 〈방아타령〉을 불렀다. 이 타령은 바로 신재효의 작품이었다. 누구보다도 지음知音에 밝은 흥선대원군에게 진채선이 금방 눈에 띄지 않을 리 없었다. 진채선은 단번에 흥선대원군의 총애를 받게 되었다. 운현궁에서 '대령기생'이라 하여 두 명의 명창을 묶어두었는데 진채선을 여기에 끼게 했다. 진채선은 이렇게 하여 신재효에게 돌아올 수 없었다.

신재효는 그리운 정을 이기지 못하고 만나지 못하는 정인을 향한 그리움을 담은 〈도리화가〉라는 노래를 엮어 진채선에게 보냈다. 그때 신재효의 나이 회갑을 앞둔 쉰아홉 살, 진채선의 나이 꽃다운 스물네 살이었다.

신재효의 명성은 진채선에 의해 흥선대원군에게 알려졌다. 그리하여 신재효에게 오위장五衛將이라는 무관직이 내려지게 되었다. 오위장은 중앙군인 오위의 최고 책임자인 종2품 장수였으나 조선 후기에 들어와 오위

판소리전집 판소리연구가 강한영이 신재효 판소리 여섯 마당을 정리해 해설을 붙인 책이다.

를 혁파한 뒤 이 이름을 그대로 두고 실직이 아닌 명예직으로 삼았다. 명예직이라 해도 정3품의 당상관에 해당되고 때때로 궁궐에 입직했다. 당시 시골 호장 출신의 '판소리 선생'에게는 파격적인 대단한 영예였던 것이다. 단번에 중인 신분에서 양반 신분으로 상승한 것이다. 그가 이 벼슬을 받고 얼마나 감격했는지, 어떤 모습을 보였는지는 알려지지 않았지만 그 뒤 이 직함을 누리면서도 거들먹거리지 않았음은 두말할 나위 없다.

● 민중과 함께 한숨 짓고 눈물 흘리다

1876년 큰 흉년이 들었을 때 그는 재산을 풀어 빈민들을 잘 돌보아주었다고 하여 통정대부라는 품계를 받았다(죽을 때는 가선대부로 올려 받았다). 이리하여 신재효는 전국에서 유명한 인물이 되었고 향리에서는 명망가가 되어, 위세 높았던 고을 원들도 그의 앞에서 '노리老吏(늙은 아전 출신)'라고 깔보지 못할 뿐만 아니라 오히려 그를 떠받드는 처지가 되었다.

이런 결과는 뒤에서 그를 뒷받침한 진채선의 수단에서 나온 것이 아니었을까? 진채선은 일구월심 스승이요 정인인 신재효를 위해 정성을 다했던 것이다.

그 뒤 신재효와 진채선의 아름다운 이야기는 더 알려진 것이 별로 없다. 그러나 신재효의 여성관은 판소리 사설 곳곳에서 드러난다. 신재효는 〈춘향전〉에서 월매의 입을 통해 이렇게 늘어놓고 있다.

재전일 생각하면 지금 것들 우습더구 우리 처녀시절에는 이십먹은 계집애도 서방생각 안하더니 요샛년들 우습더구 열다섯 안팎되면 젖통이가 똥도도름 장기궁짝 되어가고 궁둥이가 너부데레 소쿠리 엎언논듯 봉숭아꽃 벌어지면 머리글고 딴홰내고 …… 뒷동산에 두견 울면 한숨 쉬고 잠 안자기 우리집 딸아기도 그네뛰는 핑계하고 바깥출입 팔짝팔짝 못듣던 사람소리 방 안에서 소근소근 정녕 무슨 탈이 났제…….

강한영 《판소리사설집》

당시 자유분방한 여속女俗의 모습을 이렇게 그리고 있다. 너구나도 사실적이다. 봉건제도의 질곡에서 신음하는 민중의 삶을 그는 사설 곳곳에서 날카롭게 깔아놓고 있는 것이다. 현실을 보는 그의 비판정신이 살아 꿈틀대고 있었다.

그러나 그가 정리한 사설은 한문투가 지나치게 많다는 비판을 받기도 하고 선비투를 낸다는 지적을 받기도 한다. 그런가 하면 그는 우리의 사설문학을 정리·집대성했다 하여 '한국의 셰익스피어'라고까지 추앙받기도 한다.

그의 삶에 대해 당시 고창현감이었던 유청람은 이런 시를 써서 보냈다.

만 권의 책을 쌓고 한 몸 편안히 지내면서
남은 재물 남김없이 주린 사람들에게 나누어주네
……
그윽한 향기 감도는 꽃밭에 난초를 키우나니
태수太守(지은이 자신을 가리킴) 나날의 삶이
그대 배우기 어렵겠네

그는 찌든 현실을 이렇게 내면으로 승화시켰으며 강한 행동적 저항을 접어두고 노래 속에서 민중의 삶을 찾으려 했다. 오늘날 그를 기리는 뜻이 바로 여기에 있다.

신재효는 고매한 예술가라기보다는 민중과 애환을 함께하며 한숨 짓고 눈물 흘린 인간이었다.

지금 그의 생가에 있는 연못물은 고여서 썩고 있다. 넘쳐 흐르게 되어

있는 연못물이 물길을 막은 탓에 원형을 잃고 만 것이다. 혹시라드 그의
공로가 이 물을 닮아서는 안 될 것이다.

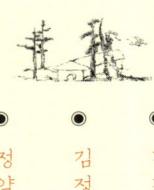
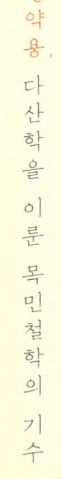

김부식, 《삼국사기》를 지어 올린 두 가지 뜻

이황, 교육과 학문 연구를 겸비한 성리학의 대스승

이익, 방대한 저술로 찬란한 자취를 남긴 중농학파의 거성

홍대용, 실학전성기의 독보적인 과학자

박지원, 뛰어난 문사이자 진보적인 지식인

정약용, 다산학을 이룬 목민철학의 기수

김정희, 학문과 예술에 달통한 천재

김정호, 지도제작에 평생을 바친 외로운 지리학자

서경덕, 독창적인 기철학의 세계를 연 거인

2부 세상을 위한 학문을 하라

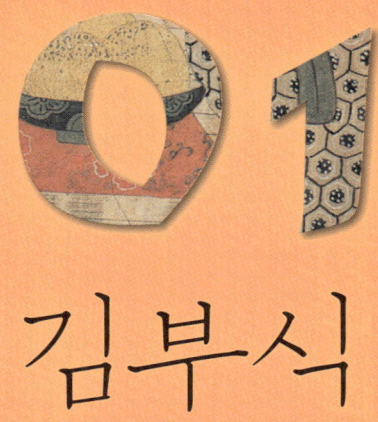

01

김부식

《삼국사기》를 지어 올린 두 가지 뜻

《삼국사기》는 문장이 유려하고 역사기술이 정연하며 체제가 제대로 갖추어져 있다는 점에서
가치가 있다. 하지만 중국 중심으로 기술하고, 삼국 이전의 역사를 기록하지 않아
한국사의 시대를 아래로 끌어내렸다는 점에서 아쉬움이 남는다.

● 명문가의 자제로 불우한 이들의 벗이 되다

김부식金富軾(1075~1151)은 우리 역사에서 너무나도 유명한 인물이다. 그러나 그를 두고 좋게 평가하지만은 않는다. 그는 정치가, 문인 또는 유학자, 역사학자 등 여러 역할을 했다. 여러 분야에서 공적을 쌓았던 것이다.

김부식은 고려가 건국해 여러 가지 문물이 정비된 지 1백여 년 뒤에 태어나서 활약한 명신이다. 그의 증조할아버지인 김위영은 왕건에게 충성을 바친 공로로 경주의 주장州長이 되어 경주를 다스렸다. 토호 출신인 셈이다. 아버지 김근이 개경(지금의 개성)에서 벼슬할 때에도 그의 집안의 근거는 경주에 있었다. 이런 출신 배경은 그가 주도해 이룩한 《삼국사기三國史記》와 관련되어 말썽의 한 꼬투리가 되었다.

김부식의 네 형제는 모두 과거에 합격해 중앙정계로 진출해 주변의 부러움을 샀다. 조정에서는 과부로 아들들을 잘 키운 그의 어머니에게 정기로 곡식을 내려주는 은총을 베풀었다. 그러나 그의 어머니는 할 일을 했을 뿐이라며 이를 거절해 더욱 명망을 얻었다.

남다른 재주와 처세술로 인종의 신임을 두터이 받은 김부식은 20년 동안 한림원 등 문한文翰의 관직에 종사해 학문의 깊이를 더했고 때로는 이런 지위를 이용해 자기 세력을 키우는 발판으로 삼기도 했다. 그는 누구보다도 유교의 이념을 임금에게 강조했고 제자들에게도 공자와 맹자의 학문을 실천적으로 익히라고 가르쳤다. 이런 의식 때문에 그는 한족이 세운 송나라를 받들고 거란족이 세운 요나라를 배척했다. 그리고 국구國舅인 이자겸의 전횡을 막는 데 큰 역할을 했고 뒤이어 호부상서戶部尚書 문하평장사門下

平章事 등의 요직을 맡았다. 이에 힘입어 유교파가 고려의 조정을 장악했으며 이후 송나라 성리학이 성행했다.

김부식의 공로 중 가장 두드러진 것은 묘청의 난을 평정한 것이다. 묘청은 서경(지금의 평양) 출신으로 왕의 신임을 받으면서 개경 출신의 세력을 꺾기 위해 서경 천도를 추진했다. 그러나 뜻대로 되지 않자 도참설圖讖設을 이용했다. 대동강에 기름떡을 넣어 기름이 물 위에 뜨게 해 상서로운 징조라는 말을 퍼뜨렸다. 그리고 서경 가까운 임원역에 대화궁을 짓고 고려 왕을 황제라 일컬으며 연호를 독자적으로 쓰는 칭제건원稱帝建元을 주창하고 금나라를 치자고 건의했다.

그러나 사대와 모화慕華에 철저했던 김부식 등의 반대로 묘청의 주장은 묵살되었다. 그러자 묘청은 국호를 대위大爲, 연호를 천개天開라 하면서 반란을 일으켰다. 이에 김부식은 원수가 되어 14개월에 걸쳐 이 반란을 평정했다. 이 난에 대해 민족사가인 신채호는 개경파와 서경파, 불가와 유가, 자주파와 사대파의 싸움으로 일컬으며, 이때부터 자주세력이 몰락했다고 했다.

김부식은 이 난을 평정해 자기 세력을 굳혔고 왕의 신임도 더욱 두터워져서 정국공신靖國功臣의 칭호를 받았다. 이어 감수국사監修國史 상주국上柱國이 되어 《삼국사기》 저술을 맡았다. 그는 송나라 사신 서긍에게 그의 박람강기博覽强記(책을 많이 읽어 널리 알면서 기억력도 뛰어남)를 인정받았다. 서긍이 뒷날 송나라로 돌아가 고려의 실정을 그림과 글로 설명한 《고려도경高麗圖經》을 지었는데 여기에 김부식의 가족 내력을 소개하기도 했다. 그는 영화로운 삶을 누리다가 말년에 무신들에게 시달린 끝에 77세로 세상을 떠났다.

● 삼국시대사를 지은 까닭

고려시대에 이룩된 역사서로서 오늘날까지 우리에게 큰 영향을 끼치는 것은 《삼국사기》와 《삼국유사三國遺事》이다.

그 중에서도 《삼국사기》는 정사로 전해지는 것 중에서 가장 오래된 것이자 유일한 것이다. 그런데도 칭찬과 비판이 엇갈린다. 다시 말해 상당한 가치가 있으면서도 사대적인 기술로 말미암아 여러 비평이 뒤따르고 있다. 이것은 다음과 같은 까닭에서다.

서기전 50년쯤에 고구려는 만주 일대와 대동강 이북을 중심으로, 뒤따라 백제는 한강과 금강 유역을 중심으로, 신라는 좁은 경주 일대를 중심으로 건국했다. 이들은 부족국가의 형태에서 벗어나 각기 왕조체제를 갖

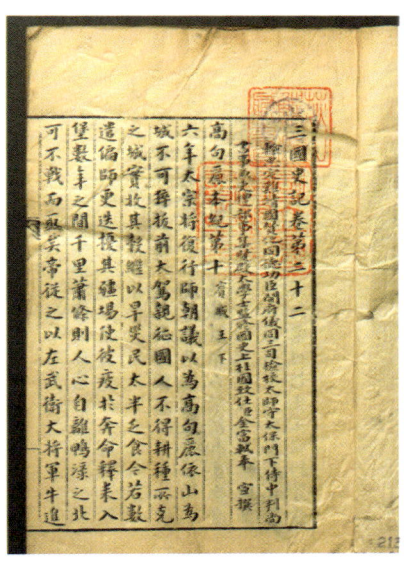

《삼국사기》 이 책은 문장이 유려하고 역사기술이 정연하며 역사서로서 체제가 제대로 갖추어져 있다는 점에서 가치가 있지만, 한편으로는 사대적인 역사기술로 인해 비판의 대상이 되기도 한다.

추고 한 치의 땅이라도 빼앗기 위해 하루도 쉴 날 없이 싸웠다. 또한 안으로는 중국에서 들여온 불교를 숭상하고 유교를 받아들여 정치의 바탕으로 삼으며 고유의 신앙과 의식을 토대로 해 국민생활을 지배했다.

이 과정에서 고구려와 백제는 말기에 동맹관계를 맺어 신라를 위협했고, 이에 신라는 존립의 위기를 느꼈다. 이후 신라는 멀리 바다 건너의 당나라 군사를 끌어들여 고구려와 백제를 쳤다. 백제는 바다 건너의 일본군을 끌어들여 맞섰으나 힘에서 밀렸다. 고구려는 스스로의 힘을 바탕으로 맞서 싸웠으나 내란으로 국력이 약화돼 멸망했다.

이런 시대상을 기록한 정사류로 《구삼국사舊三國史》, 《삼한고기三韓古記》, 《신라고기新羅古記》 등이 있었다고 한다. 그러나 현재 전하는 것은 오직 정사류의 《삼국사기》와 야사류의 《삼국유사》뿐이다.

《삼국사기》는 1145년(고려 인종 23) 왕명에 의해 김부식이 젊은 벼슬아치 8명의 도움을 받아 여러 사서를 참고해 만들었다. 김부식은 '삼국사기를 지어 올리는 글'에서 새로운 삼국시대사를 저술한 이유를 다음과 같이 밝혔다.

첫째, 우리의 역사를 제대로 모를 뿐만 아니라 삼국은 오래된 왕조의 역년인데도 그것을 자세히 기록한 역사서가 없다.
둘째, 《고기》 등이 있다 해도 문장이 거칠고 사적이 빠졌으며 내용에서 선악시비를 가릴 수 없다.

이 두 가지가 《삼국사기》를 짓게 된 기본 이유였다.

● 《삼국사기》의 두 얼굴

《삼국사기》는 기술에 있어서 자주적이면서도 사대적인 양면성을 지니고 있다. 〈신라본기新羅本紀〉 12권, 〈고구려본기高句麗本紀〉 10권, 〈백제본기百濟本紀〉 6권을 중심으로 해 〈연표年表〉, 〈지志〉, 〈열전列傳〉 등의 50권으로 엮인 이 책은 편년체編年體로 기술하면서 기전체紀傳體를 혼합했다. 〈본기〉는 왕들의 재위 기간 중에 일어난 사실을 연월일순으로 기재한 것이고, 〈연표〉는 세 나라의 연대를 중국 연대와 대조한 것이다. 〈지〉는 역대 제도의 연혁과 변천 과정, 그리고 제도사나 문화사가 되는 내용을 담은 것으로, 제사祭祀, 악樂, 거기車騎, 지리地理, 직관職官 등을 모았으며, 〈열전〉은 현상賢相, 명장名將, 충신忠臣, 학자學者, 화랑花郎, 효자孝子 등의 인물 전기를 모은 것이다.

그러면 두 측면의 내용은 어떤 것인가? 첫째, 자주적인 측면은 독자적인 역사를 기술했다는 것이다. 적어도 세 나라를 중국에서 떼어내 완전한 국가의 역사를 기술하고 제후에게 적용되는 세가世家를 버리고 본기로 항목을 잡아 각 왕조의 사실을 기록했다. 그리고 중국민족과 싸워 혁혁한 공을 세운 을지문덕과 연개소문의 활약을 비중 있게 기록하고, 비록 당의 세력을 끌어들여 삼국을 평정했으나 뒤에 당의 세력을 몰아내기 위한 김유신과 문무왕의 활약을 높이 평가했다. 이것은 오늘날 중국에서 고구려를 중국소수민족의 역사 또는 중국변강사라고 왜곡하는 따위의 역사 인식에서 볼 때 매우 중요하다.

둘째, 사대적인 측면은 중국 중심으로 기술했다는 점이다. 중국의 사서인 《자치통감資治通鑑》을 그대로 인용해, 비록 본기라는 항목을 잡았으면서도 본디 짐朕(천자가 스스로를 일컫는 말)이라고 기재했던 것을 과인寡人(제후의 호칭)이라 쓰고, 태자太子라 했던 것을 세자世子로 낮춘 것이다. 중국에 맞서 싸운 것은 일단 중국식의 유교 질서에 반대된 것으로 보았고, 비록 을지문덕과 연개소문의 활약을 기록하면서도 민족사적인 입장에 서지 않았다. 또 삼국 이전의 역사를 외면해 한국사의 시대를 아래로 끌어내렸다.

그리고 자신이 신라의 후예이기 때문인지 신라를 중심으로 기록해 고구려가 북방에서 활약하고 백제가 해상에서 일본과 연계해 활약한 것, 그리고 발해의 역사를 부각시키지 않았다. 또 설총·강수 등의 유학자들은 항목을 만들어 높이 올리면서 불교가 가장 융성했던 신라시대의 고승들은 모조리 빼버렸다.

이것은 모두 유교 사대사관에서 나온 것으로, 이로부터 시작된 사대사관은 고려 말과 조선조에 걸쳐 더욱 기승을 부리면서 자기 나라의 역사를 애써 낮추는 중화 중심의 역사를 만드는 단초가 되었다.

전해지는 말로는 김부식이《삼국사기》를 쓴 뒤, 다른 여러 역사서적을 불살라버렸다고 한다.《삼국사기》만을 후세에 남겨두기 위해서였던 것이다. 이리하여 앞에서 말한《고기》등 삼국시대에 관한 역사 서적이 모두 없어졌다. 이 때문에 문일평, 신채호 등의 역사가는 사대사관에 철저했던 김부식을 역사의 반역자라고 호되게 비판을 가했고, 이런 견해는 오늘날 많은 호응을 얻고 있다.

● 가장 오래된 정사

《삼국사기》는 문장이 유려하고 역사기술이 정연하며 체제가 제대로 갖추어져 있다는 점에서 가치가 있다. 이에 비해《삼국유사》는 승려 일연이 이보다 늦은 고려 충렬왕 때 엮은 것으로, 역사서의 체제를 제대로 갖추지 못했다. 하지만《삼국유사》는《삼국사기》보다 훨씬 자주적인 기술을 시도했고, 민속·종교뿐만 아니라 불교에도 많은 비중을 두고 엮었다. 다만 신비한 이야기 따위를 싣는 기술방식으로 인해 야사류라는 평가를 받아왔다.

우리는 삼국시대를 기록한 이 두 저술의 장점과 단점을 종합하고 둘 사이의 빠진 부분을 합해서 살펴 삼국시대의 역사상황을 올바로 파악할 수 있다. 비록 비판을 받아온《삼국사기》이지만 이 저술이 없었다면, 우리는 삼국과 후기 신라의 줄거리를 잡을 수 없어 역사가 없는 민족으로 전락했을 것이다. 오늘날 동남아 국가는 거의 몇백 년의 역사만을 가지고 있으며 북방민족인 돌궐족, 거란족, 몽골족의 역사는 부실하기 짝이 없다.

이 때문에《삼국유사》와 함께《삼국사기》는 끊임없이 연구하고 분석해야 마땅하다. 다만 김부식의 사대사관에 대한 비판을 멈추어서는 안 될 것이다.

그가 큰 공적을 세웠으면서도 한편으로는 편중된 의식으로 논란의 대상이 된 것은 안타까운 일이다. 하지만 고집이 센 유학자였으면서도 불교를 이단으로 몰지는 않았다. 그는 시인으로 명망을 얻어 종주의 위치를 누렸음에도 묘청의 난을 빙자해서 맞수였던 정지상 등을 아무런 혐의 없이 죽였다는 악명은 쉽게 지울 수 없을 것이다.

02

이황

교육과 학문 연구를 겸비한 성리학의 대스승

이황은 우리나라에서 가장 많은 저술을 남긴 두 명의 학자 중 한 명이다. 학자로서는 드물게
여러 벼슬을 모두 누렸고 학문적 업적 또한 그 누구도 따라가기 힘들 정도로 높았다.
그러나 학문 경향이 너무 주자학에 치중돼 있었다는 점은 아쉬움으로 남는다.

● 선조의 벼슬 권유도 뿌리치고 낙향하다

우리나라에서 가장 많은 저술을 남긴 학자 두 사람을 꼽는다면 하나는 퇴계退溪 이황李滉(1501~70)이요, 또 하나는 다산 정약용일 것이다. 이황은 성리학이 가장 크게 일어날 적에 이의 체계를 세우고 새로운 학설을 덧붙여 집대성했고, 정약용은 현실개혁의 논리로 사상, 제도 등을 여러모로 살펴보고 정리해 날카롭게 현실을 고발했다. 각기 시대가 처한 환경에 따라 학자, 사상가로서의 면모를 여실히 나타냈다.

이황은 새재 너머 후미진 경상도 예안에서 진사를 지내던 아버지 밑에서 태어났다. 그저 그런 시골 양반 가문이었는데 어릴 적에 숙부 이우에게서 글을 배웠다. 그 뒤 거의 혼자서 독학을 하며 학문을 익혔다. 그는 향리에서 학문을 익히다가 20대 후반에 진사가 되고 30대 초반에 문과에 합격했는데, 그의 총명과 학문적 깊이로 따져보면 늦게 벼슬길에 들어선 셈이다.

그 뒤 아주 순탄하게 관직의 길을 걸었다. 비록 1545년 을사사화로 잠시 벼슬자리가 떨어지기는 했으나 곧 복직되어 조정에서 활동했다. 그는 두 차례나 지방의 수령으로 나가서 백성의 고통과 농촌의 현실을 보고 겪었다. 그리고 두 차례나 유학교육기관인 성균관의 책임자로 있었다. 그는 성균관 대사성으로 있으면서 철저한 유학교육을 시켜 관리를 양성했는데 뒷날 이들은 여론형성의 중심세력이 되었다.

그의 벼슬길은 막힘이 없어 판서 등을 거쳐 학자 문사의 최고 영예인 양관대제학兩館大提學이 되었다. 마지막 벼슬인 대제학을 받은 그는 나이 일흔에 가까워 뜻을 학문에 두고 고향으로 돌아가기로 작정했다. 그러고는 거듭 출사出仕하라는 선조의 간곡한 권유를 뿌리치고《성학십도聖學十圖》만을 바치고 다시 낙향했다.

이황이 고향에 돌아가려고 뚝섬에서 나룻배를 기다리고 있을 적에 그를 전송하기 위해 기대승 등 수백 명의 후배, 제자들이 몰려나와 눈물로 이별했다고 전한다. 그는 뒤를 돌아보면서 새로운 결의를 다졌다. 그의 움직임 하나, 말 한 마디가 제자들에게 큰 영향을 주었다. 벼슬을 버리고 고향에 돌아온 그는 평생 소망하던 학자의 길, 학문탐구의 여가를 갖게 된다.

● 자기 수양과 단련에 힘쓰다

이황은 벼슬자리에 있으면서도 학문을 조금도 게을리 하지 않았다. 일찍부터 주자학을 깊이 연구해 이기이원론理氣二元論을 확립시켜 끊임없이 수정·보완을 거듭했다. 이기론을 쉽게 설명하면, 인간은 본래 착한 바탕[理]이나, 태어나 살다 보면 선이 되기도 하고 악이 되기도 한다[氣]는 것이다. 따라서 '이'를 바탕으로 해 끊임없이 자기 수양이나 교육을 통해 연마해야 한다고 했다. 이 때문에 그를 주리론자主理論者라 단정한다.

그는 밤낮을 가리지 않고 쉴 새 없이 공부를 거듭했다. 하루 내내 꼿꼿이 앉아 책을 읽었고, 머리가 아프면 꽃을 보며 시를 지었으며, 해답을 얻기 위해 끊임없이 사색에 잠기기도 했다. 어릴 적부터 이런 나날을 보냈기 때문에 여느 사람들은 그를 아주 파리한 샌님쯤으로 여기거나 아니면 아주 근엄한 스승쯤으로 여겼을 것이다. 실제 그가 규칙적인 생활을 했다든지, 술을 지나치게 마시지 않았다든지, 놀이에 지나치게 빠지지 않았다든지 하는 이야기들이 전해진다. 그러나 그의 생활은 결코 단조롭지 않았고 그렇다고 본능을 지나치게 억제하지도 않았다.

이런 이야기가 전해진다. 스무 살 장가를 들 때였다. 당시 그는 상당히 높은 학식을 지닌 청년으로 소문이 나 있었다. 장모는 첫날밤이 여간 염려스럽지 않았다. 그런 도학군자에게 딸을 시집보냈으니 아내를 거들떠보지도 않을까 걱정스러웠던 것이다. 이튿날 장모는 신방에서 나오는 딸을 붙들고 은근히 물어보았다.

"신랑이 귀여워해주더냐?"

"말도 마시소. 개입디더."

물론 이 이야기는 민간에서 우스개로 전해지는 것이다. 그러나 그가 도학자인 체 본능을 억제한 인물이 아니라는 것을 시사해준다. 그리고 아내가 옷을 제대로 지을 줄을 몰라 아주 볼품없이 만들어 주어도 개의치 않고 입고 다녔다 한다. 사람들이 이를 보고 그를 소탈하고 격식에 구애받지 않는 인물이라고 했다 한다. 이런 그였지만 학문에 몰두할 적에는 천둥이 치는지 벼락이 치는지 마당에 널어놓은 나락이 떠내려가는지도 모를 정도였다.

그에게는 평생에 걸쳐 실천한 건강법이 있다. 하나는 아침에 변소에 가 있을 적에 이를 마주치는 일이었다. 그는 변소에 앉아서 아랫니와 윗니를 힘껏 부딪쳐서 턱에 힘을 주는 일을 적어도 50번 이상씩 반복했다. 이 운동은 이를 튼튼히 함은 물론 항문과 함께 전신운동이 된다. 예전에는 틀니도 치과전문의도 없었으니 노인에게는 치아 건강이 무엇보다 중요했다.

이 운동을 반복한 그의 이가 늙어서도 건강하게 유지되었을 것임은 틀림없다. 그리고 단전호흡을 했는데, 그는 이것에 상당한 지식을 가지고 연달아 실험을 했다고 전해진다.

또 다른 하나는 투호놀이다. 이황 자신이 투호를 하기도 했지만 이를 제자들에게도 끊임없이 시켰다 한다. 투호란 살을 일정한 거리에 둔 병에 던져 넣는 놀이다. 투호를 통해서 그는 두 가지 효과를 거두었다. 투호는 온몸의 균형을 잡고 거리를 정확히 측정해야 적중률이 높다. 몸이 흐트러지면 결코 제대로 맞힐 수 없다. 그리고 정신력을 집중해야 한다. 무슨 일이든지 정신력의 집중이 중요하지만, 투호는 잡념이 생겨 정신이 산란해지면 결코 명중시킬 수 없다.

그는 건강을 다지면서 정신집중을 하기 위한 투호를 생활 속에 도입했다. 그리하여 글을 배우러 오는 사람에게 먼저 투호를 시켜보았다. 그리고 그 사람의 투호 솜씨를 보고 건강을 점쳐보고 학문을 할 수 있는 덕이나 집중력을 가졌는지를 가늠해 보았다. 그리고 그 바탕을 기초로 제자들에게 학문과 인생을 가르쳤다.

이황의 성격은 대단히 차분하고 합리적이었다고 전해진다. 다시 말해서 슬픔이나 기쁨을 지나치게 드러내지 않고 음식이나 놀이에도 정도를 넘지 않았다는 것이다. 그리고 무슨 일이든 조급하게 서두르지도 않았다. 이것은 그의 본성이라기보다는 깊은 철학적 성찰에서 터득한 것이리라. 조금 딱딱한 말 같지만 우주의 본체가 무엇인가, 인간의 본바탕은 무엇인가를 골몰히 연구하면서 자신의 사고와 행동에 자연스레 철학이 배어든 것이다. 이런 사고와 행동으로 인생을 살았기에 그는 위대한 학문적, 사상적 업적을 낳을 수 있었다.

● 교육에 관심을 기울이다

이황은 두 가지 일에 역점을 두었다. 하나는 교육운동이다. 그가 풍기군수로 있을 적에 백운동서원을 최초의 국가공인 교육기관으로 만들어 학자들이 공부하게 했고, 성균관 대사성의 자리에 있으면서 학문하는 분위기를 길렀으며, 고향에 돌아와 도산서당을 일으켜 본격적으로 제자를 양성했다.

그는 성균관의 유생을 자기 세력으로 만들었다는 비난을 받기도 했고, 뒷날 영남학파를 형성해 당쟁에 휘말리게 했다는 꾸짖음도 들었다. 그러나 그가 후배를 양성하려는 열정을 결코 나무라서는 안 될 것이다. 그 열정으로 인해 그의 문하에서 유성룡, 김성일 같은 쟁쟁한 벼슬아치와 정구, 김우옹 같은 학자들이 배출될 수 있었다.

다른 하나는 학문 연구이다. 그는 성리학만이 아니라 치도治道의 요체, 자기 수양방법, 현실 개혁 등에 관한 저서를 많이 남겼다. 그는 저술에 매진하면서 임금에게 때로는 편지로 가르치기도 하고 수양하는 방법을 일러주기도 했다. 그의 이런 학문적 깊이는 임금들의 귀감이 되었고 뒷날 후학들에게 큰 영향을 끼쳤다. 일본의 메이지유신 때 그의 학문은 하나의 지도 이념으로 활용되기도 했다.

그의 성품은 늘 겸허했다. 높은 벼슬자리에 있을 적에도 오만을 몰랐으며, 남에 대한 이해심이 두터웠다. 고향에 돌아와 있을 적에도 고관티를 내기는커녕 나라에 내는 조세 따위를 맨 먼저 가져다 바치게 했다.

그는 도산서당의 앞뜰 가운데에 작은 정자를 지었다(지금은 안동댐 때문에 물이 이 들판을 가득 채우고 있다). 그 정자에서 그는 인생과 학문을 생각하며 만년을

도산서원 이황이 죽은 지 4년 뒤 제자들은 도산서원 뒤편에 여러 건물을 짓고 도산서원을 이룩해 그를 기리는 위패를 모셨다. 그리고 이황이 쓰던 자리, 베개, 문방구, 투호 도구 등을 보관했는데 오늘날까지도 그대로 간직하고 있다.

보내다가 고향에 온 지 3년이 못 되어 조용히 인생을 마감했다.

그가 죽을 적에 유언을 남겼는데, 명정에 일반 관례처럼 벼슬 이름은 절대 쓰지 말고 '처사이공지구處士李公之柩'(처사로 지낸 이공의 영구)라고만 쓰라고 했다. 다시 말해 이황은 많은 벼슬을 했으나 참모습은 학문하는 선비이기에 일반적 격식인 벼슬 이름을 못 쓰게 했던 것이다. 그런데 뒷날 이 말을 들은 지리산 밑에 사는 남명 조식이 이렇게 말했다.

"진짜 처사는 나지, 퇴계가 할 벼슬을 다 하고 처사라고 자처한다면 사리에 어긋난다."

이 말도 새겨볼 만하나 그렇다고 이황의 참뜻이 손상되는 것은 아닐 것이다. 이황은 학자로서는 드물게 여러 벼슬을 모두 누렸다. 하지만 바른 정치를 펴려고 늘 노심초사했다. 또한 그의 학문적 업적은 어느 누구도 따라가기 힘들 정도이다. 하지만 이것에 대해 독창적이라기보다는 주자의 학설을 충실하게 따라 부연했다는 지적도 있다. 사실 그런 면이 전혀 없지 않을 테지만 그는 너무나 높은 준령이기에 쉽게 넘을 수가 없다.

그가 죽은 지 4년 뒤 제자들은 도산서당 뒤편에 여러 건물을 짓고 도산서원을 이룩해 그를 기리는 위패를 모셨다. 그리고 이황이 쓰던 자리, 베개, 문방구, 투호 도구 등을 보관했는데 오늘날까지 그대로 간직하고 있다. 도산서원에서는 무수한 인재를 길러냈는데 19세기 서원철폐령이 내려질 때에도 철폐 대상이 되지 않았다.

그가 죽고 난 뒤에 학파가 생겼다. 이 학파는 향리의 학문풍토를 조성했고 때로는 중앙의 관계를 주름잡았다. 그리고 당파가 동인, 서인으로 갈라질 때 동인 계열에서는 퇴계를 내세우고 서인 계열에서는 율곡을 내세우면서 다툼질을 벌인 모습은 아름답지 못했다.

한편 그는 너무 우뚝한 학자여서 그를 따르는 학파의 흐름이 그를 지나치게 추앙해서 권위주의적 경향으로 치우쳤다. 뒷날 그의 학파에서 그만한 학자를 배출하지 못한 것은 아쉬운 일이다. 권위주의적 경향이 퇴계의 학설을 비판하거나 수정하는 발전적 학문풍토를 막았던 것이다.

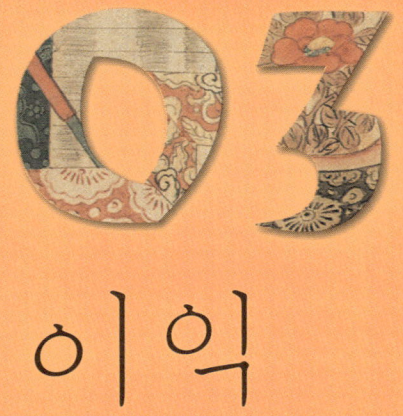

03
이익

방 대 한 저 술 로 찬 란 한 자 취 를 남 긴 중 농 학 파 의 거 성
지식인은 관념에 빠지기 쉽다. 그러나 이익은 몸소 실천함은 물론,
현실에 뿌리를 둔 학문 중심으로 이론을 전개하였다.
곧 적극적이며 계몽적 방법으로 현실 문제를 타계하려고 한 점이 두드러진다.

● 실학사상의 태두

우리나라 실학사상가의 태두를 꼽을 때 흔히 성호星湖 이익李瀷(1681~1763)을 든다. 그런데 실학사상이란 무엇인가? 그것은 지난날의 잘못된 제도를 뜯어고쳐 나라와 사회를 부강하게 하고 살찌우자는 개혁의 이론이다. 그러기에 17~18세기에 성하게 일어난 실학사상을 두고 한국의 문예부흥운동이라고 말한다.

서구의 문예부흥운동이 인간성 회복을 위한 인문운동이었다면 실학사상은 현실개혁을 위해 사회경제 문제를 중심으로 전개되었다. 그러기에 엄밀한 의미에서는 같은 내용은 아니지만, 본질적으로 인간의 문제를 두고 고민했다는 점에서 같은 시각으로 보아도 무방할 것이다.

이런 개혁이론의 최고봉으로, 18세기라는 격동기를 살았던 이익을 꼽게 된 배경을 알아보기로 하자.

그의 조상은 서울에서 가까운 광주에 살면서 대대로 높은 벼슬을 누렸다. 그러나 17세기, 당쟁이 격화되면서 남인에 속했던 그의 집안에 비운의 그림자가 깃들었다. 아버지 이하진은 당시 언관의 총수였던 대사헌의 관직에 있으면서 남인의 거두 허목과 정치적으로 행동을 같이하고 있었다. 그러다가 1680년(숙종 6) 남인이 서인에 의해 정권에서 밀려나자, 아버지는 처음에는 진주목사로 좌천되었다가 끝내 평안도 운산으로 귀양 가는 몸이 되었다.

어머니는 유배지에 따라와 남편을 수발했는데, 그는 이 유배지에서 태어났다. 그의 탄생은 바로 집안의 비운을 함께한 꼴이 되었다. 이익은 9남매 중 막둥이로 태어났다. 보통 가정에서 늘 그러했듯, 막둥이로서 아버지의 사랑을 독차지했을 텐데 돌이 되기 전에 아버지는 유배지에서 죽었다.

어린 이익은 곧바로 고향 첨성리로 돌아왔다. 그는 어릴 적부터 잔병치레가 잦아 어머니가 항상 약탕기를 몸에 차고 다닐 정도였다고 한다. 그래서 글을 늦게 배웠다. 장성한 형들에게서 글을 배웠으나 뚜렷한 스승이 있었던 것은 아니었다. 평생 혼자 많은 책들을 섭렵한 끝에 자득한 것이다.

어릴 적 흔히 명문가에서 그러했듯 그는 과거공부에 열중했다. 스물다섯 살이 되어 향시鄕試에 합격했으나 과거장에서 부정이 판치는 것을 보고 중앙에서 보는 회시會試에는 나가지 않았다. 다음해에는 둘째 형 이잠이 장희빈을 옹호하다가 모진 형벌 끝에 죽임을 당했다. 당쟁의 앙화가 두 번째로 그의 가문에 덮친 것이다. 이 험한 꼴들을 본 뒤 그는 결코 과거장에

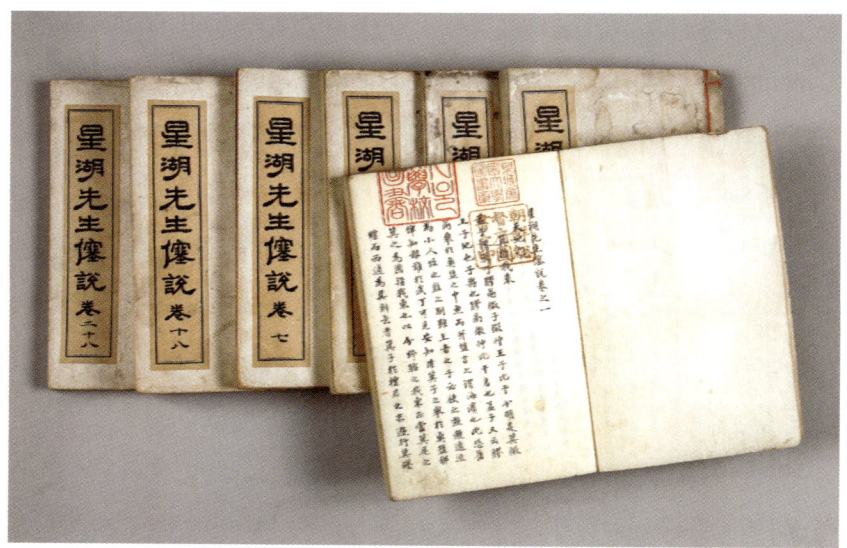

《성호사설》 필사본. '사설'이란 일종의 작은 얘기를 의미하며, 백과전서적 전서로서 가치가 크다. 천지문(天地門)·만물문(萬物門)·인사문(人事門)·경사문(經史門)·시문문(詩文門)의 5가지 문으로 크게 분류되어 총 3,007항목의 글이 실려 있다.

나가지 않았다. 그리고 나라에서 벼슬을 내려도 한사코 받지 않았다. 그는 첨성리에 성호장星湖莊을 짓고 학문에 몰두하면서 때로 농사를 지을 뿐 서울 나들이도 잘 하지 않았다.

그가 마흔여섯이 될 적에 나라에서는 선공감繕工監 가감역假監役이라는 하찮은 벼슬을 내렸다. 그리하여 어쩔 수 없이 임금에게 사은謝恩을 하고자 서울 나들이를 하게 되었다. 그러나 사은은 할 필요가 없으니 제조提調(총책임자)에게 명함이나 내라는 말을 듣고 이렇게 말했다.

"사은을 하려고 왔거늘, 벼슬할 뜻이 없는데 무엇 때문에 명함을 드릴까 보냐."

그러고는 고향으로 돌아왔다. 이후 그는 더욱 학문에 열중했다. 그의 명성이 자자하자 이웃 고을에서 많은 제자들이 찾아들었다. 특히 권철신과 안정복 같은 제자들이 그의 집을 자주 찾아들었는데 뒤에 이들은 으뜸 제자가 되었다.

여든두 살이 될 적에 나라에서 노인에게 주는 첨지중추부사僉知中樞府事라는 명예직을 내려 그의 학덕을 기렸다. 이 해가 저물 무렵 그는 세상을 떠났다. 그는 죽기 전에 자신의 명정을 써두었는데, '성호징사여주이공지구星湖徵士驪州李公之柩'라는 열 자뿐이었다. 이것은 당시 조그마한 벼슬만 있어도 명정에 요란스레 쓰는 풍조를 배격하고 스스로 야인이요 선비임을 표방한 것이다.

● 검소와 절제를 몸소 실천하다

그는 벼슬을 해 녹봉을 받은 것도 아니요, 그렇다고 선대에서 물려준 토지가 많은 것도 아니었다. 글만 읽고 게다가 고아가 된 어린 조카들까지 부양하다 보니 생활이 말이 아니었다. 비록 머슴 하나를 두고 몇 뙈기의 논밭을 갈아먹었지만 이것으로 살림을 꾸리기에는 어림도 없었다. 그래서 뽕나무를 심고 목화를 재배해 옷을 지어입고 과실나무를 심어 제수에 쓰기도 했다.

이렇게 직접 농사를 짓고 목화를 재배하면서 검소한 생활을 몸으로 익혔다. 콩죽과 콩장, 콩나물로 끼니를 때우면서 요기를 하는 데는 '콩이 제일'이라고 말하기도 했다. 그는 주위 사람들에게 검소한 생활을 권장하면서 놀고먹는 사람을 꾸짖고 또 놀고먹으려면 하루 한 끼로 만족해야 한다고도 했다. 그가 늙어서는 송곳을 꽂을 한 치의 땅도 없었다고 한다.

한번은 고을 원살이를 나간 외아들 이맹휴가 끼니를 때우지 못하는 아버지를 생각해서 먹을거리를 보내주었다. 그러자 이익은 이를 내치면서 아들에게 이런 편지를 보냈다.

무릇 백성에게서 거두어들이는 것은 열이면 여덟, 아홉이 비리인데, 이런 것으로 아버지를 봉양하는 처사가 옳겠느냐? 내가 내 밭을 일구어 주림을 구하고 추위를 면할 수 있으니, 역겨운 고기는 마땅히 게워낼 것이니라.

《성호전서星湖全書》〈가상家狀〉

한 치라도 부정하다고 생각되면 받아들이지 않는 그의 성품을 엿볼 수 있다.

이런 생활 속에서 그의 검소와 절약의 생활철학이 나온 것이다. 그는 제사를 지낼 적에도 간단하게 차렸고 게다가 서인은 제사를 지내지 않고 천신薦新(철따라 나는 음식을 조상의 신주에 바치는 의식)으로 대신해도 된다고 했다. 그리고 아내가 아들의 임지에서 죽자 아들에게 상례를 아주 간단하게 할 것을 타이르면서, 간소하게 하는 절차까지 일러주었다(《성호전서》〈상위일록喪威日錄〉). 그뿐만 아니라 모든 예식을 간소하게 하라는 글을 제자들에게 보내기도 했고 의식에 관한 것을 손수 저술하기도 했다(《성호사설류편星湖僿說類編》).

이런 생활방식은 달리 표현되기도 했다. 그는 사람을 대할 적에 신분이 귀하다고 특별히 대접하지도 않고 신분이 낮다고 푸대접하지도 않았다. 어디까지나 모든 사람을 인간답게 대했다. 그리고 특별한 까닭 없이 닭이나 개를 잡지도 않았다.

그는 인정도 유달리 많았다. 둘째 형이 불행하게 생을 마친 뒤 후사가 없자 양자를 들이고 서출의 조카들도 모두 거두어 길렀다. 누이가 과부가 되자 친정어머니 곁에 살도록 주선하기도 했고 머슴이나 종들도 함부로 부리지 않았다. 명정에 썼듯이 그는 철저한 야인으로, 어쩌면 그가 가장 좋아하던 시골의 농부답게 살다 간 것이리라.

대개 지식인은 관념의 세계에 빠지기 쉽다. 그러나 이익은 몸소 실천함은 물론 현실관 역시 당면 과제를 중심으로 전개되었다. 조선 왕조의 선비가 대체로 그러했듯 그도 경학을 소홀히 한 것은 아니나, 적극적이며 계몽적 방법으로 현실 문제를 타개하려고 한 점이 두드러진다.

● 현실개혁과 자주의 역사를 강조하다

그의 현실개혁이론을 몇 가지로 나누어 살펴보면 다음과 같다.

첫째, 농업사상이다. 그는 철저한 농본주의자이다. 농업의 생산품을 인간의 삶을 영위하는 기초단위로 이해해 농업의 경영이 곧 나라와 개인의 부를 이룩할 수 있는 지름길이라고 보았다. 그래서 상업 활동은 말리末利로 보아 이를 억제하려 했다. 이것은 중국이나 우리나라에 있던 전통적 경제관이기는 하나, 당시 농업이 황폐해가고 있는 현실을 염려한 데서 나온 생각으로 보인다.

둘째, 토지의 균분이다. 그는 당시 대지주가 손 하나 대지 않고 도조賭租를 받아 부를 축적하는 반면, 농민은 농사지을 땅이 없는 현실을 목도했다. 그리하여 토지의 균분을 위해 영업전永業田 제도를 주장했다. 다시 말해서 농가마다 일정한 토지를 주고 매매하지 못하게 하면 농민은 농토를 보존하고 대지주는 영업전의 한도 이상은 차차 팔게 되어 토지를 고루 소유하게 된다는 이론이다.

셋째, 신분제도의 문제이다. 서자의 사회진출을 막는 처사는 옳지 못하다고 본 그는 노비가 양반에 얽매여 농업에 종사할 수 없는 폐단을 지적했다. 그 자신이 서자 동생들을 거느리고 차별을 두지 않고 돌보았다.

넷째, 당쟁에 대한 폐단을 지적했다. 당쟁은 바로 이익을 차지하기 위한 싸움에서 나온다고 보았고, 그 이익의 대상은 바로 벼슬자리라고 지적했다. 과거의 폐단이 일어나기 때문에 과거제도를 고쳐야 한다고 주장했다.

끝으로 그가 가장 핵심적으로 주장한 것은 바로 자주정신이었다. 우리나라는 결코 중국에 예속될 수 없으며 자주정신을 생존의 밑거름으로 이해했다. 그리하여 우리나라 고대사의 정통성을 삼한으로 보고 삼한정통론三韓正統論 등을 주장했는데 이를 제자 안정복이 구체적 이론을 들어 체계화-했다.

이러한 그의 사상은 제자들에게 이어졌다. 한줄기는 권철신, 정약용으로 이어져 서학과 과학을 토대로 한 실학사상으로, 또한 줄기는 안정복, 허전으로 이어져 자주역사와 경학적 개혁 사상으로 확산된다. 이들을 실학사상가 중 경세치용학파라고 부른다.

그는 수를 누리면서 한편으로는 가난하게 살았지만 많은 제자를 기르고 방대한 저술을 남겨 우리의 역사에 찬란한 빛을 던지고 있다. 굴론 그의 개혁이론이 봉건체제의 모순을 전면적으로 철저하게 뜯어고치기보다 온건하고 점진적인 방법을 제시했다는 한계를 지적받기도 한다. 그러나 그가 그런 의지를 지니고 있었더라도 몰락한 남인이요, 주목받는 가문이라는 정치 환경을 감안하면 그 한계는 충분히 납득된다.

그가 살던 마을이 보이는 언덕에 그의 묘소를 잡았으나 묘비를 세울 경비가 없었다. 그러다가 사후 204년 만인 1967년에야 묘비와 석돌을 세웠다. 오늘날 첨성촌이 있는 안산시에서는 성호기념관을 건립하고 1996년부터 해마다 성호문화축제를 거행해 그의 정신을 시민들에게 알리며 기리고 있다.

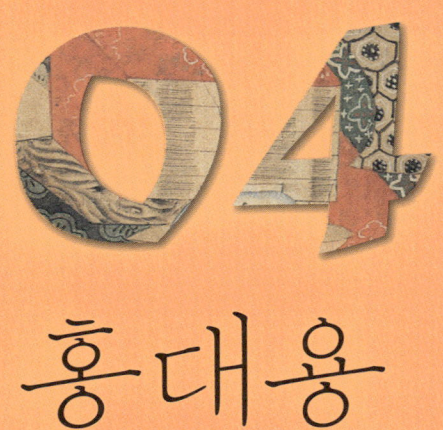

04

홍대용

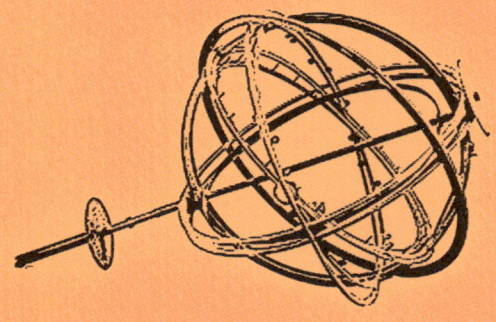

실 학 전 성 기 의 독 보 적 인 과 학 자

전통적인 우리의 과학기술은 중세에는 뛰어난 부분이 많았지만 공리공담에 빠진
유학자들은 과학사상을 천시해 발전하지 못했다. 홍대용은 철저하게 이를 추구해
우리나라 과학기술사에 찬란한 빛을 던져주었다.

● 지전설을 주장하다

박지원은 홍대용의 빈소 앞에서 술이 곤드레가 되어 있었다. 통곡하다가도 술 사발을 당겨 마셔대곤 했다. 이런 그에게 상주는 망인의 묘지명을 써달라는 부탁을 했다. 그는 붓을 들어 써갈겨댔다.

> 아, 슬프다. 덕보德保(홍대용의 자)는 툭 트이고 민첩하며 겸손하고 아담하며 식견이 원대하고 사물의 이해가 정밀하며…… 일찍이 지구가 한 번 돌면 하루가 된다고 해 그의 학설이 오묘하고 깊었다.……

이렇게 담헌湛軒 홍대용洪大容(1731~83)의 행적을 써내려갔는데, 이 글이 바로 '홍덕보묘지명洪德保墓誌銘'이라는 글로 천하의 명문으로 꼽힌다. 평소의 지기에 대한 행적을 썼으니 심정에서 우러나온 글이 되었으리라. 박지원은 묘지명의 격식을 무시하고 에세이 쓰듯 자유분방하게 표현했다.

그런데 이 글에서 박지원이 가장 칭찬을 아끼지 않은 것은 홍대용의 과학사상 중에서도 지구의 자전설이다. 홍대용이 주장한 '지전설'을 익히 알고 있었던 박지원이 그 설의 심오함을 강조한 것이다.

홍대용은 청주 출신이다. 그러나 아버지 홍역이 나주목사로 오래 근무한 관계로 어린 시절은 대부분 나주 근방에서 보냈다. 나주 근방의 동복에는 천문학자인 나경진羅景鎭이 살고 있었다. 그는 나경진을 찾아가 그 집에 만들어둔 천문기구인 혼천의渾天儀와 자명시계인 후종候鐘을 보았다.

매일 그 집에 가서 이 기구들의 원리는 물론 만드는 법과 사용법을 배웠다. 이 기구를 얻기도 하고 만들기도 하며 골몰히 천문학에 심취했다. 그리고 청주의 본가에 사설 천문대인 농천각籠天閣을 짓고 이것들을 보관했다. 그는 천문 관련의 서적을 여러 권 검토하고 이 기구를 이용해 천체를 관찰했다.

그가 여러 전적을 참고해 스스로 얻어낸 결론은 지구가 자전한다는 것이다. 이 설은 실로 그의 오랜 탐구와 관찰에서 나왔다. 그는 지구의 둘레는 9만 리인데 하루 12시간 동안 한 번 돈다고 했다. 여기서 주목할 것은 무엇보다 지구가 돌고 있다는 주장이다. 그보다 앞서 이익 등이 이것을 주장한 적이 있는데 그가 이를 알고 있었는지는 확인되지 않는다.

1765년 그는 작은아버지 홍억이 동지사冬至使의 서장관書狀官(실무 책임자)으로 청나라에 갈 적에 자청해 자재군관이라는 무관의 직책으로 따라갔다. 그의 오랜 숙원이 이루어진 것이다. 그는 북경에서 청나라의 과학자들을 만나 지구의 자전설을 설명했다. 그러자 그들은 그 이론을 듣고 감탄해 마지않았다. 이리하여 홍대용의 '지전설'은 중국에까지 알려졌다.

하지만 당시 북경에는 코페르니쿠스의 태양중심설이 많이 알려져 있었으나 많은 사람들은 믿으려 하지 않았다. 그런데 홍대용이 북경에 와보지도 않고 지전설을 주장했으니 놀라운 일이었을 것이다.

더욱이 당시 조선에는 박지원 같은 지기들이나 귀를 기울이고 알아주었을 뿐 조정 대신들은 관심조차 두지 않았다. "지구가 돌면 어쨌다는 거냐?"라거나 "천원지방天圓地方(하늘은 둥글고 땅은 모나다는 설)은 만고의 진리인데 한낱 괴담을 늘어놓는다"고 나무라면서 욕질만 했을 뿐이다. 진리를 찾는 자는 예나 지금이나 외로운 법이다. 그러나 홍대용은 이런 세론에 아랑곳

洪高士大容

홍대용 초상화 홍대용이 1766년 중국 북경에 60여 일간 머물 때 사귄 중국인 엄성이 그린 초상화이다.

하지 않고 과학탐구에 생애를 바쳤다.

북경에서 그는 유리창(과학기재나 고서적·골동품 등을 파는 가게들이 모여 있는 곳)에 들러 열심히 새로운 기구들을 관찰했다. 그가 이곳에 많은 흥미를 느끼며 관찰에 열중하자, 중국의 지식인들인 엄성嚴誠과 반정균潘庭筠 같은 인사들의 관심을 끌었다. 그리하여 이들은 서로 자연스레 어울려 필담을 주고받았고, 유리창 옆 전당에 있는 엄성의 집으로 몰려가 밤새는 줄 모르며 학문과 문학에 관한 이야기를 나누었다. 적어도 홍대용이 북경에 머문 3개월 동안, 이들은 거의 하루도 빠짐없이 만났던 것으로 보인다. 홍대용이 이들에게 작별인사를 나눌 적에는 어찌나 서로 정이 들었는지 얼싸안고 눈물을 흘렸다고 한다.

그리고 독일계 선교사인 할러슈타인(중국명 유송령劉松齡)을 만났다. 할러슈타인은 당시 청나라의 천문대인 흠천감정欽天監正으로 초빙되어 있었다. 이들은 필담으로 많은 질문과 토론을 벌였다. 이 만남은 홍대용의 천문학 지식은 물론 서양의 과학을 접하는 계기가 되었다.

훗날 박지원이 사신의 수행원으로 북경에 갈 적에 홍대용은 박지원에게 이들을 소개하는 편지를 써주었다. 이렇게 서로 친구들을 소개한 탓으로 이들 사이에는 국경을 뛰어넘는 우정이 이루어졌다. 엄성이 먼저 죽자 그의 친구 반정균은 조선에 있는 홍대용에게 부고를 했다. 홍대용이 죽자 박지원은 반정균에게 부고를 했다. 죽은 뒤에도 이렇게 나라를 넘나드는 우정은 끊어질 줄 몰랐다.

그러면 이들의 우정은 어찌하여 이토록 돈독했던가? 바로 시대의 모순을 서로 겪으면서 개혁의지에 불타고 있던 지사들이었기 때문이다. 이들 모두 높은 뜻을 가지고 있으면서 낙백한 삶을 살고 있었다.

● 먹고살기 위해 벼슬길에 나서다

고국에 돌아온 홍대용은 3년 동안 중병을 앓아 드러누웠다. 병이 나아지
자 북경에서 사온 서양 천문과학책《천학초함天學初函》독파에 열중했고 중
국의 벗들과 교환한 의견을 엮어《연기燕記》라는 책을 지었다. 그리고 이들
이 만나게 된 전말을 적은《회우록會友錄》을 기록해 책으로 묶자, 박지원이
서문을 써서 이들의 사귐을 기렸다.

　홍대용은 북경에서 배운 과학기술 지식을 탑골 박지원의 사랑채에 모
인 젊은 엘리트들, 곧 이덕무, 박제가, 이서구, 유득공 등에게 일러주었
다. 이들은 이구동성으로 과학기술을 중심으로 해 조선의 발전을 기약해
야 한다고 역설했다.

　그리하여 북학파의 모임이 자연스럽게 이루어지게 되었다.

　이후 그는 청주 수동에 내려가 기하학의 원리를 적은《주해수용籌解需
用》을 완성했고 현실개혁방안을 담은《임하경륜林下經綸》을 저술하기도 했
다. 이즈음 그의 과학사상은 자득에서 한걸음 나아가 새로운 지식을 토대
로 이론을 체계화시키는 원숙한 단계로 접어들고 있었다.

　하지만 그의 처지는 남루하기 이를 데 없었다. 홍대용은 문벌을 자랑하
는 집안에서 태어나 한때 부모의 권유로 몇 번 과거를 보았으나 번번이 낙
방했다. 도통 과거공부에는 뜻이 없었고 과학 서적만을 읽고 있었기 때문

이다. 그래서 생업을 제대로 갖지 않아 무척이나 가난했다. 어머니는 일흔이 되었는데 조석 끼니조차 제대로 봉양하지 못할 처지였다.

그는 아버지가 목사를 지내고 할아버지 홍용조가 대사간을 지낸 후광에 힘입어 음직蔭職(높은 벼슬아치의 자손에게 과거를 거치지 않고 내리는 벼슬자리)으로 하찮은 선공감 감역繕工監監役을 얻었고 이 무렵 동궁을 가르치는 시직侍直이라는 벼슬이 내려지자 이를 받아들였다. 이때의 심경을 뒷날 "어머니를 봉양하기 위해 어쩔 수 없었다"고 토로했다. 그는 이어 태인현감과 영천군수 같은 고을 원이 되어 일선행정을 몸소 시행해보았다. 그는 현실의 경험을 통해 이렇게 쓰고 있다.

> 우리나라는 본래 명분을 중히 여기어 양반붙이는 빌어먹게 되어도 팔짱끼고 편안히 앉아서 보삽조차 잡지 아니하며, 더러 실實에 힘써 부지런히 일하거나 비천한 일 따위를 달게 하는 자가 있으면 여러 사람이 모두 비웃고 천대해 종처럼 본다. 이 까닭에 놀고먹는 자가 많고 생산하는 자는 적다. 마땅히 법을 엄하게 세워 사민에 속하지 않고 놀며 입고 놀며 먹는 자는 관에서 형벌로 다스려야 하며 재주 있고 학문이 있으면 농사꾼이나 장사치의 자식이 벼슬자리에 앉아도 참람함이 없고, 재주 없고 학문이 없으면 높은 벼슬아치의 자식을 하인으로 돌리더라도 한으로 여기지 않아야 한다.……
>
> 《임하경륜》

이러한 견해를 가진 그는 고을 원 노릇을 하면서 실천에 옮겨보려 했지만 일개 지방관의 힘만으로는 어림없는 일이었다. 그는 현실에 부딪치면서 실망만을 거듭했다.

혼천의 천체의 운행과 그 위치를 측정하는 관측 기구. 중국의 것에 독창성을 가미했다.

한때 그가 가르치던 정조가 왕위에 올랐을 때 권신 홍국영의 발호도 목격했다. 그는 어머니의 병을 핑계로 벼슬살이에서 물러나왔다. 10여 년 남짓 외도를 한 셈이다.

홍대용은 새로운 마음으로 고향 청주로 돌아와 못다 한 과학기술의 저술에 몰두하고자 결심했다. 그리고 현실개혁에 대한 방안도 정리했다.

그의 개혁책은 여러 방면에 걸쳐 있으나 여기서는 대표적인 한 가지만을 살펴보자. 그는 토지의 고른 분배를 위해 균전법均田法을 주장했다. 기혼 남자에게 각각 토지 2결을 주고 농사를 짓게 하되 팔지 못하게 해야 한다는 것이다.

그에게는 할 일이 많았으나 하늘은 그에게 수명을 더 주지 않았다. 벼슬살이에서 물러난 지 1년도 못 되어 갑자기 중풍으로 쓰러졌다. 그리고 유언 한 마디 없이 세상을 떠났다.

● 과학기술사에 남긴 찬란한 발자취

그의 죽음을 들은 박지원이 한걸음에 청주로 달려왔다. 홍대용과 박지원은 역사에서 북학파를 이끈 인물로 꼽는다. 그들은 현실개혁의지는 같았지만 추구한 방법은 달랐다. 박지원은 문학과 상업의 장려로, 홍대용은 과학기술의 보급으로 그들의 뜻을 펴려 했다. 이 점에 있어서 홍대용은 특이한 존재였다.

전통적인 우리의 과학기술은 중세에는 뛰어난 면이 많았지만 공리공담에 빠진 유학자들은 과학사상을 늘 천시해 발전하지 못했다. 이에 홍대용은 철저하게 이를 추구해 우리나라 과학기술사에 찬란한 빛을 던져주었다. 특히 그의 기하학은 지극히 실용적인 것으로 토지 측량에 적절히 이용될 수 있는 이론이다. 그가 심혈을 기울여 완성한《주해수용》이 현실에 적용되지 못한 것은 참으로 안타까운 일이다.

그의 사상은 바로 후배들 곧 박제가와 이덕무 등에게 전해졌다. 그리하여 후배들 손에 의해 더욱 빛을 발했고 후기에 와서는 개화사상에도 커다란 영향을 끼쳤다. 오늘날 그의 저술을 모은《담헌서湛軒書》는 척박한 수준에 머물렀던 과학을 역사의 소중한 유산이 되도록 해주었다.

그가 태어난 곳은 오늘날 천안시 수신면에 속한다. 천안시에서는 2013
년 말까지 천안 홍대용전문과학관을 건립할 계획이다. 이것이 완성되는
날, 홍대용의 숨결을 다시 느낄 수 있으리라.

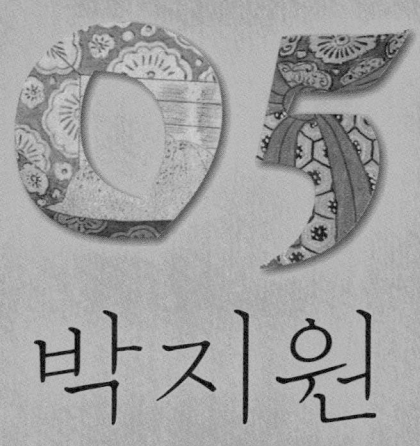

박지원

뛰어난 문사이자 진보적인 지식인

박지원이 살던 18세기는 유교적 통치이념이 새로운 도전을 받던 시기였다.

새로운 사상개편을 요구하고 현실개혁론을 주장한 세력들을 흔히 실학파라고 부른다.

이중에서도 다산 정약용과 박지원은 그들의 중심인물이었다.

🔴 북학파의 산실 탑골

서울 탑골 주변에는 불우한 문사들이 모여 살고 있었다. 때는 정조 연간이었고 그 중에서도 터줏대감은 연암燕巖 박지원朴趾源(1737~1805)이었다. 30대의 박지원은 이들 문사만이 아니라 운종가雲從街(지금의 종로 네거리 부근)의 장사치들, 막벌이꾼, 거지들에게까지 명성이 자자해 때로는 그들의 스승으로 때로는 그들의 벗으로 통했다.

열여덟 살의 소년 문사 박제가가 다 쓰러져가는 박지원의 사립문을 두드렸다. 집주인은 가슴을 풀어헤치고 망건도 쓰지 않은 맨상투를 너덜거리며 뛰어나왔다. 그리고 두 손을 마주잡고 방 안으로 맞아들였다. 두 사람은 나이나 신분의 차이를 뛰어넘어 문학과 세상 이야기로 시간 가는 줄 몰랐다.

저녁 먹을 때가 되자 박지원은 밥을 지어 들여왔다. 차 끓이는 주전자에 밥을 해서는 물 담는 옹기에 퍼 담아 들여왔다. 두 사람은 맨바닥에서 밥을 먹고 난 뒤 밤을 새우면서 이야기꽃을 피웠다. 박제가는 이렇게 세월을 보내면서 열흘이고 한 달이고 자기 집에 돌아갈 줄을 몰랐다. 이 자리에는 주변에 살고 있는 문사들도 모여들었다. 박지원의 집 바로 길 건너에 있는 이덕무를 비롯해 유득공, 이서구, 서이수 등이다.

이들은 대부분 뛰어난 문사들이었으나 서이수를 제외하고 대부분 서얼 출신이어서 불우한 생활을 하고 있었다. 박지원은 이들과는 달리 5대 문벌가로 치는 노론 집안의 반남 박씨였지만 벼슬길에는 조금도 관심을 두지 않고 이들 서류庶流나 불우한 문사들과 어울리기만 했다.

그는 혼자 살고 있었다. 생활은 뒤죽박죽이었다. 사흘씩 밥을 굶기도 하

고 술을 마시기도 하고 낮잠만 자기도 하고 책만 읽기도 했다. 그러다가 주
변의 문사들이 모여들면 시와 술로 흥을 돋우었다. 그들의 화제는 현실의
모순과 비리를 개혁하는 것으로 옮겨졌다. 이들은 박지원으로부터 글을 익
히고 세상을 배우고 돌아가는 인심을 논했다. 이서구는 이렇게 쓰고 있다.

> 어느 여름날 밤 연암 어른을 찾아갔다. 연암 어른은 사흘을 굶고 있었다.
> 그때 버선을 벗은 맨발로 탕건도 풀어버리고 문지방에 걸터앉아서 행랑지
> 기와 이야기를 주고받고 있었다.

이서구는 이때 굶주린 박지원과 함께 밤을 새워 고금의 치란과 당세의 문
장에 대해 논했고, 촛불이 다해 꺼지자 어둠 속에서 이야기를 계속했다.

당시 박지원의 가족은 광주에 살고 있었는데, 그는 몸이 뚱뚱해 더위를
견디지 못했고 모기와 개구리 소리에 잠을 이루지 못해 여름이면 혼자 서
울에 와 있었다. 서울 집은 좁기는 했지만 모기와 개구리가 없어서 그런
대로 견딜 만했다. 한 계집종이 박지원을 수발했다. 그러나 그 여종은 박
지원이 눈병이 들자 주인을 버리고 도망했다. 먹을 것도 없고 밤낮이 따
로 없는 주인을 더 모실 수 없었으리라. 그는 가버린 종을 찾을 생각도 하
지 않았다. 그래서 밥 지을 사람이 없자 행랑아범에게 밥을 붙여 먹었다.
행랑아범은 박지원에게 농지거리를 하면서 거리낌 없이 대했고 박지원도
그와 이야기 나누기를 즐겼다.

박지원은 며칠씩 세수를 하지 않고 열흘씩 머리 손질도 않고 지내면서
더러 땔나무꾼이나 참외장사를 불러들여 담소를 즐겼다. 그리고 다리 부

러진 어린 까치에게 밥알을 던져주면서 장난 치는 일에나 재미를 붙이고 있었다. 이서구가 찾아오던 날도 사흘을 굶은 끝에, 행랑아범이 남의 집 기와를 얹어주고 사온 쌀로 지은 밥을 얻어먹던 참이었다.

박지원 초상화 그는 쉰 살이 넘어 벼슬살이에 나와 마지막으로 양양부사를 지냈다. 양양부사로 1년도 채 복무하지 못하고 건강이 악화되어 사직했다. 몸은 비대했고 눈은 사물을 볼 수 없을 정도였다.

이런 생활 속에서도 박지원은 현실 문제에 대해 예리한 비평을 가하고 많은 글들을 썼다. 그는 선배 홍대용이 청나라에 다녀와 많은 과학 지식을 전달해주자 여기에 심취했고, 제자들과 함께 청나라 문화의 좋은 것을 배워 현실에 적용해야 한다는 주장을 폈다.

이때 박지원에게 하나의 시련이 닥쳤다. 정조가 왕위에 오르자 홍국영은 정조의 신임을 두텁게 받아 세도를 부리고 있었다. 홍국영은 박지원과 그 일파가 안하무인으로 세상을 깔보며 자기네를 무시한다고 해 벽파로 몰아붙였다. 다시 말해서 정조를 반대하는 세력이라는 것이다. 이에 박지원은 1777년 한양을 버리고 황해도 금천 땅 첩첩산골인 연암 골짜기로 들어갔다.

이것은 피난이 아니라 그의 꿈을 실현하려는 것이었다. 시끄러운 한양을 벗어나고 싶었다. 더욱이 놀고먹는 자들을 매도하던 그로서는 직접 생산자가 되는 길을 택해 노력해보고 싶었던 것이다. 그는 연암 골짜기에 큰 꿈을 걸었다. 주변에 과일나무를 심고 양어장을 만들고 1백 통의 벌집을 늘어놓으려 했다. 그러나 이것은 한낱 꿈이었다. 연암에서의 생활은 말이 아니었다. 초가삼간을 짓고 돌밭 몇 뙈기를 일구었을 뿐이었다. 손이 부르트고 발바닥이 갈라지도록 일을 해보았다.

그가 농사일을 하다가 연암당燕巖堂을 짓고 틈틈이 그 아래 연못에서 낚시를 즐기며 살았다. 어릴 적부터 부모를 잃고 형수의 손에서 자란 박지원은 혼자된 병든 형수를 이곳에 모시고 와 호강시키려 했지만, 형수는 이 골짜기에 와 호강도 못해보고 죽어 뒷산에 묻히는 비극을 겪었다.

그가 숯 굽는 사람들을 불러 모으자 그의 이웃은 서너 집이 되었다. 그들은 누더기 옷에 검정 칠을 하고 숯만 구워 팔 뿐 그가 바라는 농사는 짓지 않았다. 이런 말이 아닌 고생 속에서도 그는 "마음은 이것을 즐기며 바꿀 생각이 없다"고 쓰고 있다.

박지원이 살던 18세기는, 유교적 통치이념이 새로운 도전을 받던 시대였다. 새로운 사상개편을 요구하고 현실개혁론을 주장한 세력들을 흔히 실학파라 부른다. 이 실학파들은 진보적 지식인들로 때로는 현실참여로, 때로는 묵은 체제에 대한 비판으로, 때로는 자아각성으로 그들의 근대지향적 의지를 나타내고 있었다.

그 중에서도 다산 정약용과 연암 박지원은 그들의 중심인물이었다. 특히 박지원은 앞에서 본 대로 현실에 부딪치며 실천의 길을 걸었다는 점에서 특별한 자리를 차지하고 있다. 적어도 이론이 아닌 행동인으로서는 정약용보다 앞선다고 할 수 있다.

● 허구적인 현실을 날카롭게 풍자하다

박지원이 살았던 시기는 영·정조시대로 일컬어지는 문예부흥기였다. 개혁을 추진하려는 두 왕이 탕평 정책을 펴고 또는 온건한 방법으로 통치했기에 일컬어진 말일 뿐 실제로 봉건사회의 내면은 더욱 곪아가고 있었다.

경제적으로는 토지제도가 더욱 문란해지면서 대토지 소유가 점점 확대되어 빈부의 격차가 심해지고, 조세와 지대地代·공납은 영세 자작농 또는 소작농에게 가중되고 있었다. 사회적으로는 신분제도가 극도로 문란해져, 일부 지배층에서는 노비 소유가 대량으로 이루어졌다. 이로 인해 노비들은 신분의 굴레를 벗기 위해 끊임없이 도망했고, 국가와 노주奴主들은 도망한 노비를 추쇄推刷(찾아서 잡아들이는 일)하기에 온 힘을 기울이고 있었다. 그리고 양반의 곁가지인 서얼들은 스스로의 힘으로 금고禁錮를 벗기 위해 여러 형태로 움직이고 있었다.

온갖 정치·경제적 이익을 독점하는 특권 양반지배층에 대해 소외되고 몰락한 향반들의 불평은 늘어가고, 농민들은 농토를 버리고 유리걸식하고, 노비들은 추쇄를 피해 산이나 섬으로 들어가서 숨고, 이런 틈을 서학이 비집고 들어오고 있었다. 이런 불안요소들은 다음에 올 민란의 시대를 예고하는 듯 내면으로 세차게 꿈틀거리고 있었다.

이런 현실에서 살고 있던 박지원은 위기의 현실을 통찰하고 있었다. 아니 그보다도 묵은 봉건적 요소들에 대한 일대 수술의 필요성을 절실히 느끼고 있었다. 박지원은 이 같은 시대상황에서 어떻게 현실에 대처하고 있을까?

그는 1799년(정조 23) 농정農政에 대한 임금의 물음에 그의 견해를 밝힌 글에서 자기의 처지를 이렇게 쓰고 있다.

신의 집안은 대대로 청빈해 본디 농사지을 땅이 없었고, 서울에서 자라 눈으로 콩과 보리도 구분하지 못했습니다. 신의 할아비가 나라의 녹을 먹었는데, 신은 어렸을 적에 썩은 쌀을 뜰에 심고 싹트기를 기다렸습니다. 조금 자라서는 선비들이나 쫓아다녔지 들사람이나 농사꾼들과는 어울리지 않았습니다. 중년에 어려운 신세가 되어 비로소 귀농할 뜻이 있어서 이른바 농사관계의 책들을 구해 초록을 해두었습니다. 그러나 실제는 돌아갈 만한 농토가 없어서 다만 벼루 밭에다 붓갈이(문필생활)나 했을 뿐입니다. 더러 들판에서 갈이 하는 법을 보았지만……

《연암집燕巖集》〈진과농소초문進課農小抄文〉

여기서 우리는 그의 생애의 한 부분을 알 수 있다. 그는 노론의 덩문 반남 박씨 집안의 둘째 아들로 태어났다. 그가 두 살 적에 아버지가 죽었고, 녹봉이 없는 명예직의 벼슬을 하던 할아버지 박필균의 손에서 자랐다. 그가 열여섯 살 적에 할아버지가 죽고 형도 일찍 세상을 떠났다. 그에게 남겨진 유산이 없었던 탓에 떠돌이 신세를 면할 수 없었다. 그의 집은 여러 차례 이사를 다녔고 중년이 될 무렵 가족은 경기도 광주로 이사를 했지만 그는 탑골 뒷골목의 오두막집에서 혼자 지냈다.

앞에서 말한 문사들을 북학파라고 불렀는데 그는 이들과 함께 주자학을 비판하고 청나라의 과학과 문물을 이야기하다가 때가 되어 쌀이 있으면 밥을 지어 격식 없이 함께 먹었고, 게다가 막걸리라도 있으면 더욱 흥이 났다. 이러한 모습은 "선비들이나 쫓아다녔다"고 말한 대목을 연상시킨다. 그는 서른네 살에 초시에 수석으로 합격한 뒤, 벗들의 강권으로 회시의 시험장에 들어갔다가 일부러 시험지를 내지 않았다고도 한다.

그의 겉모습 또한 가관이었다. 옷은 너덜너덜하고 옷고름은 풀어헤치고 갓은 아무렇게나 뒤집어썼다. 그 자신이 스스로를 평하기를 "광달하기는 장자 같고, 불공하기는 유하혜 같고, 술 마시기는 유령 같고, 저술하기는 양웅 같고, 스스로 견주기는 제갈량 같다"고 했다(《연암집》).

그의 저서 중에 《열하일기熱河日記》가 있다. 이 책은 당시에 풍미하던 존명배청의 풍조, 소중화 의식, 북벌론 등의 허구를 여지없이 깔아뭉개고 풍자했으며, 청나라의 좋은 점을 배우자고 역설했다. 한 대목을 보면 "의복이 명나라 것과 닮았다고 자랑하지만 그것은 상복이 아니냐? 머리를 깎지 않는다고 자랑하지만 상투는 남쪽 오랑캐의 풍속과 같지 않느냐? 티끌만큼도 그들(청나라)보다 낫지 않으면서 상투 하나 가지고 잘난 체하다니……"라고 당시의 잘못된 생각들을 매도했다.

그의 행적을 미루어 볼 때 《열하일기》는 연암 골짜기에서 쓴 것으로 보인다. 그 무렵에 중국에 다녀왔기 때문이다. 특히 《열하일기》에 담긴 〈호질문虎叱文〉과 〈허생전許生傳〉은 풍자문학의 극치를 이룬 작품이다. 〈호질문〉에서 그는 북곽 선생이라는 위선에 가득 찬 학자를 풍자했다. 북곽 선생은 과부와 간통을 했는데, 과부의 아들들이 그를 여우가 둔갑한 것이라 해 여우를 잡아 돈을 벌자고 하자 도망치다 똥통에 빠졌다. 겨우 기어 나오니 호랑이가 도사리고 있어 애걸복걸 살려달라고 하자 호랑이는 한참 꾸지람을 늘어놓다가 선비는 속이 썩었으므로 먹지 않겠다고 하면서 가버린다.

〈허생전〉에서는 매점매석으로 큰돈을 번 허생이 그에게 벼슬을 권하러 온 어영대장 이완에게 세 가지 조건을 내세운다. 제갈량 같은 인재를 천거할 테니 임금(효종)에게 여쭈어 삼고초려할 것, 명의 망명 정객에게 국혼國婚을 주고 대신들의 집을 징발해줄 것, 명문의 자제들을 뽑아 머리를 깎고 되놈 옷을 입혀 유학생이나 상인으로 청나라에 보내 간첩의 사명을 완수하게 할 것 등이다.

당시 조정에서 도무지 인재를 찾으려 하지 않고 불공평하게 등용하는 것을 비꼰 것이다. 그리고 몇몇 세도가에게 계속해서 국혼을 주느니 차라

리 '대국'이라고 섬기는 명나라의 정객에게 국혼을 주라고 빈정거렸으며, 오랑캐라고 멸시하면서도 청나라에 왕실과 조정 신하의 딸들을 징발당하는 모순된 현실을 풍자했다.

또한 청나라를 치자고 외치면서도 과감히 그들 속에 뛰어들어 실정을 파악하려 들지 않는 뻔뻔한 북벌론자들을 매도한 것이다. 물론 이완은 세 가지 중 하나도 실천하지 못하겠다고 말했다. 허생은 그제야 일어서서 그를 크게 꾸짖고 칼을 찾아 찌르려 했다. 이완은 소스라치게 놀라, 들창을 박차고 뛰어나가 한달음에 도망쳤다.

《열하일기》는 청나라 문물을 소개하는 기행문의 형식을 빌렸으나 자신의 창작품을 필요한 대목에 포함시켰다. 그런 탓인지 이 책은 사람들의 입에 오르내려 모든 선비들이 다투어 읽었다. 그러나 인세 한 푼 들어오지 않을 때였으니 이러한 작품들이 읽히거나 말거나 그의 가난은 이루 말할 수 없었다. 박지원은 선배 홍대용에게 이렇게 편지를 썼다.

제가 한 언덕과 한 골짜기를 일군 지 9년이 되었습니다. 풍찬노숙 끝에 헛되이 두 주먹만 쥐었습니다. 마음은 피로하고 재주가 졸렬해 아두것도 이룬 것이 없습니다.

그러면서도 이 생활을 바꾸려는 생각은 없다고 했다.

● 살아 있는 지식인의 역할을 역설하다

비록 스스로 생산하지 않는 사람은 먹지 말라고 외쳤지만, 글이나 읽는 선비가 농사를 짓기에는 너무나 조건이 맞지 않았다. 이때 그는 선비는 선비로서의 할 일이 따로 있다고 깨달았다. 이리하여 박지원은 쉰 살의 나이에 걸맞지 않게 아주 하찮은 벼슬을 받았다. 이어 현감·부사 같은 원 노릇도 하게 되어 가난을 조금 면했다.

그러나 그에게 시련이 그친 것은 아니었다. 1792년 그에게 큰 비난이 쏟아졌다. 그가 쓴 《열하일기》와 소설들이 문체반정운동에 걸린 것이다. 고루한 선비들은 그의 비속한 말, 저속한 표현 그리고 현실에 대한 신랄한 풍자와 비평을 역겨워했고, 그의 문체가 젊고 기예한 선비들의 문장 표본이 되어가는 것을 참지 못했다. 그리하여 임금을 꼬드겨 박지원과 그를 추종하는 일파를 몰아내려 했다.

이에 정조는 그의 글을 읽고 무척이나 못마땅해하면서 반성의 글을 쓰라고 했다. 박지원은 굽힐 수밖에 없었다. 늙어서였을까? 정조는 다시 지어 올린 글을 보고 이맛살을 찌푸리며 만족스러워하지 않았지만 그냥 덮어두게 했다.

1799년, 면천군수가 된 지 2년 뒤에 올린 농서農書 앞머리에서 그는 이렇게 말하고 있다.

소임을 맡은 이래로 농사에 관해 수령이 해야 할 칠사七事의 경책警策을 섭렵하지 않음은 아니나, 못나고 게을러서 끝내 입으로 지껄이고 귀로 들은 학學이 되어 서로 맞아떨어지지 못하고, 습속習俗이 안이한 탓으로 쉽게 고치지도 못해 옛 습관에 따라 다만 권농했을 뿐입니다. 다음 쓸 이야기 중에 한두 가지는 아직 시험해보지 못했습니다. 이 때문에 직분을 얻은 지 몇 년이 되었으나 민사民社(백성의 생업)의 수무首務(농사)가 제대로 성행하지 못했습니다. …… 이로 인해 밤낮 걱정했으나 진실로 시위소찬尸位素餐하여 죄를 벗어날 수 없겠습니다.

《연암집》〈진과농소초문〉

이 문맥에서 그가 수령으로서 제일의 임무인 '권농'에 대해 노심초사했고, 실제로 자기의 방법을 농민들에게 실험했음을 알 수 있다. 비록 겸손한 표현을 썼으나, 《과농소초課農小抄》에서는 우리나라와 중국의 농업 관계에 대한 옛 의견을 기록하고, 자신이 직접 겪고 본 것을 제시했다. 그리고 국가정책으로 밀고나갈 것을 요구했다.

파란이 겹친 생애였으나 우리는 그의 삶에서 어떤 시사를 얻게 된다. 현실의 부조리와 모순에 몸을 내던지며 광인처럼 살았고, 내면에서 꿈틀대는 고뇌를 삭이며 산, 양심 있는 지식인의 모습을 본다. 어떤 사정으로든 벼슬자리에 나갔으나 수탈하는 수령, 무사안일에 빠진 목민관이 아니라, 평소 그의 꿈의 일부를 펴보려 한 것이다. 그러나 그의 꿈은 국가제도와 묵은 습관 때문에 쉽게 실현되지 못했고, 여러 가지 현실적 제약도 받았다. 이런 삶의 모습과 현실인식은 그의 많은 저술에서도 여실히 나타나고 있다.

1798년(정조 22) 정조는 수령들과 선비들에게 농업정책에 대해 각자 의견을 내라고 했다. 토지제도가 문란해 국가재정과 농민의 생활이 극도로 악화되어 새로운 전기를 마련해야 했기 때문이다. 이에 박지원은 앞에서

든 것처럼 이듬해에 이에 대한 의견(《과농소초》)을 냈는데, 이것이 얼마만큼 조정에 반영되었는지는 알 수 없다.《과농소초》에 대한 언급은 당시 자료에는 없으며 정조가 보았다는 기록 역시 없다(김용섭,《조선후기농업사연구 I》,〈18세기 농촌 지식인의 농업관〉).

그러나 여기서 박지원은 농업 전반에 대한 정책을 건의하면서 그 개혁의 중심을 '토지겸병'에 두고 있었다.《과농소초》중〈한민명전의限民名田議〉항목에서 "농사꾼들이 하는 말로, 1년 내 부지런히 농사지어도 소금 값도 안 된다"는 말이 있다고 지적하고, 이들에게 아무리 농사짓는 법을 잘 일러주고 부지런히 농사지으라고 한들 아무 실효가 없을 것이라고 말했다.

땅을 가진 자영농이 열에 한둘도 되지 않는데, 그들마저도 뼈 빠지게 농사를 지어야 겨우 먹고살 정도라 했다. 그런데 이들은 조세를 바치고 지대를 내고 농비를 부담해야 한다. 그러다가 가정에 큰 일이 있거나 흉년이 들거나 하면 유리걸식할 수밖에 없다고 했다. 박지원은 이런 참담한 농민의 생활은 우선 토지겸병에 원인이 있다며 이렇게 지적했다.

저 겸병하는 호부豪富들은 가난한 농민의 땅을 강제로 사들인 것이 아니라 하루아침에 모두 차지하게 된 것이다. 부유하고 강한 자산에 의지해 가만히 앉아 있기만 하면, 온 동네의 땅을 팔기를 원하는 자들이 스스로 토지 문서를 가지고 부잣집 문 앞으로 몰려온다. 입고 먹는 것 말고도 길흉대사가 없을 수 없기 때문이요, 혹 빚 독촉에 압박을 받거나 혹 모리牟利와 미납된 세금에 쪼들리고 쪼들려서 어떻게 해볼 방도가 없을 적에 땅을 팔 수밖에 없다.……

결국 토지의 겸병이 확대되어 빈부의 격차가 심하게 됨을 말한 것이다. 그리고 이렇게 말했다.

내가 어떤 사람의 집안 몇 세대를 보니, 할아버지·아버지의 땅을 잘 지켜 팔지 않고 남에게 준 것이 열에 다섯이요, 해마다 땅을 떼어준 것이 역시 일곱 여덟인데도(소작 또는 자식들에게 갈라주는 상속 따위로) 그 땅이 하나도 줄지 않고 있으니, 그들이 이익을 독점해 더욱 점유하고 있음을 알 수 있다.

이것은 한번 일정한 대토지를 점유하면 그 이익으로 더 많은 토지를 확대 점유하는 현실을 지적한 것이다. 그러므로 이에 대한 대책으로 국가제도를 바꾸어, 토지 점유에 제한을 가해야 한다는 것이다. 한 가구가 일정한 토지 이상을 소유하지 못하게 하고, 혹 부호들이 숨겨 기록할 적에는 이를 적발해 몰수해야 한다고 했다.

따라서 "토지의 제한이 있은 뒤에야 토지의 겸병이 그치고, 토지의 겸병이 그친 뒤에 산업이 고르게 발달하게 되고, 산업이 고르게 발달한 뒤 농민이 모두 토지에 안착해 땅을 갈 수 있어야 부지런함이 나타나게 되고, 부지런함이 나타난 뒤에야 농사를 권장할 수 있고 농민을 가르칠 수 있다"고 결론지었다.

아무리 권농을 한들 농토가 없고 농사를 지어도 살 수 없을 적에는 실효가 없다는 것이다. 여기에 토지 겸병을 막아 빈부의 격차를 제도로 보장해야 하고, 이외 국가의 조세, 벼슬아치의 수탈을 막아야 한다는 것이다. 그는 구체적인 통계를 제시하면서 토지 개혁을 도모했고, 이것이 이루어지지 않으면 나라를 어지럽히는 무리가 끊이지 않고 도둑이 계속 일어날 것이라고 경고했다.

그러나 이런 개혁책과 경고는 고루한 벼슬아치와 독점적 특권을 누리던 양반 지배층의 완강한 반대로 시행될 수 없었다. 그리고 곧이어 18세기 초기 민중의 전면적 봉기를 맞게 된다.

그러면 특권지배층인 양반을 정점으로 하는 사회 신분제에 대한 그의 견해는 어떠했는가? 실제 봉건 왕조는 토지제도와 신분제도는 불가분의 관계에 놓여 있다. 다시 말해 신분제적 특권은 토지 등 경제적 부를 누리는 지름길이 되기 때문이다.

박지원은 이런 점에서 양반을 여지없이 매도했다. 그는 〈양반전兩班傳〉에서 양반을 한 마리 좀으로 단정하고 아무 쓸모없는 인물로 묘사했다. 양반을 위선에 가득 찬 인물로 그리면서, 근면한 산업 활동을 통해 부를 축적한 사람은 이 따위 양반은 되지 않는다고 말한 것이다.

그도 양반 신분이었으나 선비를 자처하면서 선비의 소임을 말했다. 직접 생산 활동에 참여하는 것보다 실제 경험에 의해 생산계층을 지도하고 이끌 임무가 결국 지식인에게 주어졌음을 알게 된 것이다. 다만 '선비'의 지식이 산지식이어야 함을 강조했다.

〈양반전〉에서 그는 "글을 읽으면 선비라 하고, 선비가 벼슬자리에 나가면 대부가 된다"고 했다. 글을 읽어서 아랫자리의 농사꾼, 장이, 장사치들을 이끄는 것이 선비의 소임이긴 하지만, 벼슬을 해 나라와 사회의 일에 참여할 수도 있으므로 신분상으로는 양반에 속하기도 한다. 이에 대해 이우성은 이렇게 지적했다.

사는 농·공·상과 더불어 사민의 하나라고 했지만, 사대부로서의 지위는 농·공·상과 동렬의 것이 아니다. 기실 사는 농·공·상에 대한 지배계급이다. 적어도 이조 초기에 있어서는 이것이 하나의 체제로서 보장되었다. 비교적 공평한 과거의 선발시험을 통해서 능력이 있는 대로 정치에 참여할 수 있는 기회가 일반 사대부에게 균등하게 주어져 있었기 때문이다.

《한국의 역사상》〈실학연구서실〉

박지원은 독서하고 계몽하는 역할의 선비에 초점을 맞추고 있었던 것으로 보인다.

무릇 선비는 아래로는 농·공·상에, 위로는 왕공王公에 벗할 수 있으니, 지위로 말하면 등급이 없는 것이요 덕으로 말하면 아름다운 일이다. 한 선비가 글을 읽어 덕택을 온 천하에 미치게 하면, 공적이 만세에 드리우게 된다.

《연암집》〈원사〉

그러고는 당시 선비의 폐습을 이렇게 말했다.

선비는 성명性命을 고담高談하면서 경국제세를 빠뜨리거나 부질없이 문장이나 숭상하면서 바른 정치는 베풀 줄 모른다.

이어 선비의 구체적 소임을 이렇게 밝혔다.

사의 학은 실로 농·공·상의 이치를 포괄한다. 이 세 가지 업은 반드시 사를 기다린 뒤에야 이루어지게 되는데, 무릇 농사를 밝히고 상업을 통

하게 하고 공을 베풀게 하는 것이다. ……생각하건대 후세에 농·공·상
이 업을 잃게 된 것은 곧 사가 실학이 없었던 잘못에서 말미암은 것이다.

《과농소초》〈제가총론諸家總論〉

● 문학을 통해 신분제 철폐를 주장하다

그가 도덕군자라고 자처하는 허위에 찬 북곽 선생을 여지없이 능멸하고(
〈호질문〉), 허생 같은 실질의 인물을 높이 쳤던 것(〈허생전〉)은 이런 그의 견해
의 일단을 나타낸 것이다.

성명이나 외쳐대며 공리공담에 빠져 있는 성리학자들을 아무 쓸모없는
인물로, 실질 있는 학문으로 민중의 문제에 파고드는 실학을 삶의 이념으
로 내세웠다. 그는 '사'의 역할을 유형원보다 더욱 구체화시켰다. 그러기
에 소설을 통해 농사꾼, 장사치, 장이들을 부각시켰고, 불우하고 찌든 인
물들을 주인공으로 삼아 신분제적 질서를 비꼬았던 것이다.

〈마장전馬駔傳〉에서는 비렁뱅이로 떠돌며 저자에서 광인처럼 노래 부르
고 다니는 세 사람을 등장시켜 참된 우도友道를 논하게 했다. 당시 덕 있는 군
자인 척, 교양 있는 양반인 척 거들먹거리며 권세나 낚고, 명예나 움켜쥐고,
이익이나 차지하려는 위선자의 모습을 이들을 통해 마음껏 풍자한 것이다.

〈예덕선생전穢德先生傳〉에서는 똥을 쳐 서울 근교의 채소밭에 나르는 노
동자를 등장시켰다. 엄행수는 비록 똥을 치지만 건실한 생활태도와 성실
함은 곧 가장 훌륭한 삶의 구현자임을 찬양하고 참된 친구가 될 것이라고

말하면서, 그 덕을 높이 사서 '예덕'이라 한 것이다. 손 하나 까딱 않고 덕 있는 체하는 양반을 꾸짖은 것이다.

〈민옹전閔翁傳〉에서는 민옹이라는 영특하고 슬기로운 무관 출신의 기인을 등장시키고 있다. 당시 무반을 깔보고 문반을 위주로 하는 관인사회에 대한 풍자, 특히 놀고먹는 양반을 메뚜기로 비유하는 필치를 보이고 있다.

〈광문자전廣文者傳〉에서는 거지 출신의 광문이라는 사람을 등장시켜, 그의 성실과 정직과 능력을 말하면서 이런 표본적 인간이 인간 대접을 못 받는 사회를 꾸짖고 있다.

〈김신선전金神仙傳〉에서는 신선이 되어 세상을 피해 사는 인물을 통해 불우한 인사가 사회를 등지고 사는 분위기를 그리고 있다.

〈열녀함양박씨전烈女咸陽朴氏傳〉에서는 남편을 따라 죽은 열녀의 이야기를 통해, 당시의 열녀를 강요한 사회 모습을 그리고 있다.

새파란 나이에 혼자되어 오래 세상을 살아가자면, 길이 친척들의 가엾이 여기는 바가 되고, 이웃사람들의 못된 억측에서 벗어나지 못할 것이며, 얼른 이 몸이 없어지는 것만 같지 못하다고 생각했으리라.

그는 이렇게 말하면서 성욕에 몸부림치며 그것을 억제하기 위해 가엾은 노력을 하는 늙은 과부의 이야기를 앞에 기록해 수절의 강요를 풍자했다.

이렇듯 그의 작품의 소재는 하층민의 문제이다. 곧 신분제도의 철폐를 우회적인 수법으로 주장한 것이다. 그리고 양반지배층이 아무 쓸모없는 유식배遊食輩임을 강조하고, '사'의 소임이 신분제적 특권이 아닌 민중을 이끌고 계도하는 것임을 내세우고 있다.

그는 양반의 곁가지인 서얼의 금고에 대해서도 그 부당함을 말하고 있다. 〈의청소통소擬請疏通疏〉앞에는 "하늘이 재주를 내릴 적에 신분에 따라 달리한 것이 아니다"라고 말하며 "우리나라에서 서얼을 폐고廢錮한 지 3백여 년이 되었는데, 크게 어그러진 정사가 이보다 지나친 것이 없었다"고 했다.

이것은 인간에게 있어 기회의 균등을 말한 것이요, 모든 정사 중에 서얼 금고가 가장 잘못된 법임을 말한 것이다. 그리고 부계를 중시하는 것이 문벌인데도, 서얼에 있어서만은 모계 위주로 따지고 있는 것은 크나큰 모순이라 했다. 여기서 그는 여러 가지 사례를 들어 부당함을 지적했다. 이 밖에도 노비계층을 동정했고 무사계층을 옹호했다.

그러나 토지제와 신분제에 있어 그의 견해에 관해 두어 가지 한계를 지적하지 않을 수 없다.

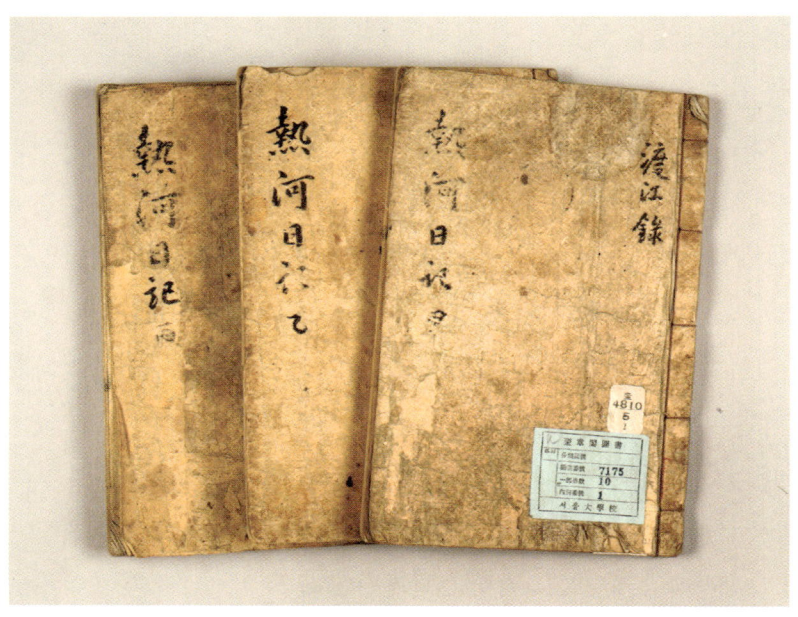

《열하일기》 청나라 문물을 소개하는 기행문 형식의 이 글은 당대 베스트셀러였으나, 비속어를 많이 써서 논란을 빚기도 했다.

첫째, 토지제에서 겸병과 독점을 막아야 한다고 했으나, 국가소유의 토지, 곧 궁방전宮房田(왕자나 공주에게 딸린 토지)이나 공방전公房田(관아에 딸린 토지) 등에 관해서는 지적한 것이 없다. 그리고 대토지 소유의 하나였던 사전寺田(절 소유의 토지)에 대한 언급도 전혀 없다.

둘째, 신분제에 있어 노비문제에 대한 정확한 진단이 결여되어 있었다. 노비문제야말로 양반 특권을 배제하고 국가의 재정과 군역에 있어 가장 당면한 중요과제였음을 생각할 필요가 있을 것이다.

우리나라는 전통적으로 농업중심사회였다. 역대로 국가에서 농업을 가장 장려했고 농업 생산품이 바로 국가의 부가 되고 재정의 중심이 되었다. 이 때문에 농업을 권장하는 왕의 윤음綸音이 때마다 반포되었고, 수령들이 해야 할 칠사 중에 농상農桑이 첫 자리를 차지했다. 그야말로 '농자천하지대본'이라는 의식이 모든 사람들에게 짙게 깔려 있었다. 농사의 수확은 토지에 따라 한정되었던 탓으로, 조정이나 목민관은 언제나 검약을 내세웠다.

특히 18세기 중농주의를 제창한 경세치용학파經世致用學派에 속하는 실학자, 그 중에서도 성호 이익은 부국강병과 민생의 윤택을 위해서 검약을 제일의 방법으로 내세웠다. 그는 하루 한 끼를 먹고 견뎌야 한다고까지 주장했다. 따라서 농업중심사상은 상공업을 말리末利로 보아 천시했다. 이것은 중국에서도 그러했지만 우리나라가 더욱 심했다.

그러나 이용후생학파利用厚生學派에 속하는 실학자, 그 중에서도 박지원, 박제가는 상업과 공업의 발달이 있어야 부국과 민부民富가 이룩된다고 주장했다. 곧 명농明農·통상通商·혜공惠工으로 균형 있는 발전이 있어야 한다고 본 것이다. 이 주장을 '이용후생'이라 했는데, 사물을 잘 써서[利用] 삶을 풍요하게[厚生] 한다는 것이다. 그렇다고 농업을 경시하는 것은 아니다. 농업을 기초로 해 유통과 교역, 기술 개발이 뒷받침되어야 한다는 것이다. 이것에 대해 이우성은 이렇게 쓰고 있다.

농업주의 운운해……농민의 생활은 경전이식耕田而食하고 직포이의織布而衣하면 될 뿐이며, 화폐의 유통조차 필요하지 않다고 생각할 정도였다. 이에 반해 상인·수공업자들은 이윤의 추구와 아울러 더욱 자기 신장을 요구하고 있었으며, 또한 그것은 너무나 당연한 것이었다. 진작 그것을 이해하고 지지한 것이 연암 그룹이었다. 연암 그룹은 평소 그들의 견해도 그러했거니와 중국여행을 통해 당시 중국인의 물질생활, 특히 부유한 생활수준과 조리 있는 생활양식을 목격한 후에 더욱 각성된 바가 많았던 것이다.
《한국의 역사상》〈실학파의 문학과 사회관〉

● 북학파의 대표적 문사

상공업세력은 17세기 후반부터 국가의 지원 없이 독자적으로 크게 신장했다. 다만 정조의 통공通共정책이 실행되어 상인과 장인의 활동을 넓혀 주었을 뿐이다. 그들은 지역 간의 교역, 시장경제의 확대, 가내수공업에서 상품수공업으로의 전환을 도모했다. 이것은 특산물의 교환이나 특정지역에 모자라는 상품을 공급하는 효용성이 있었던 탓이다. 이런 현실 조건을 박지원 일파는 민감하게 파악하고, 도시적 분위기 속에서 사무역私貿易과

사공업私工業을 주장한 것이다.

그리고 청나라에 왕래하면서 실질적인 생활태도와 산업규모를 목격하고 그것을 배워야 한다고 역설했다. 당시 조정에서는 존명배청의 정책을 내걸어 의례적으로만 청나라에 굽실거렸고, 내면으로는 오랑캐라고 얕보아 그들의 문물을 배우려 하지 않았다. 이에 박지원 일파는 이런 조정의 정책에 반대해 청의 문물을 도입해야 한다는 이론을 편 것이다.

이들은 이러한 주장을 책으로 펴냈다. 홍대용의 《담헌설총湛軒說叢》, 박지원의 《열하일기》, 박제가의 《북학의北學議》 등이 그것이다. 그래서 이들을 북학파라고 불렀다. 부르기는 달리했을지언정 그 뜻에 있어서는 '이용후생'이나 '북학'이 같다.

박지원의 생에 있어서 후반기는 현실참여를 통해 개혁을 이룩하려는 의지가 짙게 깔려 있었다. 그는 쉰 살이 넘어 벼슬살이에 나와 마지막으로 양양부사를 지냈다. 양양부사로 1년도 채 복무하지 못하고 건강이 악화되어 사직했다. 몸은 비대했고 눈은 사물을 볼 수 없을 정도였다.

그는 김씨 문벌정치 아래의 벼슬자리에 있으면서 자신의 개혁사상을 제대로 반영할 수 없었을 뿐만 아니라 바쁜 벼슬살이에서 그의 사상적 체계를 발전시키지도 못했다. 그리하여 만년에는 붓끝이 흐려져 있어서 개량적·타협적 수준에 머물렀다는 평가를 받는다. 그렇지만 여러모로 따져 박지원을 북학파의 대표적인 문사 또는 실학사상가로 꼽고 있다.

그의 묘소는 장단의 송서면 대세현 언덕바지에 있었으나 현재 북한 땅이어서 그 형편을 제대로 알 길이 없다.

06

정약용

다산학을 이룬 목민철학의 기수

그의 빛나는 업적은 대부분 유배지에서 이루어졌다. 만약 정약용에게 유배생활이 없었다면
이런 역사적 저술이 나왔을까? 비록 파란이 겹친 삶이였지만 저술을 통해 역사에 이름을
남기고 평탄하게 생애를 마쳤다는 점에서 그는 행운을 얻은 인물이다.

● 정조의 두터운 신임을 받다

1801년(순조 1) 천주교 신자들이 모진 탄압을 받고 있을 때였다. 다산茶山 정약용丁若鏞(1762~1836)의 형제들도 끌려가 몽둥이찜질을 받았다. 특히 형 약전과 약종이 주요 인물로 지목되어 그에게 집중적으로 심문을 퍼부었다. 형관刑官들은 오고간 편지에 나타난 괴수가 형 약종이 아니냐고 물었다. 참으로 난감한 일이었다. 이에 대해 그는 이렇게 대답했다.

> 당상堂上(당시의 심문 담당관)이 그 편지를 보았다면 알 것이 아니오? 위로는 임금을 속일 수 없고 아래로는 형을 증언할 수 없소이다. 나는 오늘 죽음이 있을 뿐이오. …… 동생으로서 형을 증언할 수는 없소.
>
> 《추안급국안推案及鞫案》 정조년조

위증을 하면 임금을 속여서 불충이 되고 사실대로 말하면 형을 고발하는 불륜이 되는 것이다. 이 말을 두고 세상 사람들은 불충불륜에서 벗어나지도 않고 결코 거짓도 아닌 명답이라고 칭송해 마지않았다.

형 약종이 죽고 매부 이승훈도 죽었으나 그는 살아남아 강진에서 18년 동안 귀양살이를 했다. 오랜 귀양살이 중에《목민심서》,《경세유표經世遺表》,《흠흠신서欽欽新書》등 많은 저술을 남겨 이 땅의 첫손 꼽히는 개혁사상가가 되었다.

북한강과 남한강이 갈라지는 양수리 위쪽 마재는 정씨들의 세거지였다. 이 마을 목사의 막내아들이 바로 우리의 위대한 스승이요 세계적인 학자인 정약용이다. 정약용이 태어날 즈음에는 비교적 나라가 평온했다. 비록 때때로 흉년이 들고 역질이 돌았지만 영조의 탕평책으로 당쟁이 그리 심하지 않았고 외침도 별로 없었다.

이런 시대에 태어났으니 그의 생애가 평탄했을 법도 하고 또 뛰어난 재주와 인품을 지녔으니 출셋길이 탄탄했을 법도 했다. 그러나 세상일은 점칠 수 없는 법이다. 상식과는 엉뚱한 방향으로 흘러갔다. 그는 세 형들 밑에서 여러 지식을 넓혔고 좀 더 자라서는 강 건너 양평에 사는 권철신에게 가서 학문을 익혔다.

그리고 광주에 사는 이가환에게서 학문의 깊이를 다지기도 했다. 권철신이나 이가환은 모두 당시의 쟁쟁한 실학자들이었고 성호 이익의 제자들이었다. 정약용은 이들에게서 성호학星湖學에 접근해 이익의 실학적 사상을 사숙하기 시작했다. 정약용의 실학정신은 이익을 사숙함으로써 단초를 열어가게 되었다.

소년시절에는 아버지 정재원이 지방수령으로 다니자 아버지를 따라 진주지방에서 살기도 했는데, 이때부터 지방행정을 몸소 겪었다. 스무 살 때 과거에 합격해 성균관의 유생이 되었다. 정조는 성균관의 유생들에게 늘 시험을 보였는데 이때 그에게 《중용》을 내려주고 이를 강의하게 했다. 정약용은 임금 앞에서 막힘없이 강의했고 정조는 크게 감탄했다. 호학의 군주 정조는 이때 정약용을 앞으로 중용하리라고 마음먹었다.

다음해에 그는 형수의 초상을 치르고 한강에서 배를 타고 서울로 들어오면서 이벽에게서 처음으로 서학에 관한 말과 서양의 과학지식에 대한 설명을 들었다. 그는 수표교 옆에 사는 이벽의 집에서 많은 서양서적을 접하고 상당한 과학지식을 쌓기도 했다.

정약용은 1789년(정조 13) 마침내 알성시에 급제해 첫 벼슬길에 나섰다. 그는 사헌부 지평, 사간원 정언 등의 언관이 되어 임금에게 여러 정책을 상주하고 간언을 하는 소임을 맡았다. 정조는 젊고 재기발랄한 정약용을 측근에 두고 어려운 일이 있을 때마다 자문을 구했다.

정조는 원통하게 죽은 아버지(사도세자)를 찾아 매년 몇 차례에 걸쳐 수원의 능행길에 올랐는데 이때 한강에는 배다리가 놓였다. 정약용은 이 배다리 설치를 맡게 되었고 이 일을 훌륭히 해냈다. 이어 사도세자를 기리기 위해 수원성을 쌓을 적에 설계도와 기구를 만드는 일 또한 그가 맡았다.

거중기 1792년 도르래의 원리를 이용해 만든 물건을 들어 올리는 기구.

그는 일꾼들이 무거운 돌을 힘겹게 지고 올리는 것을 보고 기구의 발명에 골몰했다. 또한 기하학적 방법으로 성의 거리, 높이 따위를 측량해 가장 튼튼하고 단단한 성을 쌓기 위해 연구했다. 마침내 그는 거중기와 활차滑車(도르래), 고륜鼓輪(바퀴달린 달구지) 따위를 발명해 성의 역사에 써먹었다.

정조는 성을 둘러보고 감탄하며 이렇게 말했다.

"거중기를 써서 돈 4만 냥을 절약했구나."

이때부터 그에 대한 정조의 신임은 움직일 수 없게 되었다. 그를 암행어사로 보내기도 하고, 규장각 학사나 승지 등을 맡기면서 늘 옆에 두었다. 이때 전해지는 말로는 정조는 영의정인 채제공의 뒤를 이을 인물로 장년층의 이가환, 청년층의 정약용을 꼽고 있었다고 한다. 참으로 그 임금에 그 신하가 만난 것이리라.

● 천주교 신자로 지목되다

그러나 그의 탄탄한 앞길을 가로막는 세력들이 있었다. 1791년은 정약용이 정조를 만난 지 9년째로 접어든 해였다. 진산의 천주교도 윤지충이 부모의 제사를 지내지 않은 사실이 탄로나 서학에 대한 옥사가 일어났다. 목만중, 이기경 등이 이 기회를 이용해 서학의 강독에 참석하고 서학을 받드는 이가환, 이승훈, 정약용 등을 몰아 잡으려 했다. 정약용이 벼슬길에 발을 들여놓은 후 첫 번째 맞는 시련이었다.

그는 문초를 받을 때 서학의 책을 읽었음을 솔직히 시인했으나, 서학을 믿지 않았음을 밝혔다. 정약용은 무사했지만 그를 몰아내려던 이기경이 도리어 경원으로 귀양을 가게 되었다. 이럴 즈음 아버지가 죽어 그는 벼슬 자리에서 물러나 3년의 복상을 치렀다. 그리고 조정에 나와 참의의 벼슬에 있었다. 그런데 새로운 사단이 일어났다.

1794년에 청나라 신부 주문모가 잠입해 포교활동을 벌이자, 목만중은 또다시 정약용 일파를 걸고 들었다. 두 번째 시련인 셈이다. 정조는 반대파를 완전히 꺾어 누를 수 없음을 알고 정약용을 금정찰방金井察訪이라는 한직으로 내보냈다. 그는 천주교도가 많은 홍주 아래 한 고을의 찰방으로 가서, 천주교도들을 잘 효유해 조정의 금령을 어기지 말고 제사를 잘 받들라고 권고했다. 몇 달 뒤 그는 다시 임금 옆으로 불려와 승지의 벼슬을 받았다.

이 무렵 정조는 백성의 수탈을 일삼는 관리의 부정을 막으려 무척 고심하고 있었다. 그래서 수령들에게 그 방책을 올리게 했다. 이때 정조는 자신이 가장 신임하는 신하 정약용을 곡산부사로 보냈다. 곡산은 민란이 자주 일어나는 고을이었다. 그는 부임 이후 조세와 부역을 공평히 하고 옥사를 너그럽게 다스렸다. 명 목민관으로 이름을 처음 떨치게 되었다.

정조는 특히 그에게 황해도 일대 수령들의 부정과 선정을 가려 올리라는 밀지를 내리기도 했다. 그는 이러한 임무를 훌륭하게 수행했다. 정조는 또다시 그에게 승지, 형조참의 등을 주어 곁에 있게 했다. 그러나 그가 외직에 있는 동안에도 그에 대한 모략은 끊이지 않았다.

이 무렵 목만중, 이기경 일파의 사주를 받은 조화진이 "이가환, 정약용 등이 서학을 받들면서 역적을 모의한다"는 상변서를 올렸다. 정약용은 더 이상 반대파들의 모략을 견디기 어려워 고향 집으로 돌아왔다. 이것이 바로 정약용의 마지막 벼슬길이었다.

어느 여름날 밤, 정약용이 달을 마주하고 앉았을 적에 사립문 두드리는 소리에 귀를 기울였다. 임금이 보낸 심부름꾼이 한서선漢書選 열 책을 내밀었다.

"다섯 권은 집 안에 보관하시고, 다섯 권은 제목을 써서 올리라는 성상의 당부이옵니다."

정약용은 임금의 선물을 받고 감격해 눈물을 흘렸다. 그러나 보름이 지나서 정조의 승하 소식을 들었다. 이제 용은 물을 잃었고 매는 죽지가 부러진 셈이다. 결국 정조와 어우러져 뒤뚱거리는 왕국을 바로잡아보려는 그의 꿈이 좌절된 것이다.

● 넓은 도량으로 사람을 대하다

그의 성격을 한번 살펴보자. 천재가 흔히 갖기 쉬운 결점은 속단과 경솔함이다. 한번 일을 추진할 적에는 재빠르지만 일이 막히면 나락으로 떨어지는 경우가 많다. 그리고 천재는 다른 사람을 너그럽게 봐주지 않고 지나치게 잘난 체하는 결점을 지니고 있기도 하다.

정약용은 분명 천재였다. 그런데도 그에게서는 이러한 결점들이 나타나지 않는다. 그는 자부심이 강하고 자존에 차 있었지만 결코 싸움에 끼어들거나 남을 비난하지 않았다.

그는 당쟁에 빠지지 않았다. 비록 남인의 가계에서 태어났지만, 그의 조상이 당쟁의 중심 인물이 되지 않았음을 자랑스러워했고, 아들에게도 그런 일에 가담하지 말 것을 당부하기도 했다. 그는 문벌·당색의 타파를 열렬히 주장했고 인재의 고른 등용을 역설했다. 시파로 지목된 자신을 몰아내려는 벽파에 대해서도 비난을 퍼붓지 않았다. 오히려 그들이 소외되었을 적에는 감싸주기도 했다.

그를 늘 못살게 굴던 이기경이 경원으로 유배되었을 적에 그의 동료들은 통쾌히 여겼다. 그러나 정약용은 "아니다. 우리의 재앙이 시작되는 조짐이다"라고 했다. 길게 내다본 판단이었다. 그리고 늘 이기경의 집에 찾아가 그의 가족들을 위로했다. 그뿐만 아니라 이기경의 어머니 상사에는 있는 돈을 다 털어 1천 냥이라는 많은 부조를 내기도 했다. 그리고 아무도 이기경을 상대하지 않자 그에게 남몰래 접근해 다정한 말을 나누기도 했다. 이것은 적을 동지로 만드는 정약용의 국량이요 지도자의 자질일 것이다.

그가 곡산부사로 부임할 무렵, 곡산의 민심이 흉흉해 민란의 조짐이 팽배해 있었다. 그때 곡산에는 이계심이라는 백성이 수령의 부정에 항의해 1천여 명을 데리고 관가에 들어와 따지고 들었다. 이에 관에서 잡아가두려고 하자 사람들은 이계심을 에워싸고 관에 대항하다가 달아났다. 정약용이 부임하는 길에 이계심이 길가에 엎드려 있다가 민막民瘼 10여 조목을 올렸다. 이에 수종들이 이계심을 잡아가두자고 청하자 그는 이렇게 말했다.

관이 모르는 것을 알려주었으니 관을 범한 것이 아니다. 이 같은 사람들은 오히려 관에서 천금으로 사들여야 마땅하다.

그는 이계심을 풀어주고 이계심의 민막 내용대로 문제를 해결했다. 적어도 한 고을의 민막은 말끔히 씻어주었다. 보통의 경우처럼 이계심을 징계했다면 어떻게 되었겠는가. 민란이 일어나고 수령인 정약용은 낙직했을 것이다. 이것은 물론 훌륭한 목민관의 면모이나, 달리 풀이를 하면 앞날을 내다보는 넓은 국량에서 나타난 것이라 말할 수 있다.

대체로 왕조시대의 목민관은 왕권을 대행한다. 따라서 목민관은 오늘날의 군수 같은 행정 책임자와는 권한이나 역할이 사뭇 달랐다. 목민관은 일반 행정 뿐만 아니라 군정軍政(부목府牧 이상)·조세·경찰·사법 일부까지도 왕을 대신해 집행했다. 그래서 수령은 부임하기에 앞서 농상을 잘 관리하고 호구를 늘리고 학교를 일으키고 군정을 잘 다스리며 부역을 고르게 하고 송사를 간략히 하고 부정부패를 없애는 등 수령들이 지켜야 할 칠사를 외워야 했다.

정약용이 곡산부에서 첫 번째 한 일은 면포를 바치는 사람이 보는 앞에서 직접 면포를 헤아려 받았다. 그리고 면포를 재는 자가 규격보다도 두 치나 긴 것을 알아내고 곧 규격에 맞는 치수로 고쳤다.

어느 해에는 곡산 면포 값이 뛰자 관전官錢 2천 냥을 내 값싼 평양 등지에서 면포를 사들여 공납하고, 사온 면포 값만 백성들에게서 거두어들였다. 백성들은 이때 집집마다 송아지 한 마리 값이 저절로 굴러들어왔다. 어찌 면포의 일만일까. 모든 잘못을 바로잡고 민산民産에 힘쓴 탓으로 곡산은 물산이 적은 고을인데도 3년 만에 백성의 살림살이가 윤택해지고 곡산 관아의 재정은 튼튼해졌다. 이것은 그의 목민철학을 위한 첫 실험이었다.

그는 누구를 비난하는 상소를 올린 적 없다. 다만 남들이 자신을 헐뜯으면 자명하는 상소를 올렸을 뿐이다. 이런 그의 성격 또는 처세방법은 18년이라는 긴 귀양살이에서도 여실히 나타나고 있다. 정조가 죽은 뒤 벽파들은 남인 시파를 신서파信西派로 몰아붙여 정약용의 집안은 거의 멸문의 지경에 이르렀다. 그가 비록 관인대도의 도량을 보였으나, 권모술수가 판을 치는 권력투쟁 앞에서는 한낱 쓸모없는 수단에 불과했다.

● 유배지에서 완성된 불후의 명저들

정조의 상을 치르고 집으로 돌아온 그는 당호를 여유당與猶堂이라 했다. 이것은 《도덕경道德經》의 한 대목인 "여與함이여, 겨울 냇물을 건너듯이, 유猶함이여, 너의 이웃을 두려워하듯이"라는 글귀에서 따온 것으로, 조심조심 세상을 살아가자는 것이다. 어쩌면 정약용은 이미 폭풍이 몰아칠 정치의 기상도를 알아냈는지도 모른다. 하지만 이런 조심스러움 또한 쓸모없는 처세술이 되고 말았다.

1801년 신유박해에서 셋째 형 약종은 옥사했고 그는 둘째 형 약전과 함께 기나긴 귀양살이를 떠났다. 반대파들은 그도 죽일 것을 모의했으나 일부 동료들의 노력으로 귀양에 그쳤다. 강진 일대에서 지낸 그의 귀양살이는 단조롭기 짝이 없었다. 그는 그곳 주변의 선비들과 어울려 차를 마시며 담소를 즐겼고, 경세학과 목민학의 정리에 골몰했다. 그러던서 결코 정치 이야기나 조정 이야기는 입 밖에 내지 않았다. 안동 김씨의 문벌정치가 굳어진 조정에서 언제 그에게 엉뚱한 굴레를 씌워 사약을 내릴지 모

여유당 남양주시에 있는 정약용 생가. 여유당이란 현판을 걸어 놓았다.

르는 상황이었다.

정약용은 이 지방 농민들의 참상을 날카롭게 관찰했다. 그리고 암담한 농민의 참상을 몸소 겪고 보았다. 관리의 부정, 조정의 부패와 무능, 민생의 간고艱苦 등을 시로 읊기도 하고 책으로 정리하기도 했다. 이렇게 해서 나온 것이 수령의 부정을 막기 위해 쓴《목민심서》, 치도의 방책을 제시한《경세유표》, 공정한 형벌을 위한《흠흠신서》그리고 나라를 살찌울 경제관계의 저술들이다. 특히《목민심서》는 자신이 곡산부사로 있던 때의 경험과 강진의 농촌현실을 겪으면서 쓴 것으로, 불후의 명저로 꼽힌다.

그가 강진에서 귀양살이를 하면서 본 농민의 생활은 부사로 있을 때에 바라보던 농민의 생활과 너무나 판이했다. 보는 감각도 달랐거니와 농촌의 사정 또한 곡산과 강진은 너무나 달랐다.

강진지방은 삼남의 쌀을 서울로 실어 나르는 조운의 중심지였고, 관리의 수탈이 가장 질기게 행해지던 곳이었다. 그러니 그의 고향 마재에서는 볼 수 없던 사정들이 여기서는 동구 거리만 걸어보아도 눈에 들어왔다. 그가 강진에 오기 전에 다음과 같은 기민시飢民詩를 쓴 적이 있다. 몇 구절을 살펴보면 다음과 같다.

마른 목은 길쭉해 따오기 모양이요
병든 살갗 주름져 닭살 같구나
우물은 있다마는 새벽 물 긷지 않고
땔감은 있다마는 저녁밥 짓지 못해

관가의 돈 궤짝 남이 볼까 쉬쉬하니
우리 굶게 한 건 이 때문이 아니더냐

관가 마구간에 살찐 저 말은
진실로 우리의 피와 살이네

송재소 옮김, 《다산시선》

이것은 백성의 굶주림과 관가의 부정을 고발한 것이다. 그러나 그리 강렬하지는 않다.

● 천주교 신자로 지목되다 농민의 참상을 시로 형상화하다

그가 강진에 있을 적에는 양물을 잘라낸 남편을 둔 지어미의 한탄을 〈애절양哀絶陽〉이라는 시제로 이렇게 노래했다.

> 달려가서 억울함을 호소하려 해도
> 범 같은 문지기 버티어 있고
> 이정里正이 호통해 단벌 소만 끌려갔네
>
> 남편 문득 칼을 갈아 방 안으로 뛰어들자
> 붉은 피 자리에 낭자하구나
> 스스로 한탄하네, '아이 낳은 죄로구나'
> 말·돼지 거세함도 가엾다 이르는데
> 하물며 뒤를 잇는 사람에 있어서랴

송재소 옮김, 《다산시선》

이는 죽은 시아버지와 갓난아이까지 군적에 올라 있는 것을 본 지아비는 그렇게 할 수밖에 없었다는 내용이다. 이런 현실이었다. 이것은 결코 허구가 아니었다. 이런 의식세계에서 산 정약용은 관리들을 이리와 승냥이로 빗대는 〈시랑豺狼〉이라는 시를 썼다. 여기서는 몇 구절만 인용해본다.

> 장독에는 소금 한 줌 남지 않고
> 뒤주에는 쌀 한 톨 없노라

큰 솥 작은 솥 다 앗아가고
숟가락 젓가락 다 훔쳐갔네

자식 이미 팔려 가고
내 아낸들 누가 사랴
내 가죽 다 벗기고
뼈마저 부수려나
부모여, 사또여
고기 먹고 쌀밥 먹고

사랑방에 기생 두어
연꽃같이 곱구나

송재소 옮김, 《다산시선》

이 시에서 부모는 친부모를 뜻하는 것이 아니라 벼슬아치를 말한다. 옛적의 벼슬아치는 부모로 비유되었다. 그런데 관리의 부정이 이 지경에 이른 것이다.

정약용은 감상과 한탄에 젖어만 있기에는 너무나 논리적인 이론가였다. 그리고 비록 유배지에 있었으나 백세百世의 경세가였다. 그리하여 관리의 부정을 막고, 나라의 폐정을 뜯어고치고, 백성의 참상을 구제하기 위해 방책을 제시하기 시작했다.

● 위민사상의 정수 《목민심서》

당시 그는 관제, 전제 등 모든 국가제도에 대한 개혁방안을 쓰고 있었다. 바로 《경세유표》였다. 이것을 중단하고 좀 더 직접적인 현실 문제를 타개해야겠다는 의지에서 1817년 《목민심서》의 집필로 붓을 옮긴 것이다. 이 책은 붓을 댄 지 1년 만에 완성했다. 그러나 집필하는 데만 1년이 걸렸다는 것이지 결코 갑자기 이루어진 것은 아니다.

어릴 적에 지방의 수령이 된 아버지를 따라 옮겨 살면서 수령의 몸가짐과 농촌의 실정을 보았고, 그의 고향인 양주, 광주 일대의 농촌 사정도 익히 알고 있었다. 젊은 나이에 암행어사로 전국을 돌아다닌 적도 있었고, 금정찰방과 곡산부사로 직접 백성들의 일을 맡아본 적도 있었다. 또한 장기와 강진의 유배생활에서 얻은 산지식도 있었다. 그야말로 평생 노심초사하던 일을 문자로 드러낸 것이다.

이 책은 그의 위민사상의 정수이다. 책의 이름을 《목민심서》라 했는데, 목민은 '백성을 살찌운다'는 뜻이요, 심서는 '목민할 마음은 있으나 몸소 실행할 수 없기 때문이다'라고 했다. 그는 귀양살이 하는 한낱 죄인이었기 때문이다. 그는 〈자서自序〉에서 이렇게 말하고 있다.

군자의 학學은 수신이 그 반이요 나머지 반은 목민이다. …… 요즈음 백성 다스리는 목민관들은 이익을 좇는 데에만 얼이 빠져 있고 목민을 어떻게 해야 할지 모른다. 이 때문에 백성들은 찌들고 병들어 줄줄이 진구렁으로 떨어져 죽는데도 이자들은 고운 옷과 맛있는 음식으로 제 몸만 살찌우고 있으니 어찌 슬프지 않겠는가.

이런 정신에서 씌어진 이 책은 12편으로 구성되어 있다. 각 편의 이름을 알아보면 다음과 같다. ①〈부임편赴任篇〉②〈율기편律己篇〉③〈봉공편奉公篇〉④〈애민편愛民篇〉⑤〈이전편吏典篇〉⑥〈호전편戶典篇〉⑦〈예전편禮典篇〉⑧〈병전편兵典篇〉⑨〈형전편刑典篇〉⑩〈공전편工典篇〉⑪〈진황편賑荒篇〉⑫〈해관편解官篇〉이다.

앞의 4편은 총론으로 수령들의 몸가짐과 기본 태도, 그 다음 6편은 각론으로 실무, 마지막 2편은 주민 복지와 수령이 물러갈 때의 몸가짐 등을 밝힌 것이다. 각 편은 다시 6조로 세분되어 있어서 모두 72조로 엮었다. 한 마디로 일목요연하다. 이 책을 엮고 난 뒤 그는 "한 백성이라도 그 혜택 입기를 바라는 것이 나의 마음이다"라고 말했다. 그의 애민사상에 대한 고심참담을 엿볼 수 있다.

● 사명감과 의욕으로 이룩한 방대한 저작

이러는 중에 1812년 서북에서 홍경래를 중심으로 농민봉기가 있었다는 소식을 들었다. 그는 이곳 선비들을 중심으로 의병을 권유하기도 하고 후원하기도 했다. 이것은 농민 편에 서 있는 그로서는 이율배반의 모습이다. 그러나 어쩌면 언제 민란의 음모자로 몰아칠지 모르는 절박한 상황에 대비한 위장술이었는지 모른다. 물론 이 의병제의는 불발로 그쳤다.

18년이라는 세월을 이렇게 지낼 적에 조정에서는 그의 동료들과 아들의 건의로 해배解配가 논의되기도 했다. 그때마다 몇몇 사람의 반대로 무산되었다. 그가 암행어사로 경기감사 서용보의 부정을 캐낸 일이 있었는데, 이에 감정을 품은 서용보 등이 계속 반대했다.

마침내 기회가 왔다. 1818년 이웃 고을에 귀양 와 있던 옛 동료 김이교가 해배되어 길을 떠나기 전에 그를 찾아왔다. 하룻밤을 둘이 지내며 정담을 나누었다. 김이교는 당시 세도가 김조순의 일가붙이였다. 김이교는 정약용이 무슨 부탁 말이 있을 것을 기다렸으나 동구 밖 10여 리를 따라나와 전송하면서도 아무 말이 없었다. 김이교는 참다못해 입을 열었다.

"나에게 부탁할 말 없소?"

이에 정약용은 김이교의 부채를 잡아당겨 시를 써주었는데 그 끝 구절이 이러했다.

대나무 몇 가닥에
새벽달 걸릴 적에
고향이 그리워서
눈물이 줄줄이 맺히오

김이교는 이 부채를 들고 어느 날 김조순을 찾아갔다. 김조순은 김이교가 한껏 펼쳐 바람을 일으키는 부채를 빼앗아 글귀를 읽어보았다.

"이것은 정 모의 글귀로구나."

김조순은 남쪽 하늘을 바라보며 한숨을 지었다. 김조순의 주선으로 그는 긴 유배에서 풀려났다. 만약 정약용이 유배지에서 불평이나 터뜨리며 정담이나 설왕설래했더라면 온전했을까?

그가 고향 집에 돌아왔을 적에 서용보 또한 벼슬자리에서 떨어져 거리가 얼마 떨어지지 않은 곳에 살고 있었다. 정약용은 묵은 감정을 씻고 그에게 사람을 보내 간곡하게 위로의 말을 전했다. 이후 그는 책을 읽고 저술에 몰두하면서 틈틈이 주변의 산천경개 구경으로 나날을 보냈다. 벼슬할 뜻은 물론 없었으며 정담을 입에 담지도 않았다. 그즈음 조정에서는 그에게 벼슬을 다시 주려고 논의를 벌였다. 그러나 벼슬살이를 다시 하던 서용보가 결단코 반대를 거듭해 실현되지 못했다.

정약용은 우리나라 역사에서 가장 많은 저술을 남긴 사상가 중 한 사람이다. 흔히 그의 대표 저술을 1표 2서一表二書라고 말한다.《경세유표》와《흠흠신서》,《목민심서》를 일컫는 말이다.《경세유표》가 국가의 기본제도를 개혁해야 한다는 내용인 반면,《흠흠신서》는 인명을 중시해 원옥寃獄이 없도록 하는 방안을 제시한 것으로 인권관계의 저술이요,《목민심서》는 백성을 직접 다스리는 수령을 통해 민생의 고통을 해결하자는 것이었다.

19세기는 이 땅에 세도문벌정치가 들어선 시기이다. 몇몇 문벌가가 번갈아 정권을 잡고 마치 나무꾼이 작대기 휘두르듯이 나라와 민중을 몰아갔다. 이런 마당에 그들은 모두 벼슬을 차지했고 남은 찌꺼기조차 정당한 방법으로 인재를 수용하지 않고 벼슬을 팔아먹었다. 그 중에서도 지방관은 돈을 주고 산 벼슬의 값을 뽑으려고 민중을 갈취했다. 지방관은 2중 3중으로 매매되어 어느 수령이 부임해서 한창 부임잔치를 벌이는 중에 다음 수령이 부임해올 정도였다.

이리하여 곳곳에서 민란이 일어났다. 수탈에 견디다 못한 민중은 처음에는 다른 곳으로 도망가거나 깊은 산 속에서 화전민이 되기도 했고 섬으로 들어가 어민이 되어 수탈의 손길을 벗어나려 했다. 그러다가 도둑이 되고 명화적 떼로 뭉쳐 부호의 재물이나 관물을 빼앗았다. 그리고 끝내는 곳곳에서 떼 지어 관권에 항거했다.

앞뒤로 이런 판국이었는데도 당시의 지배자들은 정약용의 개혁방안 따위에는 눈도 돌리지 않았다. 정약용은 결코 농민을 중심으로 한 민중이 그저 팔짱만 끼고 있다가 그대로 죽지는 않으리라는 것을 알고 있었다. 그런데도 《목민심서》에 제시한 그의 방안을 써주기는커녕 읽어주지도 않는 현실이 통탄스러울 뿐이었다. 그는 회갑을 맞이해 자찬묘지명自撰墓誌銘을 적으면서 이렇게 쓰고 있다.

알아주는 자는 적고 비방하려 드는 자는 많으니, 만약 천명이 이를 받아들이지 않는다면 한 줌의 불쏘시개로 불태워버려도 좋다.

● 다산의 합리적 과학사상

정약용이 열세 살 적에 나라 안에 천연두가 휩쓸었다. 한번 천연두가 휩쓸고 나면 살아남는 아이들이 적었고 더러 낫는다 하더라도 곰보가 되었다. 이럴 적에 나라의 대비책이라고는 피막避幕을 지어 환자를 격리하는 정도였다.

어린 정약용이 이 병에 걸렸으니 부모는 가슴을 졸일 수밖에 없었다. 그런데 경기도 광주 땅에 사는 이헌길이라는 의원의 손을 빌려 살아났다. 이헌길은 천연두가 10~20년 단위로 유행하는 것을 보고, 여러 곤계 책들을 참고하고 임상을 통해 치료법을 찾아냈다.

정약용은 그의 생명을 구해준 이헌길을 잊을 수 없었다. 그리고 주기적으로 천연두가 휩쓸어 많은 생명을 앗아가는 현실이 안타까웠다. 그리하여 이헌길의 천연두 처방책인 《을미신전》을 구해보니 찾아보기가 매우 불편했다. 급한 마당에 하나하나 내용을 다 훑어볼 수가 없어 새로 항목을 만들고 그에 따라 처방을 제시했다.

땀이 날 적에, 기갈이 들 적에, 설사를 할 적에, 구토를 할 적에, 복통이 있을 때 어떻게 응급처방을 하라는 방법을 적은 것이다. 이 중에서 몇 가지 처방을 살펴보자.

진물이 생길 때는 닭고기·돼지고기·식초·매운 것을 먹지 말고, 닭고기를 잘못 먹으면 평생 피부가 좁쌀처럼 돋아나 닭고기 껍질과 같기 된다고 했다. 그리고 돼지고기를 잘못 먹으면 해마다 천연두가 들었던 달이 되면 설사를 많이 하게 되고, 식초를 잘못 먹으면 해마다 천연두가 들었던 달이면 기침병이 도진다고 했다. 매운 것을 잘못 먹으면 나은 뒤에도 때때로 열이 난다고 했다. 물론 민간요법을 적어 놓은 것도 있다.

정약용은 이것을 모아 《마과회통麻科會通》이라는 책을 썼다. 이는 이헌길에게 은혜를 갚고 많은 생명을 구하기 위해서였다. 그리고 천연두는 자연 기운과 시대에 따라 처방이 달라지므로 이 책의 내용도 몇십 년이 지나면 처방을 바꿔야 한다고 썼다.

그의 말처럼 19세기 말 지석영이 종두법을 들여왔을 무렵에는 기존의 처방은 효용이 반으로 줄었다. 그러나 풍부한 경험을 토대로 자연의 기운과 체질에 따라 처방을 낸 이런 의술은 오늘날 민간요법으로 전승되고 있고 그 요법의 과학성 역시 부분적으로 인정받고 있다. 이와 같이 정약용은 인문이나 개혁사상가만이 아니었다. 그의 사고는 대단히 과학적이었고 생활 또한 그러했다.

정약용은 술을 즐겼는데 술이 화기와 원기를 돕는 것으로 보았다. 그리하여 자신이나 아들에게 '불급란不及亂'(곤드레가 되도록 취하지 않는 것)의 수준을 지키도록 했다. 이를테면 술을 약으로 본 것이다. 정약용의 이런 과학적 사고와 생활이 모진 고난 속에서도 그를 장수하게 만든 것이리라.

그는 실로 빛나는 업적을 세웠는데 거의 유배지에서 이루어졌다. 만약 그에게 유배생활이 없었다면 이런 역사적 저술이 나왔을까? 그가 고향으로 돌아왔을 적에는 가산이라고는 별로 남지 않았다.

그는 가난하지만 지조를 굽히지 않았으며 더욱 학문을 연마하면서 보신에 철저했다. 이제 늙은 그였지만 그의 정적들은 한시도 그에게서 눈을 떼지 않고 감시하고 있었다.

그는 일흔넷을 일기로 세상을 떠났다. 비록 파란이 겹친 생애였지만 역사에 빛나는 이름을 저술을 통해 남기고 평탄하게 생애를 마무리했다. 이를 고종명考終命이라 한다.

이 점에서 그는 행운을 얻은 인물이라고 할 수 있다. 그는 죽어서도 한동안 정당한 대우를 받지 못했다가 사후 1백여 년 뒤인 식민지시기에 저서를 출간할 수 있었다.

오늘날 그의 학문은 다산학茶山學이라는 이름으로 세계적 관심을 받고
있다. 다산연구소가 발족되어 그의 사상을 정리하고 선양사업을 줄기차
게 벌이고 있다. 그리고 그의 고향 일대와 강진의 유배지에서는 그와 관련
된 유물유적을 보전·전시하고 있는데, 순례단의 발길이 끊이지 않고 있다.

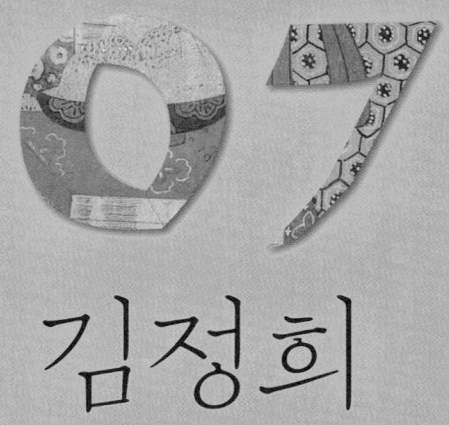

07

김정희

학 문 과 예 술 에 달 통 한 천 재

김정희는 여러 분야를 추구해 모두 최고의 경지에 오른 인물이다. 좋은 가문에 태어나 높은
벼슬에도 올랐고, 글씨로 세상을 울렸다. 그러나 늦은 나이에 떠나게 된 유배생활이
그의 예술의 본격적인 승화를 가져온 것도 사실이다.

🔴 꼬장꼬장한 사관도 예찬한 천재성

진정한 천재는 한 세기에 하나쯤 태어난다고 볼 적에 우리는 추사秋史 김
정희金正喜(1786~1856)를 꼽을 수 있겠다. 그의 예술가적 재질을 두고 그렇
게 말할 수 있지만, 실사구시에 철저했던 실학자의 면모 또한 ᄋᆞ에 빠지
지 않는다.

조선 왕조의 사관은 인물평에 있어 인색하기로 유명하다. 대개 젊은 사
관들은 꼬장꼬장하게 사필을 휘둘러 웬만한 인물은 죽은 뒤에도 그들의
붓방아에 한번쯤 난도질당해야 했다. 그런데 김정희의 죽음을 두고 사관
은 이렇게 썼다.

> 총명하며 굳세고 꿋꿋했으며 뭇 책을 널리 읽어서 금석문이나 그림, 역사
> 에서는 그 깊이를 꿰뚫어 알았고, 글씨에서는 초서, 해서, 전서, 여서 할 것
> 없이 참 경지를 깨쳤다. …… 세상 사람들이 송나라의 소동파에 비유한다.
> 《철종실록》 7년 12월조

그는 여러 분야를 추구해 모두 최고의 경지에 들었다. 그는 경주 김씨
로 지금의 예산군 신암면 용궁리의 오석산 밑에서 태어났다. 고조부는 영
의정을 지낸 김흥경이다. 김흥경은 노론의 거두로 영조의 두터운 신임을
받았다. 이런 탓으로 아들 김한신은 영조의 사위가 되었다. 그러니 영조의
딸 화순옹주는 추사의 증조할머니가 된다. 임금의 사위인 그의 할아버지
는 월성위로 봉해졌고, 사패지賜牌地(왕자와 왕녀에게 주는 땅)로 예산 오석산 근
처 땅을 받았다. 월성위의 저택에는 독서루, 매죽헌 같은 건물들을 아름답

게 꾸몄는데 추사는 이곳에서 태어났다.

아버지 김노경은 판서를 지낸 김이주의 둘째 아들로 태어났다. 그런데 김이주의 큰아들 김노영에게 후사가 없자 김정희는 김노영의 양자로 들어갔다. 이렇게 해서 김정희는 그 집안의 종손이 된 것이다. 영조의 계비인 정순대비가 어린 순조를 대신해 수렴청정할 적에, 정순대비의 친정붙이인 김노경은 두터운 신임을 받아 승지·판서 등의 요직을 지냈다.

● 박제가에게서 북학을 배우다

이런 가문이고 보니 김정희의 앞길도 환하게 열려 있었던 셈이다. 그러나 정순대비가 죽고 안동 김씨인 김조순이 세력을 잡았을 적에 김달순 등 경주 김씨들이 쫓겨나기 시작했다. 이때에 김노경은 무사하게 넘어갔지만 안동 김씨와 풍양 조씨가 세도싸움을 벌일 적에는 자주 휘말려들었다. 김노경은 이런저런 죄목이 얽혀져 끝내 강진 고금도에 유배되었다가 1840년에 죽음이 내려졌다.

김정희가 태어날 적에는 가정에 아무런 풍파가 없었다. 어머니 유씨는 그를 밴 지 24개월 만에 낳았다고 한다. 이것은 물론 신화적 인물에게 흔히 주어지는 탄생설화에 지나지 않지만 그가 태어나면서부터 남달랐던 것만은 확실하다.

매죽헌에는 영조가 내린 어필과 고서가 쌓여 있었고, 아버지와 할아버지가 중국에 자주 갔다오면서 사온 책들도 쌓여 있었다. 더욱이 증조할아버

김정희 초상화 추사체라는 독창적 서체를 개발하여 우리나라 최고의 명필로 꼽혔다.

지는 팔법八法을 다 잘 쓰는 명필로 궁중의 책문冊文을 도맡아 썼고, 아버지도 많은 비문을 쓴 명필이었다. 이런 분위기 속에서 그는 글씨도 쓰고 책도 읽었다. 특히 어머니의 가르침을 받을 때 그의 재질이 발휘하기 시작했다.

어렸을 적 일이다. 김정희는 입춘을 맞이해 '입춘대길 건양다경立春大吉建陽多慶' 따위의 글씨를 써서 대문에 붙여놓았다. 바쁜 벼슬길로 아들에게 글씨를 제대로 지도할 겨를이 없었던 아버지는 놀라지 않을 수 없었다.

아버지는 그를 서울 탑골 근처에 있는 박제가에게 데리고 갔다. 박제가는 비록 서출이었지만 규장각 검서라는 영광스러운 자리를 얻었고, 더욱이 시서화 삼절詩書畵三絶로 일컬어지는 명사였다. 김정희는 열여섯 살의 나이에 참 스승을 만난 것이다.

스승을 만나 글씨에 정진하고 스승으로부터 북학을 배우고 현실에 눈을 뜰 무렵, 어머니 유씨의 죽음을 맞이했다. 그는 인생에 대한 허무를 달랠 길 없어 자주 예산의 옛집으로 내려갔고, 근처에 있는 화암사에서 독경으로 마음을 가라앉히기도 했다. 그가 불교에 빠진 것은 아마 이때부터였을 것이다.

그는 가문의 전통대로 스물네 살에 생원이 되어 벼슬길에 들어서기 시작했다. 이때 아버지는 청나라에 동지부사冬至副使로 가게 되었다. 김정희는 스승 박제가로부터 청의 문물을 배워야 한다는 가르침에 따라 자청해 아버지와 동행했다. 박지원이나 박제가 같이 청나라의 문물을 몸소 보려 한 것이다.

김정희는 스승의 소개로 조옥수曺玉水, 서성백徐星伯 같은 중국의 명사들을 만났다. 그리고 이들을 통해 중국의 석학들과 접촉했고, 특히 왕희손汪

熹孫 같은 명사와는 절친한 친구가 되어 우정을 나누었다. 그는 스승에게서 배운 청의 고증학을 다시 확인했고 서체의 깊이는 물론 방인方印 등 도장에 대한 혜안도 갖게 되었다. 이제 김정희는 우물 안 개구리가 아니었으며 그의 학문 경향 또한 확고한 신념 위에 터를 잡기 시작했다.

김정희는 북경에서 돌아와 학문과 글씨에 더욱 전념했다. 서른한 살 때에는 북한산에 올라 민간에서 무학대사비로 알려진 비문을 판독해냈다. 그리고 이 비가 신라 진흥왕의 순수비임을 명확하게 고증했다. 이로 인해 그는 금석학의 대가 자리를 굳혔다.

1819년에는 문과에 급제했다. 아버지의 후광에 힘입어 설서說書, 검열檢閱 같은 벼슬을 받았고, 이어 문사로서는 영광의 벼슬자리인 규장각의 대교待敎가 되었다. 1830년 아버지가 귀양을 갈 때 장년이 된 김정희는 은인자중했다. 결코 분란을 일으키는 상소 따위로 당론에 가담하지 않고 자기 일에만 몰두했다. 그리하여 대사성, 병조참판 같은 높은 벼슬을 지냈다. 그러나 그의 가문은 이미 세력을 잃어 김정희의 벼슬길은 50대에 들어서야 참판의 반열에 들어섰다.

● 노년의 긴 귀양살이 끝에 귀향하다

1840년, 그의 나이 쉰다섯일 때 아버지에게 사약이 내려졌다. 그뿐만 아니라 장김壯金(장동에 사는 안동 김씨)과 전조磚趙(전동에 사는 풍양 조씨)의 권력 다툼의 틈바구니에서 경주 김씨의 남은 세력인 그에게도 혐의가 씌워졌다. 그리하여 그도 억울하게도 제주도 대정현에 유배되었다.

외딴 바닷가에서 9년의 귀양살이가 시작되었다. 그러나 대정에 있는 그의 배소는 외롭지 않았다. 멀리 육지에 있는 제자 강위가 찾아와 수발을 들었고, 제주도의 많은 선비들이 찾아들어 그에게서 학문을 익히기도 하고 글씨를 배우기도 했다.

배소에서 그는 부인의 부음을 듣고 그 슬픔을 붓으로 달랬다. 그는 이곳에서 수많은 글씨를 썼고 많은 그림도 그렸다. 신품神品으로 일컬어지는 〈세한도歲寒圖〉도 이때 이루어졌다. 〈세한도〉는 친구 이상적李尙迪이 중국에 가져가 그곳 명가들의 절찬을 받기도 했다.

또한 많은 도장을 파서 글씨와 그림에 찍었다. 그는 마음이 내키는 대로 호를 지어 썼다. 완당阮堂·노과老果 등 1백여 가지를 그때그때 내키는 대로 썼다. 호는 선비의 표상이요 멋일진대 그는 굳이 한두 개의 호만을 고집하지 않았다. 그는 시도 지었다. 인마人馬에 짓밟히며 제주도의 들판에 핀 수선화를 두고 노래하기도 했다.

9년 만에 그는 집으로 돌아왔다. 그러나 부인도 없는 쓸쓸한 집에서 3년도 채 지내기 전에 친구 권돈인이 유배가게 되자 그에게 또다시 혐의가 씌워졌다. 그리하여 이번에는 머나먼 북쪽 땅 북청으로 유배를 떠났다. 북청의 배소도 결코 외롭지 않았다. 제자 강위가 다시 찾아왔고 그곳 선비들이 몰려들었다.

이곳에서 쓴 그의 글씨는 지난날보다 날카로운 맛은 덜 했지만 경지에 이르고 있었다. 그곳 사람들이 돌화살을 여기저기서 주워왔다. 그는 온갖 풍상에 씻겨온 돌화살을 두고 〈석노가石弩歌〉를 지었다. 제주도의 수선화와 북청의 돌화살, 이것은 분명 김정희 자신을 표상한 것이다.

여기서 그는 2년 만에 풀려나 서울로 돌아왔다. 그의 나이 예순 여덟이었다.

● 불행을 예술로 승화하다

그는 아버지가 지어놓은 과천 여막으로 들어갔다. 관악산 아래 여막에서 조용히 일생을 돌아보며 불경을 읽기도 하고 참선에 몰입하기도 했다. 그의 여막이 바로 정토였고, 자신이 바로 부처였다.

일흔한 살에 그는 봉은사로 갔다. 그는 봉은사 언덕바지에 나무막을 얽었다. 그리고 구계具戒를 받고 승복을 입었다. 선비가 중이 되다니, 당시의 통념으로는 어림없는 일이었지만 아무도 그의 행동을 비난하지 않았다. 그의 슬픔의 극치일까 아니면 염세의 막다른 골목일까. 아니다. 불염진不染塵, 곧 부처 앞에서 무릎을 꿇고 피어오르는 향내를 맡으며 심안心眼이 열리는 열반의 경지일 것이다. 불로 지져도 바늘로 찔러도 미동도 않는 노융老融(그의 또 다른 호) 선생의 종장終章이었다.

이 무렵에 쓴 것으로 보이는 현판 글씨가 전해진다. 그가 용산변 강마을에 우거할 때 썼다고 한다.

사서루편액 추사체의 조형미를 대표한 현판 글씨. 가운데 서(書) 자에 본디 없는 '삐침'을 붙여 놓았다.

● 잔서완석루殘書頑石樓

이 누각 현판의 뜻을 풀어보면 '잔서'는 헤진 책이요 '완석'은 울퉁불퉁한 돌이다. 무엇을 상징하는 것일까? 자신의 노년의 신세를 빗대지 않았을까? 이 현판의 글씨는 글자의 윗선은 가지런하게 맞추고 글자의 옆선을 나란히 세웠으며 밑에 뻗힌 자획은 여러 모양으로 내리 그었다. 비유해 말하면 빨랫줄에 치맛자락이 펄럭이는 모양새이다. 이것은 한 점 구속받지 않으면서도 원칙에 어긋남이 없다는 평가를 받는다.

그의 글씨는 무슨 체를 가릴 것 없이 수도 없이 남겼으며 때로는 현판에 새겨져 걸려 있기도 한다. 어느 하나 부족함이 없다는 평판을 듣는다. 그런 탓인지 위작이 널려 있다. 위작의 범람은 역설적으로 말해 그의 글씨가 우리나라 최고의 명품으로 꼽힌다는 뜻이다.

그는 한철을 봉은사에서 보낸 뒤 10월 과천의 여막으로 돌아와 조용히 세상을 마쳤다. 만약 그에게 유배생활이 없었다면 그는 번진 속에서 그러저러한 일생을 보냈을지도 모른다. 그의 인생의 불행이 곧 예술의 승화를 가져왔다고 말할 수 있다.

그의 학문의 핵심은 실천에 있다. 그는 성리학적 공론을 배격하고 실질과 실용을 숭상했다. 그는 금석학이나 역사학 역시 실증을 통해 분석했고, 서·화에서도 졸박拙朴함까지 포섭한 원융무애의 어우러짐이 감돈다.

08

김정호

지도제작에 평생을 바친 외로운 지리학자

고산자 김정호는 과학자는 아니었지만 가장 과학적인 태도와 방법으로 우리나라 지도 작성에
평생을 바쳐 완성한 인물이다. 그런데도 후원이나 뒷받침은커녕 국가로부터 견제당하거나
푸대접만 받았다는 사실이 안타깝다.

● 중인 신분으로 지리학에 밝아

지난날의 조선시대 사람들은 과학기술을 지나치게 무시해왔다. 과학기술은 생활의 지혜에서 이룩된 것이요 생활을 윤택하게 하는 한 방법이다. 그런데도 조선 왕조는 삼강오륜을 중심으로 한 유교적인 덕목, 곧 충효나 예의, 정절 따위를 지나칠 정도로 강조했다.

이것은 인간답게 살고 질서를 잡는 데에 가장 중요한 덕목이기는 하나 윤리교육에 너무 치중하면 권위주의로 흐르거나 인간의 지혜가 균형감각을 잃어 자칫 창의성이 결여되고 개척정신이 침체된다.

조선시대는 이런 인성교육에 지나치게 빠진 나머지 과학기술은 천업 또는 천직으로 무시해 제대로 발전을 못했다. 그리고 한때 훌륭한 창조적 발명이 있었더라도 지속적인 개량·발전을 기할 수 없었다. 이런 상황 속에서도 많은 선인들은 이 일에 종사하며 훌륭한 발명을 해내고 발전시켰다.

● 고산자의 내력과 교우관계

여기서 이야기하는 고산자古山子 김정호金正浩(?~1866)는 과학자는 아니었지만 가장 과학적인 태도와 방법으로 우리나라 지도 작성에 평생을 바쳐 완성한 인물이다. 그런데도 자기희생적인 그의 정열에 대한 사회적인 뒷받침은커녕 국가에서는 도리어 견제하거나 푸대접하기만 했다. 다만 몇몇 사람들이 그의 높은 뜻을 알고 도와주고 끌어주었을 뿐이다. 그러서인지 그의 생애에 대해서는 물론, 가계나 태어난 해, 자손들에 대해서조차 정확하게 알려진 것이 없다. 그가 심혈을 기울여 작성한 지도나 지리에 관한 책 외에는 입으로 떠도는 말만 남아 있을 뿐이다.

그의 본관은 청도로 호는 고산자인데, 본래 황해도에서 태어나 서울로 옮겨와 살았다고 한다. 그러나 그가 황해도 출신이라는 것도 명확하지 않으며, 서울 어디에서 어떻게 살았는지도 사람들의 입으로만 전해질 뿐 정확하게 알려져 있지 않다. 다만 《이향견문록里鄕見聞錄》을 보면, 그는 재능과 기예를 지녔고 지리학에 밝았다고 한다.

순조 연간의 실학자요 철학자인 최한기가 〈청구도〉의 내력을 알리는 글을 쓴 것으로 보아, 최한기와 친분이 있으며 최한기에게서 인간적으로나 학문적으로 많은 도움을 받았을 것이라는 정도를 짐작할 수 있을 뿐이다. 여기서는 단편적으로나마 그와 사귄 주변인물을 통해 그의 삶을 알아보기로 한다.

실학시대의 뒤를 이은 19세기 중엽은 중인들이 활발하게 활동하던 때였다. 중인들은 무엇보다 시사詩社라는 이름을 빌려 문학 활동을 왕성하게 벌였다. 예전 중인들은 천문관, 의원, 화원 등 잡직의 벼슬을 맡아왔는데, 이 시기에 들어 양반 선비들이 누리던 문학을 통해 자신들의 행동반경을 넓히려 했다. 농민들은 민란이라는 방법으로 부정한 지배세력에 맞선 데 반해, 이들은 온건한 문학운동을 전개한 것이다. 그리하여 문벌정치를 이룩한 지배세력이 정치투쟁이 아닌 이들의 운동을 방관했고 양반 출신 선비들이 때때로 도움을 주기도 했다.

김정호도 중인이었고 중인 문사들과 자연스레 어울렸으나 문학인은 아니었다. 그는 어디까지나 인문 지리학자의 길을 걸었다. 하지만 다른 중인들과 교류하면서 사귄 인사들의 도움이 뒤따랐다. 그러면 그의 동료들을 알아보자.

먼저 최성환崔瑆煥을 떠올릴 수 있다. 최성환은 중인으로서 시사 활동에 활발하게 참여했다. 그는 많은 벼슬아치들과도 친분을 갖고 있었다. 이덕무는 〈사소절士小節〉을 써서 1775년에 펴낸 바 있었다. 이 책은 선비들은 작은 몸가짐을 올바르게 해야 한다는 것이다. 이는 자신이 서자로서 규장각 검서로 발탁되었으나 양반 출신 선비들과 같은 대우를 해주지 않는 풍토를 바로잡으려는 것이었다. 이후 최성환은 〈사소절〉을 다시 찍어 배포했다.

그런데 중인들과 어울리던 최한기는 다시 찍은 이 책을 들고 충주에 사는 이규경李圭景을 찾아갔다. 이규경은 이덕무의 손자로, 당시 충주에서 저술에 몰두하던 학자였다. 이렇게 해 최성환, 최한기, 이규경은 자연스레 뜻을 맞추어 어울리는 사이가 되었다.

최성환은 세도가인 박종보의 집 활자를 빌려 책을 찍기도 했다. 박종보는 순조의 생모와 오누이 사이로 출세를 거듭해 1806년에는 호조판서로 재직하면서 비변사 제조를 겸직했다. 박종보는 최성환을 천문학자요 과학자인 원로대신 남병철南秉哲에게 소개시켰고 남병철은 다시 최성환을 박지원의 손자인 명신 박규수朴珪壽와 정약용의 장남인 정학연丁學淵 그리고 여러 판서를 거친 고관인 신헌申櫶을 연결시켜 주었다.

최성환은 이를 다시 김정호에게 끈을 달아준 것이다. 그런데 이 복잡한 인맥을 거꾸로 짚어보면 김정호는 최성환, 남병철, 신헌으로 이어진다(이 인맥 관계는 서울시립대 교수 배우성의 견해를 참고하라).

특히 신헌의 주선으로 김정호는 비변사 소장의 관찬 지도와 중국 지도를 열람하거나 이용할 수 있었다. 이런 기회는 쉽게 얻어지는 것이 아니다. 비변사는 모든 대신들이 외침에 대비해 회의해 결정하는 군국대사를 맡은 기구이다. 따라서 이곳에는 많은 지도가 보관되어 있었다.

최성환과 김정호는 〈대동여지도〉를 작성하기에 앞서, 뜻을 맞추어 함께 지리서 〈여도비지輿圖備志〉를 만들기도 했다. 여기서 지도 작성방법으로 사용한 천문학상의 좌표를 뒤에 그대로 사용했다.

● 정확한 지도가 필요하다

김정호는 많은 지리서와 지도를 열람해 지식을 쌓았다. 그리고 나서 〈청구도〉를 만들었다. 최한기는 〈청구도〉의 내력에 대해 이렇게 밝히고 있다.

> 나의 벗 정호는 소년 시절부터 지리학에 뜻을 두었다. 그리하여 오랫동안 지리책을 읽고 몸소 전국을 누비며 모든 지도 작성법의 좋고 나쁜 점을 살폈다. 그리고 한가할 때에 사색을 더해 간편한 집람식輯覽式(지도를 부분적으로 작성해서 이용하기 좋게 펼쳐볼 수 있도록 만든 것)을 발견했다.

여기서 보면 그는 어릴 적부터 우리나라 지도 작성에 뜻을 두었으며 중도에 포기하지 않고 지난날의 지도와 책을 모두 터득해 더 정확하고 바른 지도를 만들기에 고심했음을 알 수 있다. 아울러 스스로 집람식을 발견해 자신이 만든 지도에 이용했음도 알 수 있다.

　김정호 이전에 정상기鄭尙驥라는 지리학자가 있었다. 정상기는 성호 이익과 친구 사이였는데 종래의 지도가 부정확하고 실생활에 별로 도움을 주지 못하는 것에 늘 안타까움을 느꼈다. 그는 실학자 중에서도 특이한 분야에 관심을 가져 〈동국전도東國全圖〉와 〈도별분도道別分道〉를 완성했다. 이것은 종래의 단점들을 보완해 땅의 넓고 좁음, 멀고 가까움을 표시한 획기적인 지도였다.

　그러나 김정호의 눈에 비친 이 지도 역시 매우 부정확했다. 그리하여 그는 몸소 곳곳을 누볐다. 백두산·제주도는 물론 작은 산과 작은 섬까지 실제로 답사하며 하나하나 그려 첫 번째로 완성한 것이 〈청구도〉이다. 이는 1834년에 완성된 우리나라 지도이다. 그는 이 지도를 그리면서 경위선표經緯線表를 사용했고 여기에 역사적 경계까지 첨부해 역사 지도도 겸하게 했다. 그리고 각 고을의 경계를 분명하게 해 산·강·섬 그리고 나루·봉수·성곽의 위치까지도 정확하게 표시했다.

　이것을 완성한 뒤에 착수한 것이 오늘날 말하는 인문지리서의 편찬이다. 다시 말해서 〈청구도〉가 지니고 있는 부족함, 곧 실생활에 필요한 여러 설명을 덧붙이려 한 것이다. 그는 〈청구도〉에서 다 표시하지 못한 산·강·도로·제방 그리고 역사적인 사실들을 새로이 보태어 달았다. 종래에 전해오던 《신증동국여지승람新增東國輿地勝覽》을 참고하면서 실제와 다른 부분, 빠진 중요한 부분들을 모두 바로잡거나 고쳤다. 그리고 이것을 《대동지지大東地志》라 했는데 무려 30년 동안 심혈을 기울여 완성한 것이다.

● 불후의 명작 〈대동여지도〉를 완성하다

다음으로 그가 착수한 것이 〈대동여지도〉이다. 이것은 〈청구도〉가 지니고 있는 결점을 보충한 면도 있으나 각 지역과의 전체적인 통일성을 꾀한 것이다. 다시 말해서 총도總圖의 성질을 띤 것이다. 이것은 스물두 장의 첩帖으로 되어 있는데, 이것을 하나하나 붙이면 그대로 우리나라 전도가 된다. 연이어 붙인 서첩書帖을 보고 힌트를 얻은 것 같다.

이를 좀 더 자세하게 살펴보자. 앞에는 '지금의 임금 12년 신유'(1862년 철종 12)라고 쓰고 〈대동여지도〉라는 표제를 큰 글씨로 새겼고 끝에 '고산자 교간校刊'이라 부기했다. 다음 첫 장에는 각 첩의 지명 위치를 표시하는 칸을 만들어 제시하고 첫 첩에는 두만강 아래 지역의 지도를 게재했다. 이어 게재한 지도표地圖標에는 지도에 표시하는 표를 제시했는데, 영아營衙·읍치邑治·성지城池·진보鎭堡·역참驛站·창고倉庫·목소牧所·봉수烽燧·능침陵寢·방리坊里·고현古縣·고진보古鎭堡·고산성古山城·도로道路 등 14개이다. 이 표는 단순한 지도가 아니라 역사·인문·자연·지리가 모두 포함되었음을 알려준다.

이어 수록한 〈지도유설地圖類說〉에는 중국에서 여러 지도 작성자와 병법가들이 지도의 중요성을 말한 내용을 요약해 설명했다. 이는 그가 중국의 모든 지도책을 보았음을 증명해준다. 특히 마지막 〈방여기요方輿紀要〉에서는 지도의 효율과 용도를 설명하고 마지막 그 내용에 따라 이렇게 결론지었다.

천자는 안으로는 만국을 어루만지고 밖으로는 사이四夷(주변 나라)에 군림하니 가지와 줄기의 강하고 약한 구분, 변방과 중심이 무겁고 가벼운 형

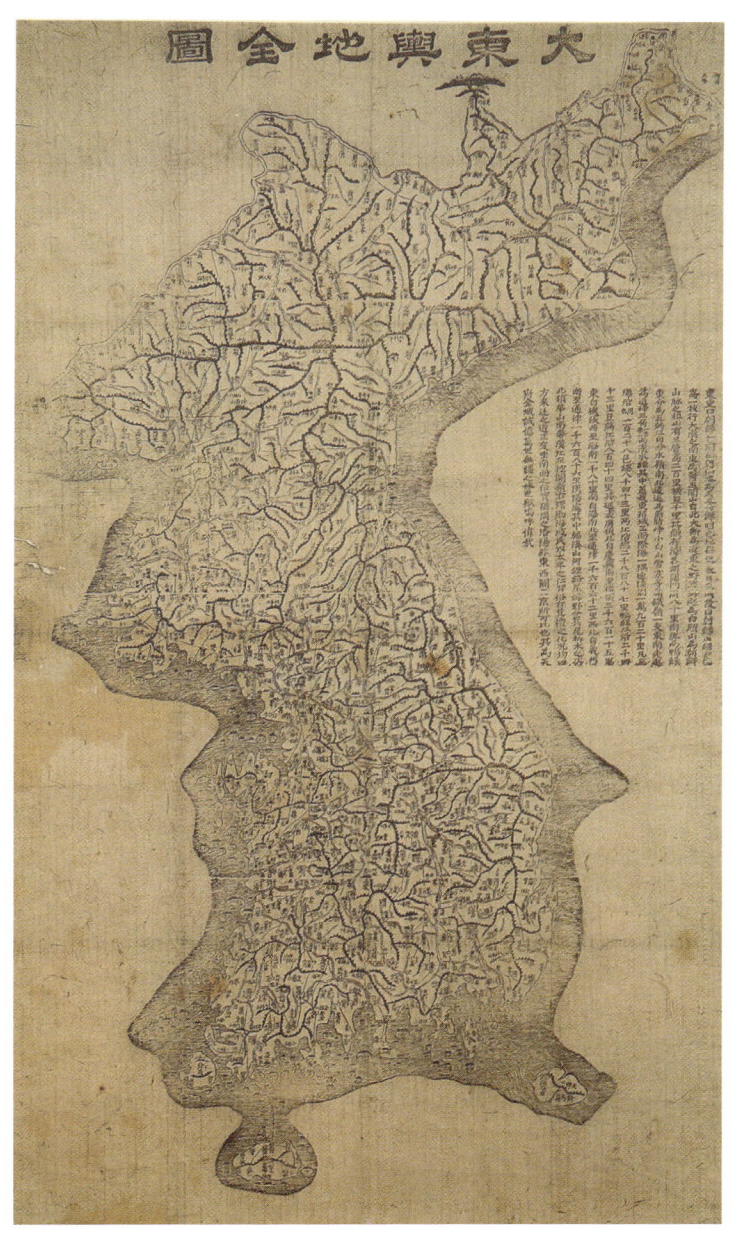

대동여지전도 1861년 김정호가 대동여지도를 축소하여 제작한 우리나라 전도로 알려져 있다.

세를 몰라서는 안 된다. 재상은 천자를 도와 나라를 경영하니 무릇 변방의 이롭고 병이 되는 곳, 군사를 조치하는 방법 등을 몰라서는 안 된다. 모든 중앙 기구는 천자를 위해 백성의 일을 종합해 다스리니 재부의 나옴과 군국의 소용되는 모든 것을 몰라서는 안 된다. 감사와 수령은 천자에게서 민사를 기탁받았으니, 강역의 뻗고 섞임과 산택의 솟음과 고임 그리고 무릇 갈이하고 뽕 심을 때의 수리의 이로움, 민정과 풍속의 다스림을 모두 몰라서는 안 된다. 사민이 일을 하려 왕래할 적에 무릇 수륙의 험하고 평탄함과 나가고 피하는 실상을 모두 몰라서는 안 된다. 세상이 어지러우면 이를 이용해 외침이나 강폭의 무리를 막을 수 있는 방법, 시절이 평화로우면 이를 가지고 나라를 경영하고 인민을 다스리는 방책을 우리의 서책에서 취해야 한다.

〈방여기요〉는 〈독사방여기요讀史方輿紀要〉를 줄인 이름인데 청나라 고조우가 편찬한 지지이다. 여기에는 여러 역사책에 나온 역대 주성州城의 형세, 산천과 들판의 구분과 험이, 지명의 변천 등을 망라해 담았다. 아마 김정호는 이 책의 내용을 많이 참고하고 방법을 찾은 것으로 보인다.

그는 이 지도가 단순한 용도가 아니라 나라를 다스리는 여러 정책과 방안을 찾을 수 있는 길잡이라 생각한 것이다. 그런데 그는 왜 자신의 견해를 쓰지 않고 중국 지리서의 말을 인용한 것일까? 그는 관찬의 지도를 만든 것이 아니라 개인이 만든 탓에 조심스러웠을 것이다.

그 뒤 우리나라의 〈문헌비고文獻備考〉 등 전적에 표시된 거리를 이里로 표시했는데, 끝에 압록강 연안 2,034리, 두만강 연안 844리라고 해 작은 단위까지 적고 있다. 그리고 나서 〈경조오부도京兆五部圖(서울 지도)〉와 서울에 배치된 관서·방리·사원·산천의 이름을 표시했다.

이것을 모두 맞붙여놓으면 도로와 산과 들과 강이 연결되고 각 지역의 위치가 그대로 드러나게 된다. 곧 오늘날의 우리나라 전도와 거의 같다. 그러므로 당시에는 이 지도만 펼쳐놓으면 여행은 물론 중앙의 행정, 군대의 작전계획 등에 일목요연하게 이용할 수 있었다.

이를 통해 그의 지도 또는 지리서 제작의 의도를 알 수 있다. 곧 첫째 군사 목적에 필요하며, 둘째 조세·농사 등 일반정책에 이용할 수 있고, 셋째 지방의 풍속·민정을 잘 살필 수 있다.

1862년에 이 지도를 판각해냈으나 나라에서 어떻게 이용했는지는 전혀 알려져 있지 않다. 벼슬아치들은 도통 관심을 보이지 않았던 것으로 보인다.

● 고난의 역정과 죽음의 의문

김정호는 서울 동대문 밖 용두동 또는 마포 공덕리에 살았다고 전해진다. 예전의 용두동은 백정 같은 천인들이 모여 살던 곳이요, 예전의 공덕리는 장사치나 하층민들이 살았던 곳이다. 그러니 생업을 버리고 싶었던 그가 가난했을 것은 뻔한 일이다. 딸이 이 지도 작업을 힘껏 도왔다는 말도 전해진다.

이렇게 생계가 말이 아니었을 터인데도 그는 손수 제작한 지도를 판에 찍어냈다. 경비가 많이 드는 지도의 판형을 그가 어떻게 자금을 염출해서 만들었는지는 모르나 앞에서 소개한 인사들, 곧 그의 친구 최한기 등의 힘이 컸던 것으로 보인다.

그는 지도를 만들어서 당시 권세를 잡고 있던 흥선대원군에게 바쳤다고 한다. 그런데 흥선대원군은 "나라의 기밀이 누설될 위험이 있다"며 그를 옥에 가두어 문초했다는 이야기가 전해진다. 그리고 그가 만든 지도의 판각을 불살라버렸다고도 하고 문초를 받다가 옥중에서 죽었다고도 한다. 모두 확인할 수 없는 이야기이다. 당시에는 누구나 그의 지도를 간직하고 있었다고 하니 그의 이름이 널리 알려졌을 터인데 이와 관련된 기록도 거의 없다.

앞서 소개한 《이향견문록》의 저자 유재건은 중인으로 중인 인사의 일화를 많이 소개했다. 그는 김정호와 같은 시대에 살면서 그의 모습을 보았을 것이다. 그런데 그의 글을 보면 잡혀가서 죽었다는 이야기는 없다. 그리고 《철종실록》이나 《고종실록》은 물론 철종과 고종 당시 범죄자의 심문 기록을 충실하게 모은 《추안급국안》에도 김정호와 관련한 기록은 전혀 보이지 않는다. 그러므로 김정호에 얽힌 고난의 이야기는 민중이 그를 전설적 인물로 만들기 위해 지어 퍼뜨린 것으로 보인다.

그런데 1934년 조선총독부에서 감독해 발행한 《조선어독본朝鮮語讀本》에 그가 옥사했다는 이야기를 실어 마치 정설인양 가르쳐서 더욱 널리 퍼진 것으로 보인다. 교과서인데도 전설이라고 밝히지도 않아 사실인 것처럼 받아들이게 된 것이다. 또 어떤 사람은 일제 때 흥선대원군의 쇄국정책을 깎아내리려 지어냈다고도 말한다.

한동안 필자는 김정호의 생애에 관한 기록을 찾기 위해 여러 자료를 뒤

져보았다. 그의 교우관계와 가문을 추적해 찾아보았지만 이삭줍기 수준에 지나지 않았다. 이것은 조정에서 그만큼 그의 공을 인정해주지 않았다는 뜻이리라. 묵은 선비들의 시구 따위는 수없이 널려 있는데도 말이다.

한편 그의 지도를 제대로 써먹은 것은 엉뚱하게도 우리나라를 침략한 일본 군대였다. 1894년 청일전쟁이 일어났을 적에 일본군대는 〈대동여지도〉를 입수해 군수물자의 수송, 군사작전 등에 활용했다. 어찌하여 이렇게 되었을까? 만일 나라에서 그의 지도를 찍어 관가나 일반에게 걸리 돌려 이용하게 했더라면 그 효과는 굳이 말하지 않아도 알 만하다. 더욱이 19세기 말 일제와 맞서 의병을 일으킬 적에 의병의 손에 이 지도가 들려 있었더라면 그들에게 큰 도움을 주었을 터인데, 이것을 의병들이 이용했다는 기록은 어디에도 없다.

오늘날 우리는 자기희생으로 이룩한 그의 공적을 곰곰이 되씹어보며 이런 인물을 역사 속에 파묻히게 한 그 시대의 잘못을 반성해야 할 것이다.

지금 〈대동여지도〉 판본은 숭실대학교와 성신대학교에서 보관하고 있으며 동대문 밖에 그가 살았다는 거리를 '고산자로'라 이름 지어 그를 기억하게 하고 있다.

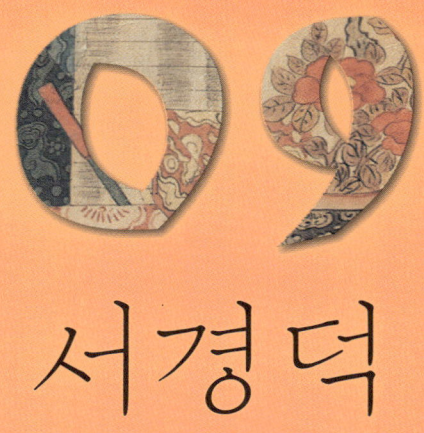

09

서경덕

독창적인 기철학의 세계를 연 거인

서경덕은 늦은 나이에 학문을 배우기 시작했으나 타고난 총명함이 있어 스스로 학문을 깨쳤다.

열네 살에 《대학》을 읽다가 뜻을 깨쳐 그 기쁨을 이기지 못하고 눈물을 흘렸다는 일화는

그가 얼마나 공부에 몰두한 학자였는가를 잘 보여준다.

● 궁리와 사색으로 몸을 해쳐

어느 찢어지게 가난한 집에서 매일 어린 아들에게 나물을 뜯어오게 했다. 봄철이니 새 나물이 들판에 자랄 테고 그것을 뜯어와 죽이라도 끓여 먹어야 했기 때문이다. 그런데 나물을 뜯으러 간 아이는 늘 늦게 돌아오는데도 빈 바구니만 들고 왔다. 그래서 어머니가 물었다.

"왜 며칠 동안 나물을 한 줌도 뜯어오지 않느냐?"

"나물을 뜯으러 들판에 나갔을 적에 종달새가 날고 있었습니다. 그런데 종달새가 그제는 땅에서 한 치쯤 날아오르더니 어제는 두 치쯤 날아올랐고 오늘은 세 치쯤 날아올랐습니다. 이 새가 나는 모양을 보고 그 이치를 생각하느라 늦었사옵니다."

종달새가 봄 아지랑이를 타고 오르내리는 모습을 보고 이 아이는 생각이 많았던 모양이다. 이 아이가 바로 화담花潭 서경덕徐敬德(1489~1546)이다. 그의 조상은 대대로 풍덕(지금의 개풍군)에서 살았다. 아버지 서호번은 낮은 벼슬을 했다고 하나 남의 땅을 소작해 생계를 꾸려나간 것으로 보아 녹봉을 받지 못했음을 알 수 있다. 그런데 서호번은 비록 소작인이었으나 소작료를 속이지 않고 꼬박꼬박 내 땅주인은 일일이 확인하지 않고 받았다고 한다.

서호번은 개성에 사는 한씨에게 장가를 든 연유로 개성에 옮겨와 살았다. 어느 날 개성에 큰불이 나서 그의 집에까지 옮겨 붙었다. 그러자 그는 향을 사르고 축문을 지어 "평생에 감히 의롭지 않은 일을 하지 않았나이다" 하고 하늘에 고하자 갑자기 바람이 일어 불이 붙은 초가지붕을 걷어버렸다 한다. 이에 사람들은 이 집안이 여러 대에 걸쳐 덕을 쌓아 하늘이 감응했다고 입을 모았다. 이런 아버지를 두었으니 가난할 수밖에 없었다. 그래서 서경덕은 늦은 나이에 글을 배워야만 했다.

그래도 타고난 총명이 있어, 어릴 적부터 하늘의 이치를 알고 싶으면 '하늘 천'자를 벽에 붙여놓고 문을 잠그고 한없이 그 글자를 바라보며 그 이치를 생각했다. 땅의 이치를 알고 싶으면 '땅 지'자를 붙여놓고 계속 궁리했다.

열네 살에는 개성의 어느 훈장을 찾아가 글을 배웠고 열여섯 살 때는 《대학大學》을 읽고 뜻을 깨쳤는데, 그 기쁨을 이기지 못해 눈물을 흘리기까지 했다. 훈장에게 글을 배우다가, 《상서尚書》의 〈기삼백편朞三百篇〉(역수曆數에 관한 내용)에 이르러 학문이 짧은 훈장이 "이 대목은 나도 배우지 못한 바이거니와 세상사람 누구도 아는 이가 드물 것이다"고 하자 서경덕은 집에 돌아와 보름 동안 이 대목을 놓고 밤낮으로 궁리한 끝에 해득하기도 했다.

이렇게 공부에 열중한 그는 밥을 먹어도 맛을 몰랐으며 길을 걸어도 어디로 가는지 몰랐다고 한다. 측간에 가서도 무엇을 골몰히 생각하느라 대변을 보려던 생각을 잊고 일어나 나오기도 했다. 어디 그뿐인가? 며칠씩 잠을 자지 않고 공부를 하다가 조금 눈을 붙이면 꿈속에서 풀지 못한 이치를 알아내기도 했다.

이렇게 20대까지 방 안에만 틀어박혀 궁리하며 지내다 보니 병이 들 수밖에 없어 문지방도 넘지 못할 정도로 몸이 쇠약해지자 궁리와 사색을 그만두기로 마음을 먹기도 했으나, 워낙 천성적으로 탐구심이 많아 스스로를 억제할 수 없었다.

그의 명성은 널리 퍼졌고 조정에서는 과거를 보지 않은 그에게 한때 벼슬을 천거했다. 하지만 벼슬에 뜻을 둘 그가 아니었다. 쌀이 떨어져 며칠

澤以花名故志澤
像室有山花之虞
耶以若徐先生
出處地以傳此
仁境奇卲有
釣臺為先生釣游
客後人連游斯
亭

화담 강세황이 그린 화담의 풍경. 서경덕은 송악산 자락 화담 옆에 초막을 짓고 학문에 정진해. 이때부터 '화담선생'
이라 불렸다고 한다.

씩 굶고 지내는 판인데도 조정의 녹봉에는 관심이 전혀 없었다.

조선시대에는 고려 왕조에 대한 향수가 짙다고 보아 개성 사람들을 소
외시킬 정도였는데, 문벌을 자랑하는 양반이 판치는 조선 중기에 보잘것
없는 문벌 출신인 그에게 벼슬이 천거된 것은 예사 대우가 아니었다.

● 산림과 벗하며 지내다

그는 우리나라의 명산대천을 돌아보려고 서른네 살에 유람을 떠났다. 어느 여름날 그는 속리산, 변산을 거쳐 지리산에 올랐다. 그가 지리산을 등반하면서 누구와 동행했는지는 알려져 있지 않으나 날이 저물어 반야봉에서 자게 되었다. 하늘에는 별이 빛나고 조각달이 숲을 함초롬하게 비추고 있었다. 그는 대자연의 조화에 빠져 무한한 감동을 받았다. 이때 그는 시인은 아니로되 시 한 수를 읊었는데 그 한두 구절은 이러하다.

> 땅은 그윽한 정기 모았다가 비, 이슬 일으키고
> 하늘은 맑은 기운 품었다가 영웅을 내네

그는 시를 지어도 정경을 읊기보다 이치를 깔아놓았다. 천성적인 철학자의 면모를 여기에서도 볼 수 있는 것이다.

송악산의 선비가 남쪽 지리산과 맺은 이 인연은 의미가 크다. 어느 때인가 서경덕은 제자 이지함을 데리고 지리산을 다시 찾았다. 이때 그들이 만난 사람들은 지리산 언저리에서 은거하는 대곡 성운과 남명 조식이었다. 성운과 조식은 조정에서 내리는 벼슬을 거절하고 철저하게 은둔의 삶을 산 선비들이다. 특히 조식은 만년에 지리산 덕산에 자리 잡고 스스로 처사로 자처한 인물이었다.

이들은 서로 어울려 시와 술을 주고받았고 '임천林泉'(벼슬에 나가지 않고 산에 묻혀 사는 생활)의 뜻을 노래했다. 이들은 한데 어울려 속리산까지 가서 머물며 대화를 나누다가 헤어짐을 섭섭해했다.

서울에서 벼슬도 하며 유학의 정통을 이은 이황과 이이에 비해 서경덕과 조식은 일종의 방계였다. 이황과 조식은 같이 경상도에 살면서 때로는 격려도 주고받았지만 때로는 틈이 생기기도 했다. 이이와 서경덕도 같은 경기도 출신으로 한때 이이가 서경덕의 학설을 배워 학문의 밑거름으로 삼기도 했지만 서경덕의 이론을 부분적으로 반대하기도 했다. 그러니 방계끼리의 만남은 정신사적으로 미묘한 뜻을 함축하지 않을 수 없었다.

이렇게 자연을 벗 삼아 은둔 생활을 하던 그도 마흔셋에 어머니의 간곡한 부탁으로 과거를 보았다. 참으로 그의 이상에 걸맞지 않은 행동이었지만 생원시生員試에 합격했다. 생원시에 합격하면 성균관에 들어가 앞으로의 벼슬살이에 적합한 수습과 훈련을 받는 것이 정해진 과정이어서 그도 성균관에 들어가기는 했다.

그러나 그곳에서 그는 별로 인정을 못 받은 것 같다. 그의 어수룩한 행동과 촌스러운 몸가짐이 권문세가의 세련된 자제들의 눈에 찰 리가 없었다. 개성 무지렁이로 따돌림을 받았을 것이다. 기록을 보면 이담°라는 사람만이 그를 남달리 대해주어 뒷날 칭송을 받았다고 한다.

어떤 연유로 성균관에서 물러나왔는지는 모르겠으나 그는 벼슬자리에 나아가지 않고 수습 도중에 슬그머니 개성으로 돌아와 송악산 자락에 있는 화담에 자리를 잡았다. 화담 옆에 초막을 짓고 못 다한 학문에 정진한 것이다. 그의 부인은 마을에 살면서 화담의 초막에 가 밥을 지어주었다. 이때부터 '화담 선생'이라는 별호가 붙여졌고 그의 소문은 더욱더 널리 퍼져나가 개성 일대는 물론이요, 서울에서까지 많은 제자들이 몰려들었다.

그의 제자를 두 부류로 나누어보면 첫째는 박순, 허엽, 박민헌 같은 명문 출신으로 높은 벼슬을 지낸 사람들이요, 둘째는 이지함, 강문우, 정개청, 서기 같이 벼슬길에 나아가지 않은 상민 또는 천민 출신(이지함은 명문 출신으로 벼슬에 잠시 나간 적이 있다)이었는데, 서경덕은 어느 출신이거나 가리지 않고 제자로 받아들였다. 상민 출신을 제자로 잘 받아들이지 않던 당시의 풍토로 볼 때 서경덕의 의식세계가 어떠했는지를 알 수 있다. 50대에 들어선 서경덕의 학문경지는 바야흐로 원숙의 단계로 접어들었다. 학문에 정진하는 그의 모습은 참으로 성자와 같았다.

어느 날, 강문우가 쌀을 짊어지고 가보니 스승이 화담 위에 앉아서 한낮이 지나도록 사람들과 이야기에 열중하고 있었다. 스승은 사람의 마음을 감동시키는 열변을 계속하는데도 얼굴에는 조금도 피곤한 기색이 보이지 않았다. 강문우가 뭔가 짚이는 것이 있어 부엌에 들어가 물으니 "어제부터 양식이 떨어져 밥을 짓지 못했다"고 했다.

한번은 허엽이 그를 찾아갔는데, 장마가 계속되다 보니 화담으로 건너가는 냇물이 불어 있었다. 엿새 동안 기다린 끝에 냇물이 조금 줄어 건너가니 그는 태평하게 거문고를 타며 글을 읊고 있었다. 인사를 끝낸 허엽이 저녁밥을 지으러 부엌으로 들어가자 "나도 저녁을 먹지 않았으니 내 밥도 지어라" 하고 서경덕이 말해 허엽이 솥뚜껑을 열어보니 솥 속에 이끼가 가득 끼어 있었다. "왜 솥에 이끼가 끼어 있습니까?" 하고 물으니 "물에 막혀 집사람이 엿새째 오지 않아서 이끼가 끼었나 보다" 했다고 한다(허균, 《성옹지소록惺翁識小錄》).

● 신분평등사상과 기이론이 만나다

이런 서경덕이었으니 조정에서 몇 차례 벼슬을 내렸다고 그가 받아들일 리 만무했으리라. 이런 생활 속에서 서경덕은 마침내 그의 학문적 사변과 철학적 사유를 정리해야 할 시기에 다다랐다. 쉰여섯 살에 그의 병이 깊어지기 시작했기 때문이다. 그는 〈원리기原理氣〉 등 논설 네 편을 지었다.

알다시피 이와 기는 성리학의 기본 요소로, 우주나 인간의 본질을 규명하는 원리이다. 중국의 주자가, 우주는 어떤 원리인 '이'와 그 작용인 '기'로 형성되는 것이라고 설파한 뒤 여러 학자가 그 이론을 자기 나름대로 풀어왔다. 서경덕의 해명을 간단히 살펴보면 이러하다.

> 형체가 없는 태허太虛(우주 생성 이전의 상태)를 선천先天이라고 하니 그것은 처음도 없고 끝도 없으며 쥐면 비어 있고 잡으면 없으며 귀로 들을 수도 없고 냄새를 맡을 수도 없다. 이 태허에는 곧 단 하나의 기가 있을 뿐이다. 그런데 후천後天에는 기 속에서 보이지 않는 가운데 약동이 일어나며 동시에 개벽이 일어난다. 이 같은 동작이 일어나는 것은 무엇이 그렇게 시키는가? 저 스스로 그러한 것이다. 역시 저 스스로 그러하지 않을 수 없는 것이니 이것을 '이理'의 시時라고 한다.

이런 논리는 확실히 주자의 설에 반대된다. 그리고 그는 촛불이 타서 없어지는 것 같지만 그 기는 우주 안에 그대로 있는 것과 같이 인간도 태어났다가 죽으면 없어지는 것이 아니라 보이지 않지만 우주 속에 그대로 있다고 보았다(이것을 물질불변설이라고 부른다).

이와 같은 그의 선·후천설과 물질불변설 등을 두고 당시의 학자, 곧 이황 같은 유학자들은 정통의 설이 아니라고 반박했다. 이에 그의 제자들은 서경덕의 학설이 주자의 이론과 다른 것은 중국 주염계의 설에 따랐기 때문이라고 변명을 늘어놓았다. 그러나 철저하게 독창적이요 스스로 깨친 것이라는 점에서 그의 이론과 학설은 불승 원효와 함께 우리나라 사상사에 우뚝 서게 된다.

그가 이렇게 형이상학에 몰두했다고 해서 현실 문제를 외면한 것은 아니었다. 그는 조정의 일을 논하기도 하고 잘못된 현실에 늘 민감하게 반응했다. 서경덕과 같은 동네에 사는 사람들은 다툼이 있으면 관가에 가지 않고 그를 찾을 만큼 그가 현실 또는 민중의 문제에 관심을 가졌던 것도 사실이다.

그래서 이지함은 서경덕의 철학을 토대로 해 지은 《토정비결土亭秘訣》을 민중에게 주었고, 허균은 그의 사상을 키워 현실개혁을 부르짖었다. 조선 후기에 와서 민중은 그를 신앙의 대상으로 삼기까지 했는데, 이것은 유학자로서는 처음 있는 일이다. 또 그의 선·후천사상과 '기' 속에 '이'가 내재해 있다는 설은 조선 후기의 신분평등사상으로 연결되기도 했다.

● 인간 평등의 도학을 가르치다

그의 제자들 중에서 가장 화제를 뿌린 인물이 황진이일 것이다. 개성사람들은 개성의 삼절三絶을 꼽았는데 박연폭포와 서화담, 황진이라고 했다. 황진이는 알다시피 유명한 기생이었고 재주가 철철 넘치는 재사였다. 그는 천한 신분으로 기생이 되어 많은 남정네를 그녀의 치마폭 앞에 무릎 꿇리면서 농락했다. 그래도 신분과 남녀를 차별하는 사회에 원망의 찌꺼기가 남아 있었다.

그녀는 서경덕을 찾아가 유혹했으나 서경덕은 유감없는 도학자의 면모를 보여 주었다. 그녀는 이 세상에 태어나 최초로 그를 스승으로 받들고 제자 노릇을 했다. 그녀가 마지막으로 그에게 배운 것은 인간 평등의 이론을 담은 도학이었을 것이다.

논설 네 편을 지어놓고 병이 더욱 깊어 한창 더위가 기승을 부리는 칠월 칠석날, 병석에 누웠던 그는 제자들에게 자신을 화담에 옮겨달라고 당부했다. 몸을 화담의 맑은 물로 씻고 돌아온 그는 곧 임종을 알리는 가쁜 호흡을 몰아쉬었다. 그때 한 제자가 "선생님, 지금 생각이 어떠십니까?" 하고 묻자 "살고 죽는 이치는 이미 안 지 오래다. 생각이 편안하다"라고 대답한 다음 곧바로 숨을 거두었다.

뒷날 그의 제자들이 문집을 꾸밀 적에 그의 학설이 너무 도가적이고 반주자학적이어서 조금 다듬었다고 전해진다. 하지만 중국에서 유명 문집을 모아 《사고전서四庫全書》를 편찬할 때 동방 학자의 문집으로는 그의 《화담집花潭集》이 유일하게 들었다. 그의 학문이 독창적이었음을 알려주는 대목이다.

지금 남쪽의 많은 사람들이 개성이 개방되어 박연폭포를 찾아 서경덕과 황진이의 유적을 돌아보고 있다. 오늘날 개성 삼절의 유적지는 잘 보존되어 있다.

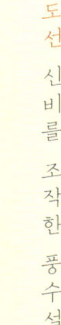
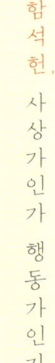

원효, 끝없는 정진으로 불교의 진리를 터득하다

의천, 고려불교의 서광을 밝힌 국사

도선, 신비를 조작한 풍수설

지눌, 선교일치운동을 통해 조화를 추구하다

함석헌, 사상가인가 행동가인가

최시형, 민족종교인 동학을 열다

손병희, 민족대표요 천도교 3대 교주

나철, 독립투쟁의 정신적 구심점을 만들다

3부

진리는 다르지 않아

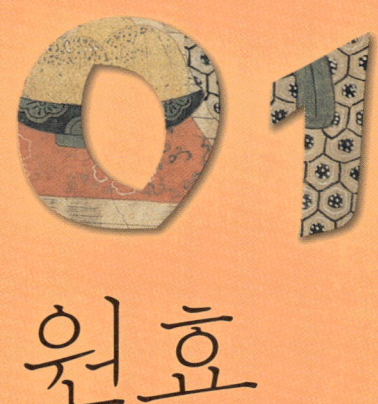

01

원효

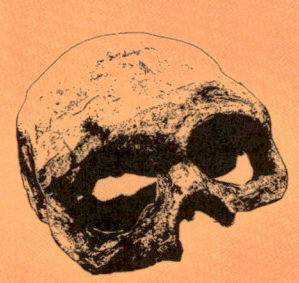

끝없는 정진으로 불교의 진리를 터득하다

원효는 신라 고승 가운데 당시 유학을 가지 않은 유일한 승려이다. 하지만 그는 정진을 멈추지 않았으며 민중 편에 서서 불교를 해석하면서 신라사회의 통합과 화합을 외친 인물이다.

🔴 유학 가는 길에 마음의 눈을 뜨다

예전부터 큰 스승 밑에서는 큰 학자가 나오지 못한다는 말이 있다. 왜냐하면 아무리 뛰어난 인재라도 스승의 가르침만 익히다 보니 독창적인 이론이나 견해를 내지 못하기 때문이다.

특히 스승의 그림자도 밟지 않는다는 스승 숭모사고가 지나쳐 스승과 제자가 지나치게 엄격한 관계가 형성된 조선시대에는 더욱 그러했다. 그리하여 이황 밑에서는 그만한 학자가 나오지 못했다. 이황의 계통을 잇는 후대들은 이황의 설에 비판을 가하거나 다른 학설을 내면 여지없이 파문을 당했다.

이것을 두고 예전 말로는 조술祖述이라 했다. 있는 그대로를 익히고 따를 뿐, 새로운 학설을 내지 않는다는 뜻이다. 조술과 반대되는 단어가 자득自得이다. 자득은 '스스로 터득한다'는 뜻이니 스승 없이 혼자의 힘으로 책을 읽고 사유하여 어떤 경지에 도달함을 말하는데 자득한 사람에게서는 흔히 독창성을 발견하게 된다.

신라의 고승 원효元曉(617~86)는 자득한 사람의 표본으로 꼽힌다. 당시 승려나 벼슬아치를 가릴 것 없이 지식인들은 너나없이 불법과 유교를 배우기 위해 당나라 수도 장안(지금의 시안)으로 유학하는 것이 하나의 풍조였다. 당시 장안에는 신라에까지 명성과 저술이 전해지는 고승들이 많았고, 신라의 청년들은 그런 고승의 설법을 듣고 가르침을 받아보는 것이 소원이었다. 그런 탓에 한때 장안에는 신라의 유학생이 250여 명이 넘은 적도 있었다.

원효는 어느 스승 밑에서 승려가 되었다. 그러나 그는 스승의 가르침보다 스스로 책을 읽고 사유하며 정진했다. 여느 사람처럼 이름난 스승을 찾아다니지도 않았다. 그러면서 뜻이 맞는 후배 하나를 만났다. 이 후배가 곧 신라에서 원효 다음으로 유명한 의상義湘이다. 원효는 의상과 뜻을 맞추어 당나라로 유학 가기로 했다.

당시 육로는 고구려 때문에 막혀 있었다. 두 사람은 뱃길로 가기로 했다. 그리고 남양만 언저리로 나왔다. 남양만에 이르자 비바람이 세차게 몰아쳤고 날까지 어두워졌다. 그들은 하룻밤을 보내기 위해 어둠 속에서 굴 하나를 발견하고 그 안에 들어 잠을 청했다. 원효는 새벽녘에 목이 몹시 말라 주위를 더듬어보았다. 요행히 바가지에 물이 담겨 있지 않은가? 원효는 그 바가지의 물을 시원스레 벌컥벌컥 마셨다.

아침에 일어나 보니 그들이 잠자던 굴은 묵은 묘였고 바가지는 다름 아닌 해골이었다. 그는 구역질을 해댔다. 그리고 깨달았다. '일체유심조一切唯心造', 모든 것은 마음가짐에 달려 있는 것이다. 부처는 무수히 마음을 강조했으나 원효는 그것을 읽으면서도 옳게 터득하지 못했다. 그러다가 해골바가지의 물을 마시고서야 체험적으로 깨달은 것이다.

이와 조금 다른 이야기도 전해진다. 굴속에서 하룻밤을 자고 나서 아침에 깨어보니 그 굴은 무덤이었고 여기저기 해골이 뒹굴고 있었다. 오싹했다. 그러나 밖은 여전히 비바람이 몰아치고 있었다. 두 사람은 어쩔 수 없이 그곳에서 다시 밤을 보내게 되었다. 첫날밤의 평온함과는 달리 이튿날 밤에는 온갖 잡귀들이 꿈에 나타나 원효를 괴롭혔다. 그리고 잠에서 깨서는 번뇌 망상이 머리를 어지럽혔다. 그리하여 원효는 새로운 마음의 소재를 알게 되었다. 다음 날, 날씨는 화창하게 갰고 황해의 푸른 물결도 잔잔

했다. 의상은 짐을 챙겨 원효에게 어서 배에 오르자고 했으나 원효는 고개를 저었다.

"아우님만 가시게. 나는 여기에 남겠네."

원효대사 초상화 원효라는 호는 스스로 지어 부른 것으로 '이른 아침' 또는 '처음 부처의 해가 빛난다'는 뜻을 지녔다.
(일본 고산사 소장)

하지만 기록에는 두 사람이 당나라 요동까지 갔으나 고구려 첩자의 고발로 잡혀 감옥에 갇혔다가 풀려났다고 한다. 앞의 이야기는 아마도 그를 높이려는 민중이 꾸며낸 이미지 조작일지도 모른다. 하지만 원효의 진면목을 알려주는 일화로 볼 수 있다.

원효는 신라 고승 가운데 당시 유학을 가지 않은 유일한 승려이다. 그는 계속 정진했다. 산속에서만 정진한 것이 아니라 때때로 시장과 거리에서 노래도 부르고 무애無碍라는 이름의 바가지를 두들기며 돌아다녔다. 그리고 아무데나 들어가 밥을 얻어먹고 잠을 잤다. 세상에서는 이런 원효를 미친 사람이거나 파계승으로 치부했다. 그러나 원효는 철저한 실험적 행동을 한 것이요, 무애의 행각을 보인 것이다.

그에게 많은 비난이 쏟아졌고 시기와 질투도 함께 퍼부어졌다. 그러나 그는 아랑곳하지 않았다. 이때 조정에서는 사건이 터졌다. 당나라에서《금강경》을 가져왔는데 이를 강설할 승려가 없었다. 대안大安에게 부탁하자 대안은 원효를 추천했다.

원효도 그때로서는《금강경》을 읽은 적이 없었다. 이런 그가《금강경》 강설을 부탁받고 흔쾌히 나섰다. 그는 시골 절에서 경주 황룡사로 오는 동안 소의 등에 걸터앉아 뿔 사이에 책을 놓고 강설 내용을 적어나갔다. 경주에 이르자 강설 내용이 완성되었다. 그런데 원효를 시기하는 무리가 한밤중에 강설을 적은 종이를 훔쳐갔다. 그는 다시 밤을 새워 강설 내용을 완성했고, 다음 날 왕과 고승 1천여 명이 모인 자리에서 화려하고 열정에 찬 법회를 열었다.

주관적 나와 객관적 사물, 이 둘 모두 절대적 특성을 가지지 않는다는 삼
공三空의 바다를 진이니 속이니 하며 대립한다. 이를 모두 원용하니 그냥
길이 즐겁다.

《금강삼매경론》

원효가 주장자를 쾅 내리치며 이렇게 소리치자 대중들은 무엇인지 알
아들을 것 같았다. 이 자리에 있던 모든 사람들이 원효의 강설을 들으며
찬탄해 마지않았다. 삼공은 해탈하는 세 가지 방법인데 공空, 무상無相, 무
작無作이다. 모두 하나로 녹여야 한다는 뜻이 아니겠는가?

● 모든 것은 일심으로 모아진다

원효는 경산의 6두품 집안에서 태어났다. 이는 귀족의 맨 끝자리에 드는 신
분이었다. 이런 신분을 지닌 그는 신라 귀족사회에서는 출세가 보장되지 않
았다. 턱거리 귀족이 되어 진골귀족의 눈치만 살피고 살아야 할 처지였다.

그는 출가한 뒤 이 절 저 절을 떠돌면서 전진했다. 원효라는 호는 스
스로 지어 부른 것으로 '이른 아침' 또는 '처음 부처의 해가 빛난다'는 뜻
을 지녔다.

그는 《금강삼매경론》을 비롯해 《대승기신론소》, 《십문화쟁론》 등 무수
한 저술을 냈고 불경을 해설했다. 이들 저술에서 일관되게 흐르는 사상적
맥은 무엇보다 일심一心이다. 조금 어렵지만 살펴보자.

유식학파와 중관학파가 공유空有를 두고 벌이는 논쟁에 대해 "긍정하면

서 스스로 부정하고 부정하면서도 긍정해야 한다"고 일렀다. 일심에 대해서는 "진여문眞如門과 생멸문生滅門의 두 문을 가지고 있다. 진여문은 발생도 없고 소멸도 없으며 증감이나 차별이 없는 절대적 본체이다. 생멸문은 발생과 소멸이 있으며 증감과 차별이 있다"고 선언했다. 진여문은 본질적 측면, 생멸문은 상대적, 현상적 측면임을 말하고 "이 둘이 하나이면서 둘이고 둘이면서 하나이다"라고 했다.

원효는 이런 이론을 신라사회에 적용하여 "쓸데없는 이론들이 구름처럼 일어 어떤 자는 나는 옳고 남은 그르다고 말하며 어떤 자들은 나는 그러하나 남들은 그러하지 않다고 주장하여 드디어 하천과 강을 이룬다. 유를 싫어하고 공을 좋아함은 나무를 버리고 큰 숲에 다다름과 같다. 비유컨대 청색과 남색은 체가 같고 얼음과 물은 원천이 같으며 거울은 모든 형체를 그대로 받아들임과 같다"고 일갈했다. 일심은 모든 것의 근원으로 화합의 근본이 되고 평등하고 차별이 없으니 부질없이 다툴 까닭이 없다는 것이다. 그는 교리를 놓고 대립하거나 한 걸음 나아가 여러 세력이 벌이는 분열과 갈등을 화쟁사상으로 모아들였다.

원효는 어느 날 경주 시내를 누비고 다니며 "누가 자루 빠진 도끼를 빌려줄 테냐. 내가 하늘을 받칠 기둥을 다듬겠노라"라는 노래를 부르며 돌아다녔다. 이 소문을 들은 태종무열왕은 "귀부인을 얻어 아들을 낳겠다"는 뜻이라 풀이했다. 태종무열왕은 그를 요석궁으로 불러 과부인 요석공주와 잠자리를 같이하게 했다. 이들 사이에 태어난 아들이 우리나라 유학의 시조로 일컬어지는 설총薛聰이다.

원효는 만년에 복성거사라 자처하고 무애행을 벌였다. 거사라 했으니 중이 아니라는 것이다. 그의 기행은 더욱 복잡해졌다. 바가지를 두드리며 고을고을을 누비고 다녔고 광인처럼 노래를 부르며 다녔다. 때로는 술집에 들어가 작부를 희롱하기도 하고 때로는 여염에 들어가 살기도 했으며 마음이 내키면 토굴에 들어가 좌선에 열중하기도 했다. 그러다가 다시 거리에 나와 민중의 틈에 끼어 춤추고 노래하며 즐거워했다. 임금이 법회를 열 때 원효를 대덕으로 초대했으나 시기하는 무리들이 "원효는 만인 적"이라고 지탄하면서 참여를 방해했다.

원효는 70세에 깊은 토굴에서 혼자 숨을 거두었다. 그는 민중이 전쟁으로 죽어가고 굶주림과 고된 노역으로 고통을 받는데도 귀족들은 사치와 호화로운 생활로 날을 지새우는 현실을 보았다. 그는 민중 편에 서서 불교를 해석하고 현실을 재단했다. 그리고 분열의 조짐이 보이는 신라사회에 통합과 화합을 외쳤다.

그의 업적은 순전히 자득의 소치였다. 그런데도 그는 우리나라 최고의 고승이요 사상가가 되었다. 그리하여 민중의 우상이 되었는데 엉뚱하게도 전국 곳곳에 원효가 지었다는 절들이 널려 있다. 원효가 곳곳에 절을 짓고 다녔던가? 이는 원효를 빌려 자신의 절을 유명하게 만들켜는 사술에서 나왔을 것이다.

02

의천

고 려 불 교 의 서 광 을 밝 힌 국 사

승려로서 최고직인 승통의 자리에 올랐던 의천은 대각국사라는 시호까지 받았다.
그러나 본질적으로 왕권강화와 문벌체제 타파라는 시각에서 출발해, 불교의 전반적이고
구체적인 개혁방향은 제시하지 못했다.

● 불법 정화에 나선 문종

의천義天(1055~1101)은 왕자로는 드물게 출가한 승려였다. 1055년 문종의 넷째 아들 의천이 태어났다. 이는 궁중의 경사라기보다 고려불교의 서광이라 할 수 있다. 의천이 태어난 다음해에 문종은 벼슬아치들의 학정으로 백성들이 극심한 고통을 겪고 있는 현실을 개선하고자 여러 곳에 어사를 내려 보냈다. 문종은 불교의 폐단에도 깊은 관심을 보여 다음과 같은 조서를 내렸다.

> 석가께서는 청정을 가장 먼저 가르쳐 더러움을 멀리하고 탐욕을 끊으라 하셨다. 지금 신역身役을 피하려는 무리들이 이름을 사문에 의탁하여 재물을 모으고자 농사를 짓고 가축 기르는 일을 본업으로 삼아 장사에 힘쓰는 것이 풍습처럼 되었다. 그리하여 나아가서는 계율을 어기고 물러가서는 청정의 서약을 업신여긴다. 어깨에 걸치는 법복으로 술동이를 덮고 강론하고, 범패 외는 마당을 파와 마늘을 심는 밭으로 떼어주었다. 장사꾼과 통하여 사고팔면서 술 마시며 놀이를 즐기고 있다. 절간의 꽃밭은 떠들썩하고 난초 화분은 지저분한데, 승려들은 속세의 관을 쓰고 속세의 옷을 입고 절을 수리한다고 핑계를 대고는 깃발과 북을 들고 노래하고 불면서 여염집에 들락날락한다. 그러면서 멋대로 시정의 사람과 싸워 피투성이가 된다. 짐은 선악을 구분하고 기강을 바로잡고자 온 나라의 이런 절을 도태시키고 계행戒行을 정성껏 닦는 자만을 편안히 도를 닦고 살게 하겠노라. 이를 범하는 자는 법으로 다스리겠노라.
>
> 《고려사》〈세가世家〉

현실을 아주 냉철히 살펴본 준엄한 지시였다. 비리를 막자는 것이지 불도들을 탄압하자는 뜻이 아니었다. 이 지시에 따라 많은 절을 헐어버렸다. 헐린 절들은 대부분 귀족들이 벌여놓은 원당이나 권력을 끼고 중생제도를 외면하는 사원이었다. 민중들은 박수를 보냈다. 그리고 개인이 집을 보시하여 절로 삼는 일을 금지시켰으며 한 집안에 아들이 셋 있을 경우, 15세가 넘은 아들 하나만을 출가하는 것을 허락했다.

문종은 재위 37년 동안 누구보다도 불법의 진흥에 앞장섰다. 관례에 따라 조금도 소홀함이 없이 궁중에서 법회를 열고 일곱 차례나 승려에게 반승飯僧을 베풀었는데 최고 3만 명이 모여든 적도 있었다. 현화사에 국가소유의 둔전屯田 2천 2백여 결結을 시주하기도 했다. 벼슬아치들의 반대를 무릅쓰고 12년에 걸쳐 개성 덕적산에 흥왕사를 짓고 원당으로 삼았는데, 그 규모가 2천 800칸이나 되었다. 그리고 성종 때에 폐지되었던 팔관회와 연등회를 30년 만에 부활시켰다. 문종의 이러한 행적이 이율배반적으로 보일 수도 있겠으나 그의 조서는 어디까지나 사찰과 승려의 타락을 방치할 수 없어 불가피하게 내린 개혁 조치였다.

● 시대적 요구에 따른 새로운 종파, 천태종

어느 날 문종은 여러 아들을 불러놓고 "누가 스님이 되어 복전의 이익을 얻겠는가?"라고 물었다. 다른 아들들은 아무 말이 없었으나 11세가 된 후煦(의천)가 나서서 "제가 출가할 뜻이 있습니다. 오직 부왕의 분부를 기다릴 뿐입니다"라고 말했다. 의천은 어린 나이에 출가하여 개경 외곽에 있는 영통사 등에 머물면서 화엄종의 교지를 배웠고 유교의 가르침까지 두루 섭렵했다. 그는 송나라 명승 정원법사淨源法師에게 편지를 보내 교분을 넓혔으며 정원법사의 저술을 모두 얻어 보았다. 그의 탐구욕은 이에 머물지 않았다.

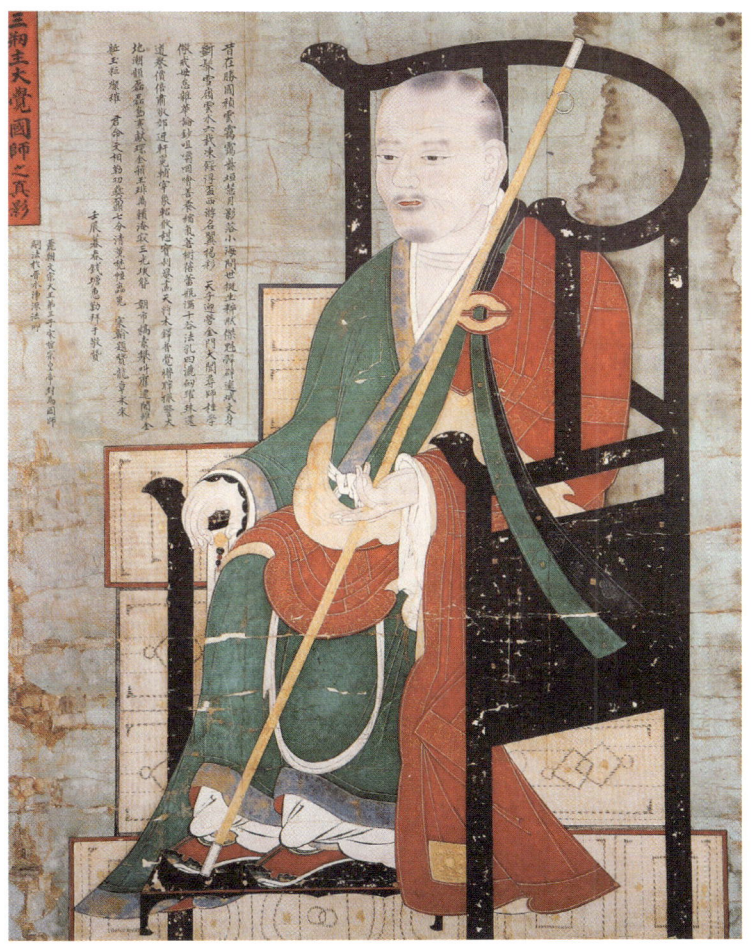

대각국사 의천 초상화 의천은 견문이 넓고 깊으며 합리적 판단을 하는 성품에다가 왕자라는 높은 신분도 지니고 있었다. 따라서 그에게는 남다른 지도자의 역할이 요구되었다.

의천은 아버지와 형들에게 중국에 가서 불법을 배워오겠다고 청했으나 허락을 얻지 못했다. 특히 어머니가 한사코 말렸다. 문종이 죽은 뒤인 1085년 사월 초파일에 어머니에게 편지를 남기고 그는 제자 두 명과 함께 송나라 상선을 타고 송나라 수도 변경(지금의 하남성 개봉)으로 들어갔다. 그때 송나라는 거란족이 세운 요나라에 밀려 북경 일대를 내주었다. 고려는 송나라와 교류를 하면 육로를 피해 배편을 이용하고 있었다. 의천은 그만큼 험한 길을 왕래한 것이다.

당시 변경에는 인도승과 라마승을 비롯하여 남쪽 여러 나라의 승려들의 내왕이 끊이지 않았다. 그는 많은 승려들과 교류를 하면서 송의 철종 황제를 만나고 그곳 벼슬아치들에게서 융숭한 대접을 받았다. 그는 이에 만족치 않고 고행을 거듭하며 항주 등지 남쪽의 여러 절을 두루 돌아보았다. 그리고 서호 주변의 절에도 드나들었다. 그런데 예전과 다른 기묘한 현상이 벌어졌다. 의천은 출국할 때 많은 불교 관련의 책을 가져갔다. 당시 송나라는 거란과 오랜 전쟁을 벌이면서 불경 관련의 책들이 불에 타서 구독하기 힘들었다. 이를 알고 있던 의천은 가져간 책들을 그곳 승려들에게 보여 주었다. 종래에는 송나라에서 불교책을 들여 왔었는데 이때는 도리어 수출하는 모양이 되었다.

이렇게 1년 2개월을 보낸 뒤에 고국으로 돌아왔다. 그의 어머니가 아들이 보고 싶어 귀국을 종용하는 간곡한 편지를 송나라 황실에 보낸 것이다. 의천은 고국에 돌아와 흥왕사에 머물면서 송나라에서 가져온 불경과 경서 3천여 권을 나라에 바쳤다. 그는 흥왕사에 교장도감敎藏都監을 설치하고 연달아 북쪽의 요나라와 송나라에서 책을 들여와 찍어냈다. 이때 간행한 책이 4천 700여 권에 이르렀으며 여기에는 원효의 저술도 포함되어 있었다.

그가 국청사에 머물 적에는 고승 1천여 명이 모여들어 거처할 창이 모자랄 지경이었다. 이때 본격적으로 천태 교학을 강의하면서 천태종을 창시했다. 그리고 2년 뒤에 천태종은 세상에서 공인된 종파가 되었다. 그가 새로운 종파를 창시한 것은 시대적 요구에 따른 것이다. 이 무렵 선종과 교종의 대립과 갈등이 재연되고 있었다. 한편 국제관계로는 북방에서 여진세력이 크게 성장하여 고려를 위협하고 있었다. 의천은 견문이 넓고 사려가 깊으며 합리적 판단을 하는 품성에다가 왕자라는 높은 신분도 지니고 있었다. 남다른 지도자의 역할이 요구되었던 것이다.

● 관념을 실천으로, 대립을 융화로

그는 왕권을 강화하고 문벌세력을 누르며 불교의 타락을 막고 민중을 추동하여 여진의 침입에 대비해야 하는 책무를 스스로 걸머졌다. 이런 이념을 처음에는 화엄종 사상을 중심으로 펴려 했으나 나중에는 천태종을 통해 구현하려 했다. 의천은 중국의 절강성 천태산의 국청사를 찾아가 천태종의 교리를 깊이 있게 새겼다. 국청사는 천태종의 중심 사찰이다. 이 절 앞에는 고구려와 신라의 승려들이 공부할 때 거처했던 신라원이 있다. 그는 그곳에 있으면서 고려에서 천태종의 교의를 펴보려고 마음을 굳게 먹었다. 천태종에서는 선과 지혜의 조화를 강조한다. 그는 특별히 조화에 관심을 기울였다.

천태종의 기본 경전은 《법화경》이다. 《법화경》의 중심 사상은 《화엄경》보다 구체적인 회삼귀일會三歸一에 있다. 곧 사람의 등급을 셋으로 나누는데 "아무리 모자라는 중생이라도 성불할 수 있다"고 했고 "마음이 바로 부처이고 중생"이라고도 했다. 그러니 셋이 마침내 하나로 돌아간다는 것이다. 의천은 부처가 마지막으로 설법한 이 사상을 고려의 현실에 뿌리내리도록 했다. 신분 갈등을 해소할 수 있는 평등관의 구현이었다.

그가 존숭하는 선사는 원효였다. 의천은 원효의 화쟁사상을 어떻게 새로운 환경에 맞는 이념으로 만들 것인지 고심을 거듭했다. 그리고 마침내 이론과 실천의 양면을 강조하는 교관겸수敎觀兼修를 제창했다. 화엄종을 비롯하여 교의만을 닦는 종파들은 마음의 실체를 버리고 바깥에서 허망하게 진리를 찾아 헤맨다고 보았다. 선종처럼 참선에만 치우치는 종파들은 바깥의 현실은 외면하고 마음에만 진리를 밝히려 하여 현실을 소홀하게 한다고 보았다. 그는 한쪽에 치우치는 것은 아집이라고 했다. 그래서 화엄종과 선종이 벌이는 다툼에 대해 이렇게 설파했다.

토끼뿔은 실재하지도 않는데 한쪽에서는 길다고 우기고 한쪽에서는 짧다고 우기는 것과 다름이 없다.

《대각국사문집大覺國師文集》

이처럼 의천은 교의 공부와 함께 선을 실천해야 한다는 점을 강하게 주장했다. 이는 관념을 실천으로, 대립을 융화로 이끌 수 있는 이념이었다. 그래서 교관겸수를 원융사상이라고 하며 이를 표방한 천태종을 총화불교라고도 한다.

의천은 자신이 처음 몸담았던 화엄종의 일부 세력과 대립했고 법상종을 받드는 문벌 귀족들로부터 많은 지탄을 받았다. 뒷날 왕사로 추대된 학일學一은 의천의 협조를 거절하고 선종의 독자성을 지키려 했다. 학일은 의천이 죽은 뒤 청도의 운문사에 은거하면서 선에 정진했다.

● 화폐의 유통을 주장하다

의천의 실천적 현실인식은 화폐의 통용을 강력하게 추진한 데에서도 잘 드러난다. 그는 송나라에서 돌아와 형인 숙종에게 화폐를 통용하게 해달라는 건의를 올렸다. 거기에 다음과 같은 내용이 있다.

> 돈은 몸은 하나이지만 역할은 네 가지입니다. 첫째, 생김새를 보면 둥글고 구멍은 네모납니다. 둥근 것은 하늘을 상징하고 메모난 것은 땅의 모양입니다. 이는 하늘이 온갖 것을 완전하게 덮고 땅이 완전하게 받쳐주는 것을 나타냅니다. 둘째, 돈은 샘물처럼 끝없이 흘러나와 마르지 않습니다. 쓰면 없어지는 곡식과 다릅니다. 셋째, 돈을 백성에게 퍼뜨리면 위아래 어디를 돌아다니더라도 길이길이 막힘이 없습니다. 넷째, 돈은 이익을 브유한 사람과 가난한 사람 모두에게 나누어줍니다. 그 날카로움은 칼과 같으나 늘 써도 무디어지지 않습니다.
>
> 《대각국사문집》

그는 송나라의 화폐유통을 보고 고국에 널리 통용케 하여 민생에 도움을 주려 했다. 그의 이런 주장과 이론은 숙종의 마음을 휘어잡았다. 고려 역대 조정에서도 화폐의 통용을 여러 차례 시도했으나 성과를 거두지 못했다. 숙종은 주전관鑄錢官을 두어 화폐를 만들었으며 주전도감鑄錢都監을 두어 동전을 찍어냈다. 이리하여 의천은 한국 화폐 발달사에 큰 이름을 올렸다. 이는 그가 승려로서 정치권력에 개입한 것이 아니라 중생제도를 위한 한 방편이었다는 점에 의미가 있다. 이를 현실참여라 해도 좋을 것이다.

숙종은 한편 의천에게서 자문을 받아 불교 개혁을 서둘렀다. 대표적인 사례를 하나를 들어보자. 당시 비구와 비구니들은 친목을 위해 만불회萬佛會를 조직했다. 이 조직은 전국적으로 확대되었는데, 비구와 비구니들은 서로 연계하여 가난한 이와 고통 받는 이들을 외면하고 고리대 등 이권 챙기기에 열중했다. 그리고 신도들을 유혹하여 시주를 받아냈다. 숙종은 이를 전면적으로 금지하는 조치를 내렸다.

의천은 승려로서 최고직인 승통僧統이 되었고 대각국사라는 시호를 받았다. 이는 결코 왕자라는 혈통에 힘입은 것만은 아니었으나 이것에서 자유로울 수는 없었다. 그의 명망은 양식 있는 승려만이 아니라 신도들에게 더욱 높았다.

하지만 한계도 있었다. 의천의 사상은 본질적으로 왕권 강화를 위한 의식 기반과 문벌체제의 타파라는 시각에서 출발하여 불교의 전반적이고 구체적인 개혁 방향을 제시하지 못했다. 절들은 귀족의 원당으로 전락하여 재산 도피처가 되고 정치권력 투쟁에 이용되는 등 현실적 모순에 휩싸였지만 이를 전면적으로 개혁할 수 있는 방향을 제시하지 못했다.

그리하여 귀족불교를 민중불교로 끌어내리는 데 실패했고 원효의 깊은 뜻을 올바르게 실현하지 못했다. 의천이 죽고 난 뒤 그가 추구했던 원융사상은 빛이 바랬고 불교의 타락은 더욱 심화되었다.

그 까닭은 첫째, 밑으로부터의 개혁을 시도하지 않았기 때문이다. 광범위한 승려와 신도를 중심으로 결사운동을 벌이지 않은 것이다. 둘째, 조직적인 개혁 프로그램을 만들어 실현해내지 못했다. 지나치게 이념 제시에 열중한 것이다. 이러한 의천의 개혁사상은 뒷날 태어난 지눌에게 큰 영향을 주었으며 지눌에 의해 그 한계는 상당히 극복되었다.

오늘날 한국전쟁 당시 불타 없어진 영통사를 남쪽의 천태종에서 천태종의 본산이라 하여 복원했다. 이 복원과정에서 의천의 행적이 적힌 비가 발견되어 보존되고 있다. 이 비는 오랜 풍상이 할퀴어 훼손되어 있으나 그 원형을 잃지 않고 있다. 그리고 중국의 개봉과 항주의 서호 언저리 등 그가 머물렀던 여러 절에 그의 행적을 기록해 두어 남쪽 관광객의 발길을 끌고 있다.

03

도선

신비를 조작한 풍수설

도선은 혜철의 맥을 이어 바람을 일으킨 선승으로 명망을 얻었으며 밀교를 수용한
통합사상의 제창자였다. 그러다 보니 고려 창건의 지배세력은 도선의 지식을 이용해
고려 건국의 당위성을 설파했다.

● 도선, 과연 그는 술승이었는가

신라와 고려의 승려 중에는 정치적 영향력을 행사한 인물들이 많다. 어떤 점에서 보면 도선道詵(827~898)도 그런 경우에 해당할 것이다.

흔히 도선을 두고 우리나라 승려로는 최초로 풍수지리설을 연구하고 비보설裨補說을 전수했다고 한다. 또 그의 발길이 전국에 닿아 지리의 순역을 점치고 이를 비기에 적어 놓았다고 한다. 여기에다가 도참설圖讖說에 따라 왕건의 탄생과 고려의 건국을 예언했다고도 한다. 그리하여 도선이 지었다는 비기가 수십 종 나돈다. 도선에 얽힌 이야기는 신비스러운 분위기에 쌓여 민중 속에 널리 퍼졌다. 과연 그는 술승術僧이었을까? 그 실상에 접근하기 위해 먼저 그의 생애를 밝힌 비명을 간단히 살펴보자.

도선은 전라도 영암에서 태어났으며 속성은 김씨인데 태종무열왕의 서손 계통이라는 말이 전해진다. 하지만 그의 조상의 내력은 확실치 않다. 아무튼 신라 왕족이라고 해서 살아생전인 신라 말기에 크게 덕 볼 것은 별로 없었을 것이다.

그는 출가하여 처음에는 화엄사에서 불법을 익혔다. 하지만 교학의 현학적인 분위기에 염증을 느껴 선학으로 방향을 돌렸다. 그리하여 혜철惠哲(785~861)이 동리산(지금의 곡성 태안사)에서 후학을 가르치자 도선은 여기에 들어 선학을 배웠다. 당시 선학을 추구한 승려들은 신라 왕실과 거리를 두려 했다. 문성왕이 사자를 혜철에게 보내 하문하고 나라를 다스리는 방책을 묻자 적당히 응대하면서 산문을 나서지 않았다.

그는 그 뒤 전국을 떠돌며 수도를 거듭하다가 백계산(광양)의 옥룡사를 일으키고 이곳에서 참선에 들어 묵언으로 35년을 보냈다. 이때 헌강왕이 사자를 보내 경주로 초청하자 그는 스승과는 달리 잠시 경주로 가서 현언 묘도玄言妙道로 임금을 깨우친 뒤에 옥룡사로 돌아왔다. 그는 욕룡사에서 72세로 열반했다. 여러 기록에서 뽑은 그가 살아온 과정은 거의 틀림이 없다고 판단된다.

곧 그는 구산九山 선문의 하나인 동리산에서 당나라 유학승으로 밀교를 익혀 돌아온 혜철의 제자가 되었으며, 일생 동안 만행과 선승으로 지내다가 잠시 헌강왕의 초청을 받았다는 것 등이 역사적 사실과 일치한다.

도선국사 초상화　도선은 혜철의 맥을 이어 바람을 일으킨 선승으로 명망을 얻었으며 밀교를 수용한 통합사상의 제창자였다.

● 참선으로 마음을 깨치라

혜철은 당나라로 건너가 선을 전수받고 이어 밀교에 깊이 빠져 들었다. 밀교는 비로자나불을 받들되 모든 보살과 선신善神과 무속까지 융화 포섭하는 통합사상을 기저로 삼았다. 이는 원효의 화쟁사상과 본질적으로 상통한다. 그리고 밀교는 땅의 정령이 호생好生의 근본이 된다고 보았다. 따라서 풍수지리설과도 연관이 있다. 밀교에서는 수도할 때 장소를 매우 중요하게 여겼다. 장소가 바르면 수도도 잘 되고 깨침의 효과도 쉽게 얻을 수 있다고 본 것이다. 이런 탓으로 밀교에서는 택지법이 중시되었다. 혜철은 이런 밀교를 공부하고 일항一行(행이 줄을 뜻할 때는 항으로 발음)의 사상을 전폭적으로 수용했다.

그러면 일항은 누구인가? 일항은 밀교의 교의를 배우고 나서 당나라 밀교의 개조가 되었다. 일항이 살던 시대에는 측천무후가 일어나 당나라 조정을 쥐고 흔들면서 정치세력이 분열되고 사상계가 혼돈을 겪었다. 당시 당나라는 말기적 증상이 보이고 있었다. 이런 때에 불교적 통합사상이 요구되었으며 그는 밀교를 통해 이를 풀어보려 했다. 그는 천문, 역수에 밝은 천문학자이기도 했다. 이때 한나라 때 유행했던 풍수지리설을 밀교의 지령地靈 이론과 결부시켜 부분적으로 수용했다.

혜철은 스승 지장智藏을 통해 일항의 사상을 모두 섭렵했으니 제자 도선이 이를 공부한 것은 너무나 당연한 전개이다. 따라서 도선은 선승이면서 밀교를 받들어 비보설을 내세웠을 것이다. 곧 절을 지으려면 산천의 순역에 따라 짓되 거슬리는 곳을 골라 절을 지어 나쁜 기운을 막아야 한다는 주장을 폈을 것이다. 마치 독사를 무거운 돌로 눌러 움직이지 못하게 하거나 병이 든 몸 부위에 뜸을 뜨듯이 절을 지어 눌러 놓아야 한다는 것이다.

이를 역으로 풀어보면 사찰을 함부로 짓는 일을 막는 효과가 있을 수도 있다. 신라 말기에는 절을 함부로 지어 민중에게 많은 고통을 안겨주지 않았던가? 그래서 도선은 아무리 좋은 곳을 골라 절을 지어 복을 받아도 참선으로 마음을 깨치는 것보다 못하다고 갈파했다.

● 정치세력에 의해 왜곡된 명승

이런 일항, 지장, 혜철, 도선으로 이어지는 융합사상을 역이용하여 확대 재생산한 자들이 바로 고려 건국의 지배세력이다. 그들은 왕건이 궁예를 몰아내고 왕위를 찬탈한 일을 합리화하고 고려의 건국이 하늘의 뜻에 따라 이루어졌음을 끊임없이 조작해냈으며, 도선을 좋은 미끼로 삼았다.

그 첫 조작이 《고려사》〈세계世系〉에 나타난다. 용륭龍隆이 개성의 곡령 밑에 새로 집을 지으려고 했다. 그때 마침 도선이 당나라에 들어가 일항에게서 지리의 법술을 배우고 돌아와 백두산을 올라 그 아래 산맥을 두루 살펴보았다. 그가 개성으로 발길을 돌려 곡령에 이르러 용륭이 지은 새 집을 보고 말했다. "기장을 심을 땅에 삼을 심어서야 되겠소?"

도선이 말을 마치고 휭 하니 가자 용륭이 도선을 다시 모셔와 곡령에 올라가 산수의 맥을 보게 했다. 도선이 하늘과 땅을 살피고 난 뒤에 이곳은 명당이며 그대는 물의 운명을 받았다고 말하고 집 36채를 지으면 큰 운수가 트인다고 말했다. 명년에 성스러운 아들이 태어나면 삼한의 주인이 될 것이니 이름을 왕건이라 지으라고 당부했다. 용륭은 물론 그 말을 그대로 따랐다. 그리고 다음 해에 왕건을 낳았다.

자, 이 대목은 여러 사실을 정교하게 짜깁기해서 만들었다. 도선은 당나라에 유학을 가지 않았다. 일항이 죽은 시기와 도선이 태어난 시기는 100년의 차이가 난다. 일항은 727년에 죽었다. 더욱이 혜철도 일항의 제자인 지장을 만났지 일항을 직접 만나지 못했다. 도선이 여진족이 득실거리는 백두산에 가봤는지는 모를 일이나 용륭이 곡령 아래에 산 것은 틀림없는 사실이다.

'기장'은 당시 임금을 일컫는 발음과 비슷하다고 한다. 아마 군장을 의미하는 지도 모른다. '물의 운명'도 그럴 만한 사연이 있다. 궁예는 연호를 '수덕만세水德萬歲'로 삼았다. 당시 오행설에 따라 상생상극을 인간의 운명에 원용하는 풍조가 일었다. 신라는 화덕火德을 표방했다. 물은 불을 이기며 또 만물을 소생케 하는 덕을 지녔으니 중생을 고통에서 풀어줄 덕을 지녔다는 뜻에서 선포한 것이다. 왕건은 쿠데타를 단행한 뒤에도 궁예가 내세운 수덕을 그대로 표방했다.

36이라는 숫자는 당나라 수도인 장안(오늘날의 시안)의 도시 구획인데 경주도 이를 본받았다. 어느 시인이 장안을 두고 삼십육궁도시춘三十六宮都是春이라 읊을 정도로 36은 평화와 번영을 상징한다. 개성은 비록 이런 도시 계획을 이룩하지 않았으나 민중이 정신적 고향으로 삼는다는 의미를 지니게 된다.

왕건이 아버지의 성인 '용'을 따르지 않고 '왕'으로 바꾼 사실을 두고는,

뒷세상에 살았던 김관의 조작이라는 비판이 있다. 본디 조상 때부터 왕씨였다고 지적한 것이다. 하지만 신라시대에는 특별한 귀족을 제외하고는 성을 바꿀 수 있었으며 어머니의 성을 따르는 경우도 흔했다. 그러므로 이 설화는 도선의 명망을 가져다 왕건의 탄생이 하늘의 뜻이라는 이미지를 깔아놓은 것이며 고려의 건국이 결정되어 있다는 도참설을 원용한 것이다.

　이런 조작은 결국 고려 건국설화의 기본 틀이 되었다. 그리하여 1150년 (의종 4) 최유청이 의종의 분부로 도선의 비명을 쓰면서 도선이 화엄사에서 음양오행설과 여러 비기를 공부하고 왕건의 출현을 예언하여 고려의 건국을 도왔다고 기록했다. 이로 인해 역대 임금들이 그를 추존하여 왕사, 국사로 받든 사실을 적고 이렇게 설명했다.

　　스승이 전해준 음양, 술수의 책 몇 가지가 세상에 많이 떠돈다. 뒷세상에
　　지리를 말하는 자들이 모두 스승을 종조로 받든다.

〈선각국사탑비〉

　이것은 도선이 열반한 지 152년 뒤의 기록이다. 민지는 최유청보다 300년쯤 뒤에 활동했다. 민지가 저술했다는 《세대편년절요世代編年節要》에 다음과 같은 기록이 있다.

　　《고려사》에서 이를 전재하여 전한다. 왕건이 17세 때에 도선이 다시 찾아
　　와서 "혼란한 시기에 창생을 구제할 운수를 지녔다"고 이르고는, 군사를
　　출동시켜 진영을 둘 곳을 일러주었다고 한다. 왕건은 이 말을 따라 궁예에
　　게 몸을 던져 처음 철원군 태수가 되었다고 한다.

도선이 용릉을 만난 때는 895년으로 용릉이 죽기 3년 앞선 시기이다. 당시 신라의 진성왕은 비정을 거듭하여 나라는 수습할 수 없을 정도로 혼란스러웠다. 이때는 진훤(甄萱이 성으로 쓰일 때는 진으로 발음)이 혼란의 틈을 타 완산주에서 나라를 세운 지 3년이 되는 해요 궁예가 왕위에 오른 해이기도 하다. 이렇듯 고려 창건의 지배세력은 도선을 철저히 이용했다. 도선은 혜철의 맥을 이어 바람을 일으킨 선승으로 명망을 얻었으며 밀교를 수용한 통합사상의 제창자였다. 그가 주창한 풍수설은 새로 유행을 타는 분위기였다. 이런 때 그의 지리 지식을 정치적으로 이용한 것이다. 신라 왕실에서 먼저 그를 초청했을 때 왕건은 보물을 놓친 기분이었을 것이다. 더욱이 남쪽의 호족을 포용하는 과정에서 도선의 이미지는 충분히 이용가치가 있었을 것이다. 그래서 도선을 고려 건국의 당위성을 설파한 술승으로 만들지 않았을까? 현재 그의 고향 광양에 있는 옥룡사를 복원해 두었는데 풍수지리장이들의 발길이 끊이지 않는다고 한다.

04

지눌

선교일치운동을 통해 조화를 추구하다

우리나라 불교사에서 보조국사 지눌은 몇 손가락 안에 꼽히는 스님이다.
그는 선교일치를 위해 헌신했으며 죽은 뒤에는 나라에서 공로를 기려
불일보조라는 시호를 내려주었다.

● 부처의 참뜻을 쫓다

보조국사普照國師 지눌知訥(1158~1210)은 우리나라 불교사에서 몇 손가락 안에 꼽히는 스님으로 우러름을 받는다. 그는 선교禪敎 일치를 위해 헌신한 고 승으로, 죽은 뒤에는 나라에서 그의 공적을 기려 불일보조佛日普照라는 시 호를 내려주었다.

그의 불명은 지눌이요, 호는 목우자牧牛子이다. 그리하여 그는 불일보조 국사를 비롯해 보조, 지눌, 목우자 등으로 널리 불린다.

지눌의 속성은 정씨鄭氏였는데 황해도 서흥 땅에서 국학학정國學學正이라 는 벼슬을 한 광우光遇의 아들로 태어났다. 그는 태어나서부터 병이 많아 몹시 허약했다. 그리하여 여러 약을 썼지만 잘 낫지 않아 그의 부모는 부 처님께 빌면서 건강해지면 출가를 시키겠다고 서약했다.

그 뒤 지눌은 병이 나아 여덟 살의 나이에 부모 곁을 떠나 출가했다. 지 눌은 머리를 깎고 계를 받아 사미승이 되었지만 일정한 스승이 없었다. 그 리하여 스스로를 채찍질하며 정진을 거듭했다. 그는 스물다섯 살이 되던 해에 승과에 급제하여 승려로서의 출셋길에 발을 들여놓았다.

당시 승려로서 승과에 급제하는 것은 출세의 첫 단계였다. 그러나 당 시의 불교계는 여러 가지 타락의 양상을 보이고 있었다. 더욱이 당시 무 신정권은 발호를 거듭하고 있었다. 이러한 시대 상황은 그에게 역사적 사 명을 짊어지게 했다.

승려들에게는 출가의 본뜻과는 달리 명리를 탐하는 풍조가 물들어 있었 다. 많은 수재들이 중이 되어서는 높은 자리를 차지하려는 풍조가 일었고 세속에 물들어 재물과 재산 늘리기에만 골몰해 있었다. 더욱이 나라에서도 큰 불사를 벌여 재정을 소모하고, 여느 불자들도 불도의 실천보다 종파에 얽매여 분열을 조장하고 있었다. 이런 비리를 큰 소리로 지적한 것은 유자 출신의 최승로崔承老였다. 최승로는 불교의 비리를 강한 어조로 질책했다.

게다가 선종과 교종은 끊임없는 마찰을 빚었다. 불립문자 견성성불不立文字 見性成佛을 표방한 선종은 교종을 아주 낮게 보았고, 부처님 말씀을 토대로 중생을 제도해야 한다고 표방한 교종은 선종을 현실을 외면하고 있는 무리라고 매도했다. 선·교종은 신라 후기부터 대립해왔는데 이들의 조화를 들고 나온 것이 대각국사 의천이었다.

지눌은 이러한 현실 모순을 보고 개혁에 큰 관심을 쏟기 시작했다. 그리하여 처음부터 승과 합격에는 관심이 없었고 오직 하나의 운동을 벌일 결심을 했다. 그는 20대의 중반 무렵, 곧 승과에 합격하던 해에 개성 남쪽에 있는 보제사의 담선법회談禪法會에 참석했다. 이때 많은 불자들이 모여 있었는데 그는 같은 또래의 10여 명을 모아놓고 이렇게 말했다.

> 법회가 끝난 후, 마땅히 명리를 버리고 산림에 은둔해서 동사同社를 만들자. 그리고 늘 선정禪定을 익히고 지혜를 닦는 것을 급선무로 삼고 예불과 경 공부를 하면서 직접 노동으로 울력(여러 사람이 힘을 합쳐 하는 일)하여 각각 맡은 바를 이룩해나가자.
>
> 《보조법어普照法語》

여기에서 '선정을 익힌다'는 것은 참선으로 자기 내면을 가꾸는 것이며, '지혜를 닦는다'는 것은 부처님 말씀을 공부하자는 것이다. 이는 곧 스스로 노동을 통해 고행을 하면서 몸소 실천하는 부처님 제자가 되자는 뜻이다.

이 말에 이견들이 있었지만 그는 당시의 불교폐단을 고치는 일에 열정을 가지고 설득해나갔다. 그는 이때 벌써 정혜쌍수定慧雙修의 논리를 펴서 선·교의 합일을 찾았고, 그 운동을 위해 정혜결사定慧結社를 주장하고 나선 것이다.

그는 모든 승직을 내던지고 바리때를 짊어지고 도시인 평양과 개성을 떠나 산골인 남쪽 창평의 청원사로 내려갔다. 그리고 이곳에서 매일 참선 수행을 하고 불경 읽기에 열중했다. 어느 하루는 《육조단경六祖檀経》(중국 선종의 제6조 혜능慧能의 설법을 모은 책)을 읽고 크게 깨달은 바가 있었다. 그는 여기에 부처의 참뜻이 담겨 있다고 생각했고, 특히 선정, 지혜에 대한 설파에 크게 감동했다. 그리하여 그는 자신의 갈 길을 이 책에서 구했고, 이를 통해 자득의 경지에 들어섰다.

● 정혜결사운동을 일으키다

청년 지눌은 이렇게 몇 년을 보내고 거조사(대구 팔공산에 있는 절)로 나왔다. 그가 이곳으로 나오자, 많은 동료들이 이 절에 머무르기를 원했다. 그리하여 그는 벗들과 이곳에 머물며 여러 종파의 승려들과 명사들을 접촉했다. 그리고 본격적으로 정혜결사운동을 벌였다.

이때(1190) 그는 《권수정혜결사문勸修定慧結社文》을 찍어 돌렸는데, 첫머리는 이렇게 시작한다.

보조국사 지눌 초상화　그는 참선만을 일삼거나 불경만을 가르치면서 각기 그것만이 옳다고 주장하는 폐단을 바로 잡으려 했다.

삼가 들으니 땅에서 엎어진 자는 땅에서 일어나는 것이니 땅을 떠나 일어나기를 구하는 것은 있을 수 없다.

이 말에서 보듯 마음을 떠나 부처를 구하는 것 또한 있을 수 없다는 논지를 편 것이다. 이 글에서 정혜쌍수를 차분하게 설득했다. 그리고 불자는 온갖 명리를 버리고 몸소 실천하며 불교의 혁신운동을 벌여야 한다고 했다. 이 글이 퍼지자 불교계는 술렁거리기 시작했다. 청년 지눌의 이름은 널리 퍼졌고 그의 사상도 터전을 잡아갔다.

이때 그는 정진을 거듭했고 찾아오는 제자들을 가르치기에 여념이 없었던 것으로 보인다. 그리고 그는 새로운 돌파구를 찾아 나섰다. 그가 좀 더 넓게 정혜결사의 이론을 펴기 위해서는 내면의 깊이를 다져야 했다. 그리하여 1198년 몇몇 제자를 데리고 바리때 하나만을 든 채 지리산의 상무주암으로 거처를 옮겼다. 그는 이곳에서 피나는 정진을 거듭해 참선에 들었다.

그러던 중 마침내 보각선사寶角禪師의 "선은 고요한 곳에 있지도 않고 매끄러운 곳에 있지도 않고 날로 쓰는 연줄이 닿는 곳에 있지도 않고 사량思量을 분별하는 곳에 있지도 않다"는 말의 뜻을 터득했다. 참선은 진정 어디에 있는가? 은둔적 삶에 있지 않으며 현실에 뿌리박아야 한다는 것이었다. 그리하여 진정한 보살행을 통해 중생제도에 바탕을 두어야 한다는 것이다.

그는 지리산 생활 3년을 끝내고 감연히 새로운 길을 찾아 나섰다. 은둔적 분위기를 지녔던 그가 비로소 대중과 접할 수 있는 곳을 찾아 나선 것이다. 40대를 갓 넘긴 그는 송광산 길상사(지금의 조계산 송광사의 옛 이름)로 나왔다. 그리고 이 절에 자리를 잡고서 정혜결사운동을 본격적으로 벌였다.

그는 외쳤다.

> 참선과 지혜를 다 같이 공부하여 만행萬行을 같이 닦는데, 어찌 헛되이 입을 꾹 다물고 있는 어리석은 선객(守默之痴禪)과 글만을 찾아 가르치는 미친 혜자(尋文之狂慧)에 비하리오.

이는 곧 참선만을 일삼거나 불경만을 가르치면서 각기 그것만이 옳다고 주장하는 폐단을 바로잡으려 한 것이다. 그러나 여기에는 한 가지 유의해둘 것이 있다. 지눌은 정혜쌍수를 주장했으나 참선을 윗자리에 두어야 함을 가르쳤다. 그의 선배인 의천이 교관겸수를 주장했을 적에 교를 우선해야 한다고 가르친 것과는 다소 상반된다.

지눌이 길상사에 자리 잡고 있을 적의 광경은 다음과 같이 전해진다.

> ……사방의 승려들이 풍문을 듣고 밀려와 길상사에 꽉 들어찼다. 심지어 높은 벼슬과 처자를 버리고 누더기 옷에 얼굴을 그을리며 동료와 함께 오는 자도 있었다. 방공方公, 사서士庶 수백 명이 밀려왔다.
>
> 송광사 〈보조국사비명〉

이처럼 그가 설립한 정혜결사에는 많은 사람들이 밀려왔다. 당시 길상사 옆에 정혜사라는 절이 있었다. 이름으로 비롯되는 혼동을 피하기 위해 길상사를 수선사라고 이름을 바꾸었다. 늘 그를 흠모해왔던 왕자가 왕이 된 것은 1205년이었다. 새 왕 희종熙宗은 친필로 '조계산 수선사'라는 현판을 내려주었다. 그리하여 수선사는 국가공인의 결사운동 중심지가 되었다.

● 조화와 화합을 강조하다

지눌의 논리는 명쾌했다. 마치 일심을 끊임없이 설파한 원효의 환생을 보는 듯했다. 비록 원효처럼 민중 속으로 파고들지는 않았으나 그 기저는 크게 다를 바가 없었다. 그의 이론 한 대목을 보자.

> 부처란 마음이다. 마음은 사람 몸속에 있다. 사람은 오래 미혹되어 있어서 마음이 참 부처인 줄 알지 못하고 부처를 마음 밖에서 찾는다. 이렇게 되면 티끌처럼 많은 세월이 지나도록 몸을 사르고 팔을 태우며 뼈를 두드려 골수를 꺼내고 몸을 찔러 피를 내서 경을 베낀다 해도, 밤을 지새우고 밥을 굶으면서 그 많은 대장경을 읽거나 여러 고행을 한다 해도, 이는 모래알을 삶아 밥을 지으려는 것과 같아 헛된 수고일 뿐이다.
>
> 〈수심결修心訣〉

비근한 비유를 들어 부처의 정의를 설파했다. 무식한 민중도 이를 알아먹을 수 있다.

그 뒤 수선사는 바로 선교일치운동의 본고장이 되었고 당시 불교계에 새바람을 일으키는 본산이 되었다.

지눌은 쉰세 살의 나이에 46년의 법랍法臘(정식 승려가 된 후 지낸 세월)을 끝으로 수선사에서 열반했다. 결코 많은 나이를 산 것은 아니었지만 그의 업적은 대단히 컸다.

그가 남긴 것은 현실운동 이외에도 앞에서 본 결사문을 비롯하여 〈수심결〉, 〈진심직설眞心直說〉 등의 글이 모아져 《보조법어》라는 이름으로 전해진다.

그가 열반한 뒤 고려의 불교계는 판도가 완연히 달라졌다. 명리를 쫓던 승려들은 부끄러움을 느껴 타락의 길을 피했고, 선교의 우위싸움은 뚜렷이 조화, 화합의 길을 찾아가기 시작했다. 그리하여 고려의 불교계는 의천의 종지를 받드는 천태종과 보조의 종지를 받드는 조계종으로 양립하게 되었다.

그 뒤 이성계를 도와 조선의 건국에 공헌한 태고화상 보우普愚와 무학대사 자초自超도 보조국사 지눌의 맥을 이어 조계종의 조사가 되었다.

한편 송광사, 길상사 그리고 수선사는 조선조에 들어와 조계산 송광사로 명명되어 오늘날까지 이어져오고 있다. 조선조의 불교는 유교국가의 지향으로 많은 압제를 받아 위축되었다.

이런 마당에서 선교의 대립이 별로 첨예하지 않았다. 승려들 사이에서는 흔히 "선은 부처님의 마음이요, 교는 부처님의 말씀"이라는 말이 유행했는데, 이는 모두 의천과 지눌의 가르침 때문이다.

그리하여 조계종은 16국사가 배출되고 또 조선시대 가장 큰 교단을 유지하며 내려왔다. 조일전쟁 때 구국의 길에 나선 서산대사와 사명대사 역시 조계종 계통이다.

오늘날은 어떤가? 비록 비구, 대처라는 이름 아래 많은 싸움을 벌였고 외래종교로 불교의 교세가 위축되어왔으나 조계종의 도맥은 불교의 중심 세력으로 자리 잡고 있다.

그러나 최근에 들어와서 불교계는 보조가 실천한 중생제도의 보살행을 거의 받들지 않고, 일신의 안락과 명리만을 추구하는 모습으로 바뀌어 버렸다.

선교일치와 화합정신은 거의 찾아볼 수 없으며 싸움질로 세월을 보내고 있는 모습을 보게 된다. 보조의 참된 정신을 되새겨보아야 할 것이다.

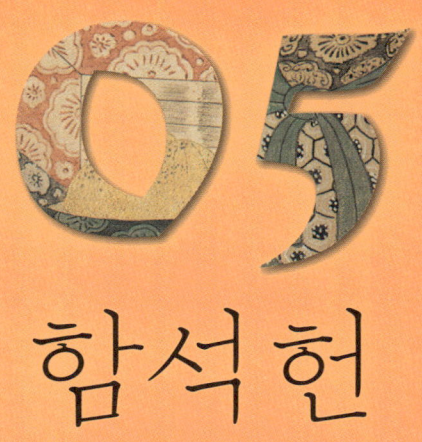

05

함석헌

사 상 가 인 가   행 동 가 인 가

고난에 찬 이 땅에 큰 족적을 남긴 인물 함석헌. 그는 종교인으로서 타락해가는
기독교의 반성을 글과 몸으로 외쳤다. 그의 민족, 민주, 인권, 평화를 위한 사상과 행동은
지성인의 표본이 되었다.

● 시대가 그를 만들었는가, 그가 시대를 만들었는가

현대에 사는 사람들은 함석헌咸錫憲(1901~89)을 모르는 이가 드물 것이다. 현실모순을 몸으로 부딪치며 살았던 인물이기 때문이다. 그는 술과 고기와 놀이를 멀리했고 언제나 단정한 한복을 입고 수염을 드리우고 다녔다. 수도승이나 다름이 없는 차림이었고 행동거조였다.

가냘픈 몸이 강연장소나 시위현장에 나타나면 함부로 표현하기 어려운 기개가 짙게 깔렸다.

필자가 그를 처음 만난 것은 4·19직후였다. 광주의 청년들이 그를 모시고 여러 이야기를 듣기로 했는데 그는 먹물 빛 한복을 입고 수염을 기른 모습으로 나타났다. 그의 강연은 정열적이었으나 목소리는 차분했다.

필자는 서울 가는 통일호(가장 비싼 열차) 기차표를 끊어 좌석을 잡아드렸다. 그는 앉자마자 작은 가방에서 〈타임스〉를 꺼내 읽기 시작했다. 게다가 필자에게도 뭘 하느냐 등 한 마디 물어보는 말이 없었고 잘 가시라고 인사를 건네도 고맙다든지 따위의 대꾸도 없이 인사도 받는 둥 마는 둥했다.

나중에 들은 이야기. 그의 앞자리에 앉았던 후배 이종목이 먹을거리와 맥주를 사서 권하자, 도리어 학생이 이런 걸 먹으면 안 된다고 꾸지람을 주더란다. 필자는 그를 너무 우러러 본 나머지 너무 근엄했다든지, 쌀쌀맞았다든지, 청교도 같다든지 하는 생각도 하지 않았다. 이 글을 쓰려다 보니 새삼 첫 인상이 떠오른다.

그는 기독교 사상을 기저로 한 사상가요, 독재정권에 맞선 민즈운동가요, 민족정서를 구현한 지사요 문장을 화려하게 꾸미는 문필가라 평가할 수 있다. 그만큼 그가 추구한 영역은 넓었다. 시대가 그를 만들었는지, 그가 시대를 만들었는지는 좀 더 따져보아야 할 것 같다.

● 기독교에 입문하다

함석헌은 평안북도 용천군 부라면 원성동에서 태어났다. 그의 태생지를 행정구역으로만 말하면 그곳의 특수한 지리적 환경을 잘 모르게 된다. 황해 쪽의 용암포 앞에는 졸망졸망한 섬들이 이어져 있다. 그 중에 사섬[獅子島]라는 곳이 있다. 사섬은 원래 섬이었는데 조선 후기에 들어 갯벌을 막

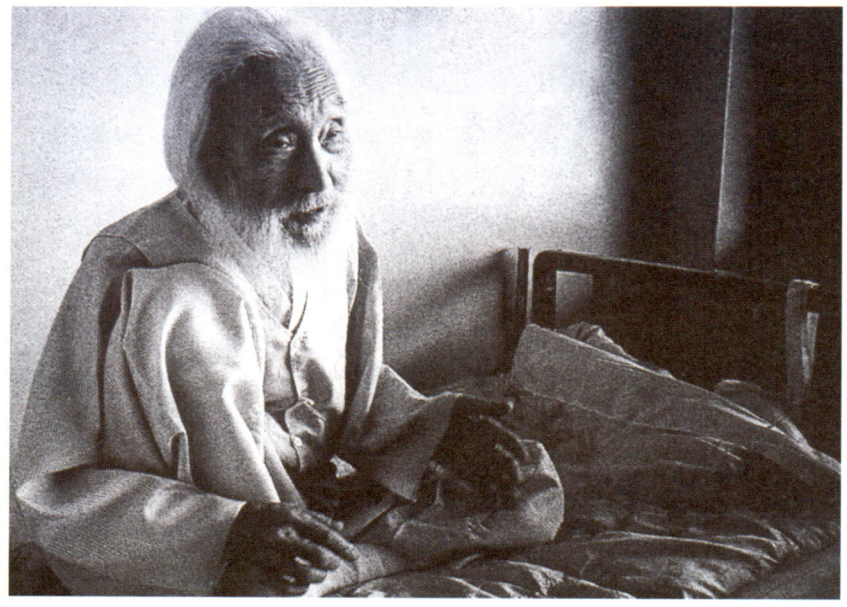

함석헌 그는 《성서조선》 사건에 연루된 뒤 1942년 체포되어 서대문 감옥에 1년간 수감되었다. 그는 감옥에 있으면서 '종교는 하나다'라는 결론을 내렸다. 그 뒤 그는 "이단이란 없다. 누구를 이단이라고 하는 맘이 바로 이단이며 유일의 이단일 것이다."라고 선언한다.

아 육지로 이어지게 해서 이름만 섬이지 실제로는 육지에 붙은 곳이다.

이곳 사람들은 물론 어부도 농군도 아닌 반농반어로 생활을 꾸렸다. 이곳에 함가들이 집성촌을 이루고 살았는데, 자신들은 양반이라 우기지만 대대로 벼슬자리 하나 얻지 못한 상인이나 다름없는 한미한 씨족이었다 한다. 더욱이 조선시대에는 평안도 사람들을 '서북 지방 출신'이라 하여 차별을 두지 않았던가? 이 언저리에서 태어난 홍경래는 봉기를 주도하면서 "평한平漢(평안도 놈)의 한을 풀자"고 외쳤다.

함석헌의 할아버지는 평범한 농부로 소작농이었지만 생활수준은 그리 나쁘지 않았던 것 같다. 그는 할아버지를 두고 "언제 누구와 큰 소리로 다투거나 싸우는 것을 본 일이 없다. 글자는 하나도 모르는 이였다"라고 했다.

아버지 형택亨澤은 신진 지식인은 아니었으나 의원노릇을 하여 생활의 여유를 갖고 있었고 구학 지식을 어느 정도 터득하고 있는 사람이었다. 그는 고집이 세서 처음에는 기독교를 믿지 않았다고 한다. 나중에 기와집을 짓고 살 정도로 돈을 많이 벌어서 함석헌의 유학자금은 별로 걱정하지 않아도 되었다.

어머니는 김씨였다. 여느 여인네처럼 이름이 없었으나 호적을 새로 정리할 때 형도亨道로 올렸다 한다. '형'은 아버지 이름에서 따왔다 한다. 여느 여성의 이름 짓는 상식과도 다르고 '순'이나 '숙'을 붙이지 않은 것도 독특하다. 그는 "글은 몰랐지만 어머니는 도리에 밝으셨고 또 중년 후부터는 독실한 기독교 신자"였다고 했다. 특별한 경우는 아니겠지만 장남인 그를 비롯해 2남 3녀의 형제자매는, 나도는 아버지를 대신한 어머니 손에서 자랐다. 그의 회고를 보자.

"나는 일본이다. 너는 아라사(러시아)야."

"아냐, 내가 일본 할래."

뒤로 땋아 늘인 텁수룩한 머리에다 옥수수 잎을 뜯어 두 끝을 마주 매어 군인 모자를 만들어 쓰고 수숫대를 다듬어 좌우 허리에 칼을 찬 마을의 어린이들이 모여 서로 편을 짜서 전쟁놀이를 하는 것이었다. 그것을 우리는 일본놀이라 불렀다.

대가리가 좀 두둑두둑한 놈들은 대장이랍시고, 작은 것들은 시키는 대로 졸병이 되어 서로 칼을 휘둘러 찌르고 때리다가, 한창 열이 날 때는 앞집 처마가 결단이 나는지 뒷집 빨래가 녹아나는지도 생각할 겨를 없이 따라가고 쫓기고 아우성을 치며 노는 데 해가 가는 줄을 모른다.

《죽을 때까지 이 걸음으로》〈나라는 망하고〉

함석헌은 어릴 적 놀이를 이렇게 아주 실감나게 적었다. 그런데 이 전쟁놀이는 역사적 사실과 결부되어 있다. 이 지역은 1894년 청일전쟁과 1904년 러일전쟁의 싸움터였다. 동네 아이들은 이 전쟁 이야기를 듣고 자랐다. 러시아 군대는 용암포에 진주했는데 그의 집과는 30리 거리에 있었다. 일본군은 러시아군대를 몰아내기 위해 사섬에 상륙했다. 그들은 청군, 러시아군, 일본군의 발길에 공포에 떨었다. 이런 지리 환경이 그의 의식을 일깨웠던 것이다.

함석헌은 삼천재라는 서당에 다녔고 이어 서당을 덕일학교로 개조하자 이 학교에 다녔다. 그는 머리를 깎고 학교에 다니면서 여러 가지를 배운 속에 동명왕, 을지문덕, 이순신, 임경업을 알게 되었고, 홍경래의 이야기도 들었다.

또 동네에 차린 야학에서는 "남자교육이 먼저냐, 여자교육이 던저냐" 따위를 놓고 토론을 벌이기도 했다. 더욱이 풍속 개량, 두루마기 짧게 입기, 옷소매 좁게 하기, 고름 대신 단추달기, 굿 그만두기 따위의 새 생활운동도 벌였다. 그리고 예배도 보고 기도도 했다. 아홉 살짜리 소년 함석헌은 여기에 흠뻑 빠졌으며 기독교도가 되었다.

● 민족운동에 눈을 뜨다

그 동네에는 함일형咸─亨이라는 함씨의 종가 아들이요 한학자가 살았다. 그는 과거를 하려다가 실패하고 민요 장두狀頭(앞장선 사람)가 되었다가 관가에 가서 볼기를 맞은 적도 있었다. 그는 논밭을 팔아 아들 둘을 서울, 도쿄에 유학을 보냈다. 그는 서울을 왕래하면서 기독교도가 되었고 서당을 학교로 개조한 주인공이었다. 함석헌의 이름은 그가 지어주었다. 처음에는 헌憲 옆에 화火를 변으로 붙인 글자로 지었으나 이 글자는 자전에도 없어서 '화'를 떼어내고 호적에 올렸다. 함일형은 함석헌의 첫 스승이었다.

1910년, 함석헌의 나이 열 살. 나라가 망한 사실이 사섬에도 알려졌다. 어느 날 중학교에 다니는 동네 선배인 이용엽이 아이들 다섯을 조용히 불렀다. 이용엽은, 우리나라를 회복하기 위해 목숨을 바쳐 일해야 된다는 것, 그런 일을 하기 위해 서로 맹세를 하고 동지가 되자고 했다. 맹세하는 글은 피로 쓰지 않고 잉크로 쓰기로 하고 다섯 장이나 되는 글을 이용엽이 쓰고 손도장을 찍어 하나씩 가지고 철저히 비밀을 지키기로 약속했다. 그

단체 이름은 일심단一心團이었다.

당시 단지동맹斷指同盟이 곳곳에서 결성되었다. 손가락을 자르거나 피를 내서 맹세의 약속을 하여 독립운동을 벌이자는 비밀결사였다. 일심단도 단지동맹의 하나였고 열두 살짜리 함석헌도 여기에 들었다. 함석헌은 이때부터 민족운동에 눈을 뜨기 시작했다. 그의 아버지는 처가가 있는 양시에 약방을 차려 제법 돈을 벌어들였다. 그래서 양시보통학교를 졸업한 그는 1916년 평양고등보통학교에 입학했다.

● 평생의 스승 세 분을 만나다

함석헌은 10대 후반의 나이에 번화한 도시 평양에서 공부하면서 새로운 눈이 열렸다. 그는 일본식 교육을 시키는 평양고보에 입학했다. 아버지의 재력이 뒷받침되어 공립학교를 선택한 것이다. 아마 그 시기 대성학교가 폐교된 사정도 한몫했을 것이다. 하지만 그는 이 학교에서 일본인 교장과 교사 밑에서 일본어를 쓰고 일본 예절을 익히며 다니는 걸 탐탁하게 여기지 않았다.

1919년 봄, 형뻘이 되는 함석은이 찾아와 그에게 평양고보의 연락책임을 맡겼다. 그는 숭실학교 지하실에 가서 독립선언서를 받아들고 와서 다음 날 평양경찰서 앞에 뿌렸다. 이어 시가행진에 참여해 "대한독립만세"를 목청껏 부르면서 팔목을 비트는 일본 순사를 뿌리치고, 연달아 총에 칼을 꽂고 압박해 오는 일본군의 발길로 채이고 짓밟혔다. 3·1운동에 가담한 것이다.

60세가 된 그는 그때를 "어디서 그런 용기가 났는지 모른다. 정말 먹었던 대동강물이 도로 다 나오는 듯했다"고 회상했다. 뒤에 운동에 가담한 사실이 발각이 되어 스스로 중퇴했다. 그의 열혈은 이즈음부터 끓어올랐던 것이다. 그의 친구들은 복교를 했지만 그는 아예 학교에 나가지 않았다. 미래가 보장된 군수나 의사, 변호사를 내팽개친 것이다.

그는 하릴없이 집으로 돌아와 바다를 벗하고 독서를 하면서 무료한 나날을 2년 동안 보냈다. 평양에 있을 때에는 교회에 다니지 않았지만 고향집에 와서는 열심히 교회에도 나갔다.

그는 다시 정주의 오산학교에 편입했다. 오산학교는 3·1운동 당시 일본 헌병이 불을 질러 타버렸다. 그래서 유지들과 동네사람들이 뜻을 모아 초가 교실이나마 마련했으나 교실에는 의자 한 개도 놓지 못했다. 학생들은 그냥 마룻바닥에 앉아 수업을 받았다.

함석헌이 학교에 가보니 자신과 같은 평양고보를 퇴학한 자, 동맹휴학하다가 쫓겨 온 자, 서른 살짜리 수염 기른 노학생, 교회 장로와 훈장을 하던 이들이 어우러져 "우리 오산, 우리 오산" 하며 자부심을 가지고 있었다.

그리고 교사들은 학생들에게 "왜 그랬지요?"하며 존댓말을 쓰는 것을 보고 많은 감동을 받았다. 그는 평양고보에서 "오마에(너)"라는 엄한 소리만 들었던 것이다. 또 그는 한글 배달 같은 말을 처음 배우고 들었다. 마침 32세의 정열에 찬 유영모가 교사로 와서 학생들을 훈도했고, 많은 학생들이 그를 따랐다.

당시 남강 이승훈은 정주에 오산학교를 설립해 교육사업을 벌였고, 용강에서 태어난 안창호는 미주를 오가면서 민족운동의 선봉에 나섰으며, 조만식은 오산학교의 교장을 지내면서 교육사업 또는 사회운동을 열성적으로 벌였다. 이 셋은 기독교도로 서북 지방의 지도자로 추앙을 받았다. 본디 신교는 남쪽보다 북경을 통해 전래된 북쪽 지방에 왕성하게 전도되었고 선교사와 현지 기독교도들은 신교육을 벌이는 교육사업에 앞장섰다. 조선시대에 소외를 받았던 그들이 앞장서서 신문물을 수용했던 것이다.

오산학교에 다니면서부터 함석헌은 이 세 지도자를 평생 동안 가슴에 담고 살았다고 해도 지나치지 않다.

그는 "남강, 도산, 고당선생의 인격의 알짬이 기독교 신앙이고, 따라서 오산정신의 알짬 역시 그것임을 말하는 데 있어서 잊어선 아니 될 것은, 그것이 선교사와 관계가 없다는 사실이다. 이 세 분이 다 선교사 밑에서 일한 이들이 아니요, 오산학교는 미션학교가 아니었다"(《죽을 때까지 이 걸음으로》〈남강·도산·고당〉)라고 말하고 있다.

그런데 함석헌은 이때는 안창호를 만나보지 못했다. 안창호는 미국이나 상해를 넘나들고 있었기 때문에 만날 기회가 없었다. 뒷날 그는 안창호를 딱 두 번 만났다고 했다.

안창호가 상해에서 일경에 체포되어 감옥살이를 하고 나온 뒤 서울에 있을 때 김교신, 송두용, 이광수와 함께 여관으로 찾아간 것이다. 그리고 그 뒤 안창호가 오산학교를 방문했을 때였다. 안창호에 대한 그의 존경심은 성장하면서도 조금도 늦추어지지 않았다. 그리고 조만식과 이승훈에게는 직접 훈도를 받았다.

그는 늦은 나이로 오산학교를 졸업했다. 그리고 도쿄로 건너가 1년 정도 준비를 끝낸 뒤 입학하기 어렵다는 도쿄고등사범학교 문과에 합격했다. 신천지에서 새로운 인생을 열게 된 것이다.

● 스스로 이단자가 되다

그가 전공을 선택할 때 여러 생각이 있었던 모양이다. 신학은 아예 생각이 없었고 철학, 법률 등 여러 분야를 놓고 고민한 끝에 문학을 선택했다. 한편 "다가오는 일본제국주의의 압박 앞에 이러다가는 정치적으로 압박을 받을 뿐만 아니라 민족적으로 온통 망해버린다는 불안이 사회에 넘치는 때였다. 그러므로 교육이 가장 급하다는 생각에 사범 길을 택했다. 그래도 들어가 놓고는 거기가 학문적이 아닌 것 때문에 불만이어서 들어간 것을 후회도 해보았다"(《죽을 때까지 이 걸음으로》〈이단자가 되기까지〉)고 했다. 그는 교육자의 길을 택했으나 학문에 관심을 놓지 않았던 것이다.

그는 도쿄대지진을 겪으면서 용케 목숨을 구해 학교를 정상적으로 다녔다. 그런데 그의 새 인생의 전기가 될 일이 벌어졌다. 친구 김교신이 우연히 일본인 우치무라 간조를 알고 강의를 들으러 다녔다. 함석헌은 유영모에게서 우치무라의 신앙에 대해 들어 알고 있었다. 당시 우치무라는 주마다 '예레미야' 강의를 하고 있었다. 그들 6명은 주일마다 몇 시간씩 기차를 타고 우치무라의 집으로 가서 한 시간의 강의를 들었다. 그는 바쁜 시간 때문에 망설이기도 했으나 "오늘 가기를 잘했지, 그 말씀 못 들었다면 어쩔 뻔했나?"라고 말할 정도로 경도되었다.

이들은 머리를 맞대고 《성서조선》이라는 동인지를 냈다. 김교신이 이 일에 가장 열성적이었고 귀국해서는 혼자 도맡아 책을 냈다. 마분지 같은 종이에 몇백 부 찍어 돌렸다. 이들은 석조당의 으리으리한 기성 교회를 배척하고 무교회주의를 제창했다. 그러면서 기독교적 민족을 생각하고 민중을 염려했다. 그 무렵 함석헌은 교회에 나가면 늘 실망했고 "심령의 소생하는 것이 없고 낡아빠지고 껍데기 돼버린 교회 형식만 되풀이되는 데 견딜 수 없었다"고 했다.

이들을 기성 교회에서는 불순분자라고 매도했다. 아직은 이단이라는 딱지를 붙이지는 않았다. 해방 뒤에는 이들을 이단이라 규정짓고 "우치무라 총독이 군림한다"는 극단적 용어를 써가면서 압박했다. 이들을 두고 "그 사람들 무교회주의자요, 경계하시오" 하면 일반 신자들은 슬금슬금 가버렸다.

한편 그가 이런 운동을 벌일 때 창씨개명과 일본어 수업을 거부했다고 하여 오산학교에서 쫓겨났다. 그는 오산에서 과수원을 돌보면서 세월을 보냈고 평양의 송산리에 있는 농사학원을 인수받아 경영을 하기도 했다.

함석헌은 유치장에 자주 들락거렸으나 정식 감옥생활은 한 것은 자기도 뜻하지 않은 사건에서 비롯되었다. 그가 농사일을 할 때였다. 농사학원 설립자인 김두혁이 도쿄에서 검거되었고 이들의 비밀결사체인 계우회鷄友會의 조직이 발각되었다. 함석헌의 집 쓰레기통에서 이들과 왕래한 편지가 발각되어 이를 증거로 그는 대동경찰서에서 1년을 보내게 되었다. 1940년에 일어난 사건이다. 그가 감옥에 있을 때 그의 아버지가 임종을 해 서울에 있던 김교신과 송두용이 아들을 대신해 장례를 치러주었다.

이들이 신사참배와 창씨개명을 거부하고《성서조선》을 통해 민족운동을 벌이면서 조선총독부 정책에 항거하자, 일제 경찰은 〈조와〉라는 글을 트집 잡아 이들을 감옥에 가두고《성서조선》을 폐간시켰다.

함석헌은《성서조선》사건에 연루된 뒤 1942년 체포되어 서대문 감옥에 1년간 수감되었다. 그는 감옥에 있으면서《반야경》,《무량수경》,《노자》,《장자》등을 읽었다. 그리하여 그는 "종교는 하나다"라는 결론을 내렸다. 이어 그는 "이단이란 없다. 누구를 이단이라고 하는 맘이 바로 이단이며 유일의 이단일 것이다"라고 선언한 것이다. 〈대선언〉이라는 시를 보자.

내 즐겨 이단자가 되리라. 비웃는다 겁낼 줄 아느냐 못될까 걱정이로다. 기독교는 위대하다. 그러나 참은 보다 더 위대하다. 참을 위해 교회에 죽으리라. 교회당 탑 밑에 내 뼈다귀는 혹 있으리라. 그러나 내 영은 결단코 거기 갇힐 수 없느니라.

김경재는 이를 두고 기독교적 종파주의나 교파주의 테두리 안에 갇혀 있지 않겠다는 뜻이라고 풀이했다(《민족의 큰 사상가 함석헌선생》〈함석헌사관의 기독교적 요소〉). 나이 40대 첫 무렵, 옥살이를 하면서 동양과 불교책을 읽고 변화를 보였고, 한국전쟁 시기 민족의 비극을 보고 그는 결정적으로 달라졌다. 마침내 그는 스스로를 이단이라 자처한 것이다. 이런 사상적 기조에서《뜻으로 본 한국역사》를 집필한 것이다.

그는 감옥에서 풀려난 뒤 아버지가 새로 약국을 벌였던 용암포 언저리에 살면서, 상속을 받은 토지에 농사를 짓기도 하고 아버지가 남긴 의서를 보며 세월을 보냈다. 평생 처음 가장노릇을 하면서 한가하다면 한가한 세월을 보냈다. 그는 이렇게 해방을 맞이했다.

● 네 나라며 내 나라요, 네 역사며 내 역사니라

함석헌은 고향 마을에서 어릴 적부터 역사 이야기를 들으면서 자랐다. 특히 그 고장에서 태어난 홍경래, 그 언저리에서 활동한 임경업 그리고 국경성인 백마산성, 용골산성에 얽힌 전설도 흥미를 가지고 들었다. 학교에 다니면서도 한국역사에 관심을 가졌고 교사가 되어서는 역사를 가르쳤다. 그는 비록 역사를 전공하지는 않았으나 식민지 백성으로서 자기 뿌리를 찾고 고난의 역사를 알아야 한다는 의무감이 작용했던 것이다.

그에게 역사는 씨을과 함께 자아의 발견이었다. 그리하여 "집이 없으면 천지를 집을 삼을 수 있어도 자아가 없어진 다음에는 지옥에 갈 자리가 없지 않느냐"(《뜻으로 본 한국역사》〈머리말〉)라고 했다. 그는 교사시절 역사를 가르치면서 다음과 같은 감회를 적었다.

> 나는 예닐곱 해 전부터 중학생들에게 역사를 가르치게 되었으므로 어떻게 하면 젊은 가슴에 영광스러운 조국의 역사를 안겨줄 수 있을까 하고 힘써 보았다. 그러나 쓸데없었다. 어려서 듣던 을지문덕, 강감찬의 이름을 크게 불러보았다. 그러나 그 소리로써 묻어버리기엔 5천년 역사의 앓는 소리는 너무나 컸다.
>
> 《뜻으로 본 한국역사》〈머리말〉

그의 역사에 대한 고뇌가 시작된 것이다. 이 고뇌는 직접 한국사 강의를 하고 책을 엮으면서 더욱 깊어졌다. 그는 《성서조선》의 겨울집회에서 처음으로 일주일 동안 한국사 강의를 했다. 교직생활을 하면서 이 강의의 내용을 모아 월간지가 된 《성서조선》에 2년 동안 연재했다. 그의 고백대로 지도교수가 있는 대학도 아니요 도서관도 참고서도 없는 시골 정주 오산학교에서 중등학교 교과서와 굴러다니는 몇 권의 참고서를 참고해 써내려갔다. 게다가 말의 자유가 없는 때라 당당히 할 말도 스스로 깎아야 했다.

> 쓰다가 말고 붓을 놓고 눈물을 닦지 않으면 안 되는 이 역사, 눈물을 닦으면서도 그래도 또 쓰지 않으면 안 되는 이 역사, 써놓고 나면 찢어버리고 싶어 못 견디는 이 역사, 찢었다가 그래도 또 모아대고 쓰지 않으면 아니되는 이 역사, 이것이 역사냐? 나라냐? 그렇다. 네 나라며 내 나라요, 네 역사며 내 역사니라.
>
> 《뜻으로 본 한국역사》 〈머리말〉

자랑할 것 없는 역사였다. 그래서 또 "고난의 역사를 처음으로 말할 때 내 심정은 약혼 받은 거지 처녀 같은 상태였다"고도 했다. 하지만 그는 계속해서 사유의 방황보다 어떤 사명감에 젖어 있었다. 그래서 "역사가 무엇이냐? 그것은 사람이 하나님을 찾는 기록이요, 하나님이 그 아들을 찾는 기록이다"라고 했고, "하나님을 찾는 것이 사람의 바탕이기는 하지만 그 바탕은 하나님에게서 받은 것이다"라고 했고, "역사는 영원히 층계를 올라가는 운동이다"라고도 했다. 알쏭달쏭하기도 하고 자기 나름대로 무엇을 말하려는 듯도 하다.

이 책을 《성서적 입장에서 본 조선역사》라는 이름으로 펴냈다. 자신이 말한 대로 책은 발행되었으나 독자는 300여 명이 넘지 않았다. 그러나 일제는 이 책의 내용을 두고 그를 잡아가는 구실로 써먹었다. 그는 '역사의 고난'이란 예수의 수난을 비유한 것이라고 했다.

해방이 되자 이 책을 다시 내자고 하여 별로 고치지 않고 냈다. 그러다 한국전쟁이 터져 이 책을 구해볼 수 없게 되었다. 그래서 셋째 판을 내자는 요구가 있었다. 그가 50년대부터 월간 《사상계》에서 여러 글을 쓰면서 많은 독자들이 생겨났고 그의 글들이 구매력이 높을 때였다. 그리고 군사쿠데타를 반대하는 글을 쓴 탓으로 탄압을 받으면서 그의 성가는 더욱 올라갔다.

● 뜻으로 본 한국역사

이 책을 내자는 사람들 앞에서 그는 많이 망설였다. 일제시기보다 금기는 많이 없어졌으나 그의 믿음이 달라져 있었기에 이를 내용에 반영해야 한다는 짐이 지워진 것이다. 그의 말을 들어보자.

> 처음 역사를 쓸 때 나는 기독교 신자, 그 중에서도 무교회 신자였다. 기독교만이 참 종교요, 그 기독교는 성서에 있다고 생각하였다. 본래 우리나라에서는 성경이라 하였고 뜻으로도 그것이 좋은데 일본 사람들이 성서라 하였기 때문에 우리도 어느덧 성서가 되어버렸다. 그래서 책이름도 《성서적 입장에서 본 조선역사》라 하였고, 참의미의 역사철학은 성서에만 있다고

그의 신앙이 일대 전환을 한 것이다. 이 무렵 앞에서 소개한 시〈대선언〉을 발표했다. 그는 세계주의와 과학주의로 재무장했다. 해인사에 한 달 머물면서 모든 교파주의적인 것, 독단적인 것을 없애버리고 책이름도 《뜻으로 본 한국역사》라 고쳤다. 그는 고난의 역사를 고난의 말로 쓴 것이다. 게다가 방법에 있어서도 "지나간 일을 기록한다 하지만 지난날에 있었던 모든 일을 그대로 그려놓는 것이 역사가 아니다"라고 하여 뜻으로 풀어본 것이다.

그러니까 《성서적 입장에서 본 조선역사》는 창조주의 유일신앙을 토대로 한 일원론, 《뜻으로 본 한국역사》는 여러 가치를 인정하면서 풀이한 다원론으로 이루어졌다고 볼 수 있다.

이 한국사 관련의 두 책은 처음 30대에 집필하여, 50대에 대폭 수정을 가했다. 그런데 첫 책의 내용은 많이 부실했다. 사실의 오류와 함께 억지 논리가 군데군데 보였다. 두 번째 책에서는 오류와 억지를 많이 다듬었다. 그리고 사실의 적시나 평가보다 그야말로 뜻으로 풀이했다. 보기를 몇 가지만 들어보자.

첫째, 신라통일의 의미를 깎아내렸다. 반 토막 통일이었다는 인식이다. 따라서 북방의 발해사를 한국사로 인정해야 한다고 본 것이다. 둘째, 양반 당쟁 따위의 지배세력들이 벌인 정치행위를 심하게 매도했다. 그런 잘못된 권력투쟁이 나라를 망쳤다는 소박한 접근이었다. 셋째, 홍경래와 전봉준의 봉기를 높이 평가하면서 그 실패를 안타까워했다. 민중사적 접근을 보여준 것이다. 이때쯤에는 그도 아마 신채호나 박은식 같은 민족사학자의 글을 접했을 것이다.

그러나 그 한계는 여전히 드러나고 있었다. 홍경래나 전봉준의 지향 곧 신분제도 같은 봉건모순에 대해서는 지적하지 않았다. 그리고 단군과 고구려를 민족사상과 민족기상으로 표현하고 사대주의를 비판하면서도 임경업이 대명의리로 죽은 사실, 이민족을 짓누른 문명적 무기였던 중화사상에 대해서는 거의 언급이 없었다.

또 천주교가 식민지 백성의 고통을 외면했다고 지적하면서도 신교의 일제 식민지 통치 협조에 대해서는 구체적으로 언급하지 않았다. 이는 지면의 한정 탓만은 아닐 것이다.

이러한 한계를 지적하는 것은 그 책을 폄하하려는 의도가 아니다. 그가 역사학자가 아니라는 점을 말하려는 것이다. 그는 역사학자가 될 수도 없었다. 그리고 이 책에는 그의 사상성이 곳곳에 드러나고 있으나 역사철학적 접근은 아니다. 동양과 서양의 대비 대결을 언급했다고 해서 역사철학이라고 말할 수는 없다.

다만 의지에 철저했던 것이다. 이것이 곧 '뜻'이었다. 이것만 가지고도 이 책은 우리에게 많은 시사와 방향을 던져준다. 어느 인사들은 마치 그를 역사학자라거나 역사철학자라고 말하지만 그런다고 그가 더 돋보이는 것이 아니다.

'뜻'으로 한국역사를 풀이하고 진단한 것만으로도 그는 훌륭한 공적을 쌓았다. 그러니 이 책은 역사책이나 역사철학책이 아니라 역사를 뜻으로 진단한 역사에세이며 이를 저술한 그는 역사에세이스트였다고 보아야 할 것이다.

● 씨올의 민중성, 창조성

함석헌은 식민지 시기부터 씨올에 의미를 부여해 왔다. 그러면 씨올은 어떤 개념을 지니고 있을까? 어떻게 보면 생명의 근원 같기도 하고 어떻게 보면 자아 같기도 하고 어떻게 보면 민중 같기도 하고 어떻게 보면 참이나 희생 같기도 하다. 그러니 한 마디로 개념을 정리할 수 없을 것 같다.

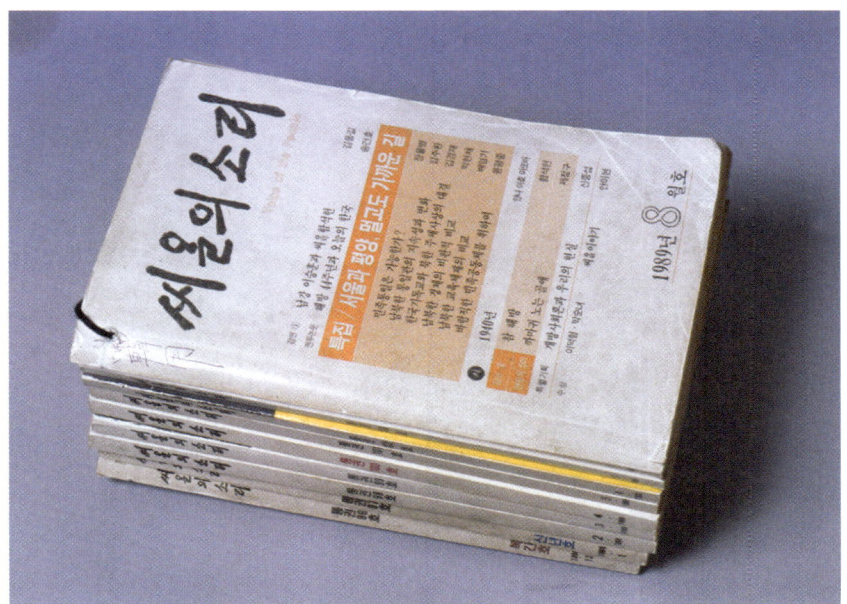

씨올의 소리 1970년부터 함석헌과 그의 제자들이 함석헌의 정신을 받들어 펴낸 정기 간행물. 반독재 저항 정신이 강하게 깃들어 있다.

그는 민중에 대해서, 일제시대에 자신이 감옥에 드나드는 것을 민중은 멍하게 바라보고 있었고, 해방이 되자 언제부터 친했던 것처럼 가까이 오더니, 공산당이 나오자 다시 자신에게서 멀찍이 물러났고, 소련군 감옥에 가는 걸 보고는 "저 사람은 감옥 가는 것이 일이야"라고 했다고 말했다.

그러면서 이렇게 말했다.

나는 지금도 그들을 믿고 의심하지 않습니다. 이 이상 더 개인적 영웅주의에 서서 비판하는 눈으로 민중을 보고 싶지 않기 때문입니다.……병아리가 알을 깨고 나오듯이 씨ᄋ·ᆯ이 저를 깨고 나오는 날이 올 것입니다. 깨기 전은 씨ᄋ·ᆯ입니다. 깨면 전체입니다.

《죽을 때까지 이 걸음으로》〈내가 맞은 8·15〉

이로 보면 씨ᄋ·ᆯ은 근원적인 민중일 수도 있다. 민중과 개체는 어떻게 구분할까? "글은 씨ᄋ·ᆯ의 것이다. 씨ᄋ·ᆯ에서 나오고 씨ᄋ·ᆯ로 돌아간다.……글은 씨ᄋ·ᆯ의 하는 소리요 씨ᄋ·ᆯ이 들으라고 하는 소리다"라고도 했다. 그리고 "민중이 뭐냐? 씨ᄋ·ᆯ이 뭐냐? 곧 나다. 나대로 있는 사람이다. 모든 옷을 벗은 사람, 곧 알 사람이다"라고 했다. 그렇다면 민중과 씨ᄋ·ᆯ과 나, 삼위가 일체가 되는 것인가? 어려워서 이해 못할 지경이다.

그런데 씨ᄋ·ᆯ은 생명에서 환경으로도 이어지는 모양이다. 그의 담론 속에는 들−야인−청정−선, 도읍−관료−부패−악으로 이어지는 이분법적 설정도 있다. 그가 내린 공해의 정의를 보자.

똥은 식물의 거름이 되고 동물이 뱉은 탄산가스는 식물의 동화작용에 섭

취가 되게 되어 있습니다. 그런데 생각하는 인간이 그 생각하는 힘을 잘못 써서 자기의 쾌락만을 구하게 되면 그 자연의 질서를 깨뜨리고 생명에 해가 되는 너무 많은 찌꺼기를 내게 됩니다. 그러면 그때는 전체 생명 자체가 해를 받게 됩니다. 그래서 그러한 더러움을 공해라고 합니다.

《죽을 때까지 이 걸음으로》〈씨올의 생명은 원원히 살아 있습니다〉

그는 독재에 항거할 때에도 《씨올의 소리》를 계속 찍어 돌렸다. 씨올의 의미를 찾으려는 사람들은 원효로 그의 집으로 몰려들었고 이들은 다시 현장으로 달려갔다. 이들은 씨올의 의미를 얼마나 알았을까? 아무튼 잡지 형태의 《씨올의 소리》는 1970년부터 배포되었고 때로는 필화에 걸려 정간과 복간을 반복하기도 했다. 그 내용들은 그의 만년의 철학적 사유의 응결이라 할 수 있다. 《성서조선》보다 훨씬 생명력이 강인했다.

● 군사독재에 항거하다

해방 뒤 함석헌이 감옥에 가게 된 직접적 배경은 계급독재 또는 군사독재와 벌인 투쟁 탓이다. 그는 소련군이 진주한 고향 언저리에서 용암포 자치원 원장 등을 지낸 뒤 1945년 신의주학생사건에 연루되어 50일간 감방에서 보낸 것을 필두로 한 차례 더 체포되었다. 그는 그쪽 사회에서는 체질로나 사상으로나 살 수 없었다. 이 무렵부터 수염을 길러보았지만 웃음거리가 될 뿐이었다. 당시에는 김교신과 송두용도 없어 변변한 친구도 없었다. 그는 순박한 늙은 어머니를 남겨두고 남하했다. 그도 이산가족이 된 것이다.

그는 한국전쟁을 겪으면서 극심한 혼란에 빠져 사상의 대전환을 도모했다. 1958년 《사상계》에 "생각하는 백성이라야 산다"는 글을 실었는데, 이 글은 이승만 독재정권에 항거하는 내용을 군데군데 깔았다. 그리하여 남쪽에 와서 처음으로 20일간 구류를 살았다. 그러나 이것은 시작에 불과했다.

《사상계》는 같은 서북 지방 출신인 장준하가 발행인이었는데, 서북 지방 기독교 인사들 곧 안병욱, 함석헌, 안병무 등을 고정 필진으로 내세웠다. 이 잡지는 당시 3만 부가 시판되는 가장 인기 있는 지성잡지였으므로 함석헌에게는 대단한 혜택이었다. 한문 투가 아닌 쉬운 우리말을 구수하게 깔아 쓰는 그의 글은 대단한 인기를 누렸다.

4·19혁명이 전개될 때 그는 큰 역할을 하지 않았다. 학생들은 아직 그를 전면에 내세우지 않았다. 그런데 5·18군사쿠데타가 일어난 뒤에는 사정이 달라졌다. 《사상계》 발행인 장준하도 군사쿠데타를 반대하는 사람 중의 하나였다. 장준하는 함석헌에게 이를 반대하는 글을 써달라고 부탁했다. 함석헌은 그 현란한 문장으로 박정희와 그 일당을 공격하고 나섰다. 그 무렵 그는 〈조선일보〉에 글을 썼다.

박정희님, 내가 당신을 국가재건최고회의 의장이라고, 육군대장이라고 부르지 않는 것을 용서하십시오.⋯⋯여러분은 여러 가지 잘못을 범했습니다. 첫째, 군사쿠데타를 한 것이 잘못입니다. 또 여러분은 아무 혁명이론이 없었습니다. 단지 손에 든 칼만을 믿고 나섰습니다. 그러나 민중은 무력만으로는 얻지 못합니다.⋯⋯혁명공약 지켜 물러가십시오.

그는 직설 화법으로 공격했다. 아무도 그 시퍼런 칼날 앞에 오금을 펴지 못할 때 필봉을 휘둘러 본연의 임무로 돌아가라고 외쳤다. 그는 군인들에게서 '정신분열증 환자'라는 공격을 받았다. 1962년 그는 미국 국무성 초청으로 미국으로 가서 여행도 하고 강연도 하고 퀘이커 학교에서 공부도 했다. 그리고 유럽으로 건너가 여행을 하고 있었다. 그런데 고국에서 그에게 날아든 소식은 쿠데타세력이 민정으로 이양하는 과정에서 박정희가 대통령후보로 나선다는 것이었다. 그는 분개하여 인도와 아프리카 여행을 취소하고 고국으로 돌아왔다.

그는 끊임없이 군사쿠데타세력에 맞서 싸웠다. 특히 1963년 굴욕적인 한일회담이 추진되자 학생들이 시위에 나섰다. 이때 그는 단식으로 맞서 항의했다. 이를 시작으로 그는 민족운동, 민주화운동의 장정에 나섰다. 1970년 《씨을의 소리》를 창간하여 그의 목소리를 담았다. 학생과 청년들은 그의 주변에 몰려들어 일을 도왔다.

그는 정치가들과도 손을 잡았다. 반민주적 조치가 있을 때마다 그의 발길은 분주했고 반대조직을 만들기도 하고 만든 조직에 가담하기도 했다. 그 중요한 사례를 들어보면 이러하다. 1971년 삼선개헌반대투쟁 위원회와 민주수호국민협의회, 1974년 민주회복국민회의, 1976년 삼일민주구국선언, 1979년 민주주의와 민족통일을 위한 국민연합 등에 위원, 대표, 참여 등으로 이름을 올리고 투쟁의 대열을 이끌었다.

이 무렵 그는 간디의 비폭력 평화운동과 통합운동의 의미를 부각시키기도 하고, 노자, 장자 등 동양학 강의를 하기도 하고, 전태일 추도식에 참여해 씨을의 의미를 강조하기도 했다.

이 과정에서 징역을 살기도 하고 구류를 살기도 했으며 고난을 함께 해왔던 부인 황덕순을 사별하기도 하고 노벨평화상 후보로 추천되기도 했다. 분주하다면 분주했고 화려하다면 화려했다.

고난은 그치지 않았다. 비록 김재규에 의해 박정희 유신은 사라졌으나 다시 전두환 신군부와 투쟁해야 했다. 그는 다시 단식을 하기도 하고 구류를 살기도 하고 《씨알의 소리》를 폐간 당하기도 했다. 어찌 보면 6월 민주항쟁의 참여는 그의 마지막 생애를 장식했다고 말할 수 있다. 그는 군부의 호헌에 전면적 투쟁을 전개하려 결성한 민주헌법쟁취 국민운동본부의 고문을 맡았다.

그 항쟁의 선언문을 8명 고문의 이름으로 발표할 때 그의 이름이 맨 앞자리를 차지했다. 이는 상징적 의미를 지니고 있었다. 그는 끝내 신군부가 무릎을 꿇는 6월 항쟁의 결실을 보았다.

그런데 이 해 처음 암수술을 받고난 뒤 2년이 안 되어 세상을 뜨고 말았다. 한 평생 고난의 역정을 걸었으나 그는 88세의 장수를 누렸다. 그의 장수비결은 절식, 채식 그리고 술과 담배를 멀리한 절제된 생활, 쉴 새 없이 움직이는 근면한 몸가짐에 있었다. 이 때문에 아무리 감옥을 들락거리며 시달리고 고문을 받아도 버텨낼 수 있었다.

스스로도 말했지만 한의원인 아버지가 산삼을 많이 먹여 그 효과를 본 것이라고도 한다. 세상 소문이 믿을 것이 못 되지만, 그래서인지 가끔 젊은 여인과의 로맨스가 떠돌았다.

그는 고난에 찬 이 땅에 큰 족적을 남겼다. 무엇보다 종교인으로서 타락해가는 기독교의 반성을 글로 몸으로 외쳤다. 그의 민족, 민주, 인권, 평화를 위한 사상과 행동은 한 지성인 또는 사상가의 표본이 되었으며, 역사발전에 크게 기여했다고 평가할 수 있다. 우리는 오래 그를 기억할 것이다.

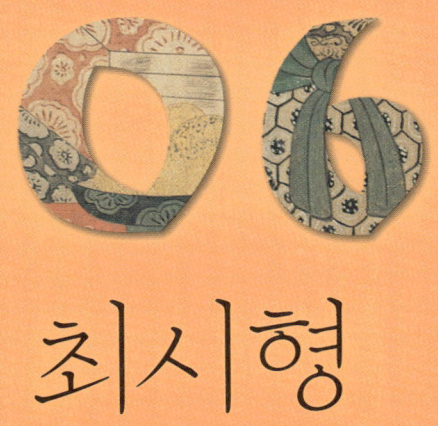

최시형

민족종교인 동학을 열다

그는 40여 년간 최보따리라는 별명으로 불릴 만큼 자주 쫓겨다니면서도 쉴 새 없이
주문을 외우고 기도를 드리고 제사를 받들었다. 이러한 끈기와 성실함은 최제우로부터
받은 도통을 널리 펴려는 의지 때문이었다.

● 최제우의 순도를 지켜보다

최보따리는 최시형崔時亨(1827~98)의 애칭이다. 그는 끝없이 잠행하면서 보따리를 자주 쌌는데 여기서 이런 별명이 붙여졌다. 그의 제자들은 그를 '해월선생'이라 부르기보다 어딘지 측은하게 느껴지는 이 별명을 애칭으로 불렀다.

1863년(철종 14) 겨울, 선전관 정구룡鄭龜龍은 포졸을 거느리고 경주 용담에 들이닥쳐 동학을 주장하는 최제우를 잡아갔다. 최제우는 왕명에 의해 천주를 외우고 민심을 현혹시키는 좌도난정의 죄목으로 체포되었다.

그는 서울로 압송되는 도중 과천까지 왔다가 국상(철종의 죽음)을 만나 대구 감영으로 이송되었다. 그는 중죄인이므로 의금부의 처결을 받아야 했으나 국상 중에는 모든 중앙의 옥사가 중지된다. 이에 국상 기간을 넘기고 다시 조사하게 되면《경국대전》에 규정된 결옥決獄의 기한을 지킬 수가 없어 하급기관으로 이첩한 것이다(《승정원일기》고종 즉위년 12월 20일조. 정구룡의〈장계〉).

최제우는 대구 감옥에서 경상감사 서헌순徐憲淳 등의 심문을 받았는데 이에 연루된 동학인은 25명이었다. 이 25명을 반드시 최제우의 열렬한 추종자들이라고 볼 수는 없지만 최제우를 따라 주문을 외우고 동학을 전파했던 것은 말할 여지가 없다(《일성록》고종 원년 2월 29일조. 서헌순의〈장계〉).

체포된 인물 중에 최제우의 수제자인 최시형이 빠져 있었다. 최시형의 본명은 경상慶翔으로 최제우가 살고 있는 용담에서 25리 떨어진 경주 검곡에 살고 있었다.

최제우가 잡혀갈 때, 그는 외지에 있었다고 한다. 최제우가 대구 감영에 잡혀 있을 적에 그는 대구로 와서 여러모로 최제우의 옥바라지를 했

최시형 그는 평리원 재판장 조병직에 의해 '좌도난정'이라는 죄목으로 교수형 선고를 받았고, 일흔두 살의
파란만장한 생애를 마쳤다.

다. 마침 현풍에 사는 곽덕원郭德元을 만나 그의 종으로 가장하고 최제우
에게 접근했다.

　그러니 최시형은 눈치껏 스승과 대화를 나눌 수 있었을 것이다. 그러나
연루된 사람들의 입에서 마침내 최시형의 이름이 튀어나왔다. 이에 그는
김춘발金春發과 함께 대구를 빠져나가 도망했다. 이것이 그의 긴 도피 여
정의 첫걸음이었다. 최제우는 옥중에서 시를 남겼다.

등불 밝힌 물 위는 한 점 혐의의 틈새도 없고
기둥은 삐쩍 마른 것 같지만 버틸 힘 남아 있도다

여기서 '혐의의 틈새'가 뜻하는 것은 '사람들이 서로 미워해서 생시는 틈'이다. 이 시 구절의 뜻은 자신에게는 어떤 혐의나 죄가 없다는 것이요 비록 나무기둥처럼 보이지만 결코 쓰러지지 않는다는 신념을 나타낸 것이다. 최제우는 곽덕원을 보고 이렇게 말했다.

경상이 지금 성중에 있느냐? 오래지 않아 잡으려 할 것이다. 내가 '고비원주高飛遠走'(빨리 서둘러 멀리 달아나라)라고 말하더라고 전해라. 만약 잡히면 일이 매우 위험스럽게 된다.

《동학사상자료집1》〈도원기서道源記書〉

이 기록은 최제우와 최시형의 '도통연원道統淵源'을 밝힌 것으로, 최시형이 살아 있을 당시인 1880년(고종 17)에 이루어진 것이니 신빙성이 있다. 몇몇 책들에서는 담뱃대 심지에 앞의 시와 '고비원주'를 써서 최시형에게 주었다는 약간 상반된 기록들이 전한다(《천도교교회사》 : 《천도교창건사》 : 오지영 《동학사》).

어쨌든 최제우는 대구 장대(지금의 달성공원 안)에서 처형당했고 머리는 남문 밖에 사흘 동안 조리돌렸다. 최제우의 제자들 중에 강원보 등 12명은 모진 매를 맞고 정배되었으며 나머지는 풀려났다. 또 최제우의 부인 박씨와 큰아들 최세정은 다행히 풀려났다. 그리고 나서 부인 박씨와 아들은 시신을 인도받아 용담으로 운구했다.

최제우의 시체를 염습하고 용담에 장사 지낼 적에 10여 명의 제자들이 따랐으나 최시형은 영양 용화동 등지를 잠행하면서 밥을 빌어먹었다. 이로부터 그의 끝없는 잠행이 시작되었다. 그는 그런 잠행 중에도 동학 포덕에 열중했다.

그동안 최시형에 대한 평가가 한쪽으로 치우친 감이 있다. 그의 줄기찬 동학 포덕에 초점을 맞추다 보니 역사적 평가가 제대로 이루어지지 못했다. 그리고 그를 신격화하는 데에 열중해 그를 역사 인물로 다루지 못한 것이다. 그에 대한 기록도 1차 사료가 아닌 후기의 사료에 치중해 있다. 여기서는 1차 사료를 중심으로 그의 행적을 더듬어보고 나름의 평가를 내리려고 한다.

● 최제우와의 만남

최시형, 곧 최경상은 최제우와 같은 경주 최씨요 같은 경주 땅에서 태어났다. 다만 두 사람이 촌수로 따져 어떻게 되는지, 어릴 적부터 알고 지냈는지는 알려져 있지 않다. 최제우는 용담에서 태어났고 최경상은 황오리에서 태어났다. 이런 인연이 두 사람의 관계로 보아 결코 무시할 수 없는 조건이 되었다.

최경상의 아버지는 최종수崔宗秀, 어머니는 월성 배씨였는데 어머니는 여섯 살 적에, 아버지는 열다섯 살 적에 죽었다(족보에 따름). 어려서 고아가 된 셈이다. 최경상은 어릴 적에 영일 기일동에서 자랐는데 크면서는 힘이 셌다고 한다. 열일곱 살에 그는 조지소造紙所에 심부름꾼으로 들어가 생계를 이어야 했다. 그의 형제와 자매에 대해서는 별로 기록이 없으나 누이동생 하나가 있었고 계모도 있었다고 한다. 그러니 자신 이외에 부양가족이 몇이 있었는지는 정확하지 않다. 이때 그의 근실함을 보고 매파가 돈 많은 집 청상과부의 딸과 혼인하라고 했지만 이를 거절했다.

열아홉 살에 밀양 손씨를 맞아 장가를 들었는데 이 손씨가 첫째 부인이다. 이렇게 장가를 들어 10여 년을 지내면서 경주 신광면 마북동에 정착했다. 이때 마을 사람들이 그의 인품을 보고 집강執綱(면, 리의 행정사무를 보는 사람)으로 천거했다. 그리하여 6년 동안 이 일을 보면서 민은民隱(백성의 고통)을 없게 하고 숨은 미담가화를 찾아내 잘 기려주어 칭송이 자자했다. 마을 사람들은 그의 이런 공덕을 돌비에 새겨주기도 했다.

서른세 살 때에 경주 검악산 아래 검곡劍谷(현재 지명은 검곡동이라 함)에 정착했다. 최제우가 죽고 난 뒤 잠행을 시작했으니 검곡에서 5년 남짓 산 셈이 된다.

그가 최제우를 처음 만난 것은 1861년 여름으로 보인다(《도원기서》: 《천도교창건사》). 이때에 최제우는 새로운 교를 창도하고 포덕문을 지어 돌리며 천도 또는 동학이라고 명명했다. 최제우가 11월에 들어 남원 은적암으로 가서 겨울을 나고 이듬해 3월에 경주로 돌아오던 무렵이었다. 경주 일대의 집집에 동학 주문소리가 요란했다는 때이기도 하다. 그가 이 소문을 못 들었을 리 없다.

어쨌든 이 만남이야말로 조선후기의 역사에 큰 의미를 지니게 된다.

● 도통을 전수받다

이듬해 3월, 최제우는 자신을 체포한다는 소문이 돌아 경주에 숨어 지내며 거처를 아무에게도 알리지 않았다. 그런데 뜻밖에도 최경상이 최제우를 찾아왔다. 최제우는 이에 놀라 말했다.

"그대는 소문을 듣고 왔는가?"
"소생이 어찌 알겠습니까? 저절로 오고 싶어서 왔습니다."

그리고 최경상은 그동안 근실히 공부했음을 말하고 기름 반 종지로 밤을 새워도 기름이 다 닳지 않았다며 이적이 있었던 일을 전했다. 이에 최제우는 조화의 큰 징험이라고 일러주었다(《도원기서》).

이 해 6월 진주를 비롯한 각지에서 삼남농민봉기가 벌떼처럼 일어났지만, 이들은 동학에만 전념한 것으로 보인다. 동학의 관계자료에는 이 봉기에 대해 전혀 언급하지 않았다.

최경상은 한 달에도 몇 차례씩 최제우를 찾아와서 도를 물었고 얼음물로 목욕을 하며 수도에 정진했다. 그리고 최제우의 거처를 자신의 집으로 정할 것을 간청했지만 좁다고 하여 받아들여지지 않았다. 밀려오는 많은 교도들을 좁은 집에서 모두 수용할 수 없었을 것이다. 그는 가난한 살림 속에서도 최제우의 옷을 지어 바치기도 하고 최제우 가족의 생계를 위해 쌀과 돈을 마련해 보내기도 했다. 이때 최제우는 각지의 접주를 정했는데 최경상은 여기에 빠져 있었다.

1863년 정초에 최경상은 특별한 임무를 받았다. 그에게 영덕, 영해지방의 순회포덕을 맡긴 것이다. 이때 최경상은 영덕 출신 강수姜洙를 처음 만난 것으로 보인다. 곧이어 강수가 최제우를 찾아와 수도의 절차를 묻는 등 잦은 방문이 있었다. 이 두 사람의 만남 또한 큰 의미를 가지고 있다. 경주의 초기 도인들은 압제의 시기에 모두 흩어져버렸지만 이 두 사람은 농민전쟁기까지 철저하게 함께 행동했다.

이 해 6월에 통문을 내어 경주에서 접소를 열었는데 각지에서 50여 명이 모여들었다. 접소를 파할 즈음에 최제우는 시 한 구를 지어 돌렸다.

용담의 물이 흘러 사해의 근원이 되고
구악에 봄이 도니 한 세상의 꽃이로다

이 해 8월, "용담의 물이 흘러 사해의 근원이 되고 검악에 사람이 있어 하나의 마음이라"고 고쳤다. 이는 최경상을 지적한 것이다.

용담의 물은 최제우의 창업을 뜻하고 구악의 봄은 최경상의 수성守成을 뜻하는 것이 아니겠는가? 그리고 최경상을 북도의 주인으로 정하고 해월海月이라는 호를 내려주었다(《천도교교회사》). 그러면서 이렇게 말했다.

참으로 이른바 첫 공을 이룬 사람은 갈 것이다. 이 운(후천개벽의 운을 뜻하는 듯하다)은 반드시 그대에게서 나올 것이다. 이 뒤로 도의 일을 신중히 간섭하여 나의 가르침을 어기지 말라.

《도원기서》

이것은 바로 도통의 전수를 뜻한다. 이후로 최제우는 경주 남쪽의 포덕에 전념하면서 그 북쪽은 최경상에게 맡겼다. 여기에서 북접의 용어 사용이 시작되었다. 그 뒤 최경상은 '주인', 최제우는 '대주인'으로 불렸다. 손병희가 천도교를 창건한 뒤, 최제우를 '대신사大神師', 최시형을 '신사神師'라고 부르기 전까지는 이것이 공식호칭이었다.

이 해 8월에 최제우는 다시 '수심정기守心正氣' 4자를 써주어 그에게 도통 전수를 더욱 확실하게 표명했다. 이 뒤 최경상은 동학의 주문과 가사와 시, 포덕문 등을 늘 암송하며 더욱 수도에 정진했다.

최경상은 대구에서 빠져나와 밤에는 걷고 낮에는 숨으면서 안동까지 와서 교도의 집에 머물렀다. 그러나 포졸이 밀어닥쳐 수색하는 통에 곧바로 영덕 직천으로 가서 강수의 집에 숨어 하룻밤을 지냈다. 이어 그는 영해를 거쳐 평해에 이르러서 황주일黃周一의 주선으로 거처를 정하고 처자까지 데리고 와서 살면서 짚신 삼기를 생업으로 삼았다. 이때부터 그는 평생 동안 짚신 삼는 일을 놓지 않았다.

그리고 이곳에서 얼마 동안을 지낸 뒤 울진 죽변을 거쳐 영양 일월산 아래 용화동 죽현으로 거처를 옮겼다. 그리고 이곳에 은거하면서 평생 동안 산 바깥으로 나가지 않겠다고 결심했다. 그런데 1865년 7월에 들어 최제우의 부인 박씨가 수소문 끝에 이곳을 찾아왔다. 그때 도인들은 각기 흩어져 있으면서 서로 왕래가 없었으며 또 서로 아는 사이라 해도 원수 대하듯 했다. 동학으로는 가장 침체기에 속할 것이다.

최제우의 부인(이하 사모씨로 호칭)은 의탁할 곳이 없어 자식들을 데리고 최경상을 찾아온 것이다. 최경상은 자기가 살던 집을 사모씨에게 내주고 다른 거처를 마련하여 옮겼다. 그는 열심히 농사를 짓고 복숭아나무를 심었다. 그의 근면성이 여실히 나타난 때였으리라. 그는 나무를 심는 일 또한 평생 동안 어느 곳에서든 계속했다.

1865년 가을에는 동학의 탄압이 뜸해졌다고 판단했다. 그리하여 조직을 재건하고 교도들이 모이기 좋은 검곡에서 순도기념제례를 모시기로 작정했다. 그리고 이보다 먼저 스승의 탄신제를 올리기로 해, 이해 11월 28일 검곡에는 수십 명의 교도들이 모여들었다. 이 자리에서 그는 동학이 실천해야 할 이념 또는 현실인식을 밝히는 중요한 강론을 펼쳤다. 그 요지는 세 가지로 요약할 수 있다.

첫째, 인시천人是天이다. 사람은 평등하여 차별이 없나니 사람이 인위로써 귀천을 나눔은 한울님 뜻에 어긋나는 것이리라.
둘째, 우리 도인들은 일체 귀천의 차별을 철폐토록 해야 한다.
셋째, 스승님의 본뜻은 어디까지나 "사람이 한울이라"는 데에 있으니 제자들은 이를 철저히 지켜야 한다.
표영삼 《동학 1 : 수운의 삶과 생각》 〈동학재건에 전력〉 참고

이에 대해 표영삼은 "사람은 누구나 몸 안에 한울님을 모시고 있으므로 누구를 막론하고 한울님과 같이 존엄하다는 것이다. 따라서 사람의 존엄성과 한울님의 존엄성은 똑같으므로 사람의 존엄성=한울님의 존엄성이란 등식에 따라 인내천이라 한다는 것이다. 그리고 해월은 이를 일상생활에 적용시켜 양반, 상놈이라는 신분제는 수운의 가르침에 반하는 것이라 하였다"고 풀이했다.(《동학 1 : 수운의 삶과 생각》)

1866년 3월 10일 최제우 순도 2년이 되는 날, 용화동 위쪽 대치에 있는 사모씨 집에서 마침내 제례를 올렸다. 이 두 의식의 거행은 동학 재건의 지름길이 되었다. 최경상은 이 자리에서 끊임없는 강론을 통해 동학사상을 알렸다.

한편 1866년 8월, 병인양요로 나라가 시끄러웠고 이에 따라 동학에 대한 단속이 뜸해졌다. 이에 강수 등 일부 교도들이 최경상의 행방을 찾아다녔다. 강수는 마침내 최경상의 거처를 찾아내어 박춘서朴春瑞와 함께 일월산으로 왔다.

이 해 10월 28일은 최제우의 생신날이었다. 교도들이 모여 생신제사를 지내고 봄·가을로 교주의 제사를 지내기 위하여 수계안修契案을 돌렸다. 그리하여 여기에 수십 명이 참가했다. 이 수계안이 바로 동학재건의 실마리가 되었다고 볼 수 있다.

최경상은 이보다 앞서《동경대전東經大典》,《용담유사龍潭遺詞》를 입으로 불러 베껴놓기도 했는데 이때부터 이를 활용했다. 그리고 거처를 옮겨가며 예천에 도량을 두어 분접分接을 만들기도 하고 흥해에 도량을 개설하기도 하면서 포덕에 열중했다(《천도교교회사》).

● 이필제 주도의 영해부 기습에 참가

1870년(고종 7)에 들어 그는 강원도 양양에 있었다. 이 해 10월에 영해 도인 이인언李仁彦과 박춘서가 찾아와 도인 이필제가 지리산에 들어가 있었던 탓으로 교조의 죽음을 모르고 있다가 이제야 산에서 나와 교조의 죽음을 신원伸冤하려 한다고 했다. 그리고 최경상에게 그를 찾아가 만나볼 것을 권유했다. 최경상은 다섯 차례에 걸친 권유를 받은 끝에, 1871년 2월 박사헌朴士憲과 함께 영해로 이필제를 만나러 갔다. 이필제는 최경상을 브고 이렇게 말했다.

노형, 나는 한 번 선생의 수치를 씻고 한 번 창생의 재앙을 구하고 이어 중국을 차지할 뜻이 있소.…… 3월 10일이 선생께서 돌아가신 날이니 그날에 거사하겠소. 다시 다른 말 없이 이를 따르시오.

이러한 위압적인 이필제의 언사에 최경상은 마지못해 따를 수밖에 없었다. 이필제는 서울에서 왔다는 김낙균과 수작을 나누며 현직에 있는 금장禁將(금위영의 장수)의 것이라는 편지를 꺼내들고 현역의 군인들이 돕는다고 이들을 꼬었다(관변 기록과는 달리《도원기서》,《천도교교회사》,《천도교창건사》등에는 이필제가 최경상을 찾아왔다고 기록하고 있으며, 말투 역시 최경상이 이필제를 아랫사람 대하듯 한 것으로 기술했다).

이에 교도 등 5백여 명을 모아 천제를 지내고 밤을 틈타 영해부로 쳐들어갔다. 봉기꾼들은 영해부 관아를 점령하고 하룻밤 호기를 쿠리고는 이튿날 영양 일월산으로 퇴각했다(《동래부계록東萊府啓錄》권7 신미년 3월 15일조).

일월산에 진을 친 이들은 관군의 수색이 심하자 뿔뿔이 흩어졌다. 이런 속에서 최경상 일행은 사모씨와 그 아들 세정, 세청과 함께 관군을 피해 달아났고 세청의 아내만 빠졌다. 이들은 갈 곳이 없었다. 이때 이필제가 말했다.

정기현은 나와 친하오. 또 동모同謀한 사람이오. 곧 이 사람의 집을 찾아
자취를 숨깁시다.

《도원기서》

이를 보면 이들 일행에 이필제가 끼어 있었음을 알 수 있다. 이때 최경
상은 그를 뒷바라지하던 전동규全東奎, 박사헌, 이사인李士仁 등 1백여 명을
잃었다. 그뿐이 아니라 조정에서는 영해부습격에 동학도가 관련되었다 하
여 동학도에 대한 일대 수색령을 내렸다. 그리하여 이른바 동학에서 큰 수
난사로 기록되는 신미사변이 일어난다. 동학관계 기록에서는 이 영해민
란에 최경상이 참여했다고 쓰지는 않았다. 그러나 그가 참여했음을 알리
는 간접적 표현들이 있다.

어쨌든 이들은 단양 가산리에 있는 정기현을 찾아갔다. 이때 정기현과
이필제는 밤새 수작을 했다고 하며, 이튿날 이필제는 김창화金昌和의 집,
최경상은 정석현의 집, 강수와 전성문은 영춘에 있는 김용권金用權의 집에
각기 흩어져 거처를 정했다《포도청등록》 25책 신미년 8월 29일의 죄인 공초에 이 관계사
실이 나온다. 여기에 이필제의 동행으로 영남인 권성거權性巨라는 이름이 나온다. 권성거는 처음 그
와 동행했다가 뒤에 조령 모의에 참여하지 않았다는 점, 그들이 분산하여 숙소를 정했다는 점, 정기현
의 동생으로 석현石鉉〔《도원기서》 등에서는 錫鉉으로 표기되어 있다〕이 있다는 점 등으로 보아 최경
상의 가명으로 보인다).

이 해 4월 최경상은 성명을 바꾸고 일꾼이 되어 밭을 일구고 나무를 하
고 고기를 잡고 새끼를 꼬면서 지냈다. 그러다가 5월에 강수의 권유로, 좀
더 숨기에 좋은 영월 정진일鄭進一의 집으로 피했다. 이때 이들은 이필제의
새재 모의에 가담하지 않았을 뿐만 아니라 이필제를 심히 원망하고 있었다.

그런데 8월에 이필제가 모의한 문경새재의 작변이 발각되어 이필제와 정기현 등이 잡히고 또다시 동학교도에 대한 수색이 크게 벌어졌다. 이때 이들은 "구초口招(신문을 받는 짓)의 단서가 있을까 두려워 자취를 숨기는 계책으로 미리 피하는 게 좋겠다"《도원기서》고 생각해 행장을 꾸리고 길을 떠났다.

최경상과 강수는 소미원 사모씨의 집을 찾아갔다. 이들은 약을 캐는 사람으로 변장하고 있었다. 사모씨는 이들의 갑작스러운 방문을 받고 놀라 물었다. "그대들의 행색이 어찌 이런가?" 이에 강수가 대답했다.

"우리는 아무 일도 범한 적이 없소. 그런데 문경의 변은 진실로 이필제가 일으킨 것이오. 혹 구초의 단서가 잡힐까 몸을 피해 이리 온 것이오."

이에 세정·세청 형제는 초행醮行(최제우의 딸의 혼사를 가리킴)이 있어 집을 비우게 되므로 잠시도 자기 집에 머물 수 없다고 거절했다. 이들은 하인으로 꾸며 따라가면 되지 않겠느냐고 했지만 이것도 거절을 당했다. 이처럼 푸대접을 받은 최경상은 이렇게 한탄했다.

나의 신세는 갈 데도 올 데도 없는 지경에 이르렀구나. 물러가 산에 숨는 것이 좋겠다.

《도원기서》

그의 마음은 분명히 흔들리고 있었다. 이들은 사모씨에게 작별을 고하고 정처없는 길을 떠났다. 태백산을 향해 걸으면서 솔잎을 먹고 바위틈에서 잠을 잤다. 가장 가까운 사람에게서까지 배반을 당하고 다시 쫓기는 몸으로 보름씩 굶으며 산속을 헤매게 된 것이다. 이들은 영월 직곡리의 어느 교도의 집에 정착했다.

1872년(고종 9)에 들어 최경상과 강수는 사모씨의 안부를 알기 위해 소미원으로 찾아갔다. 그때 이들은 최세정이 양양 관가에 잡혀갔다는 소문을 들었다. 이에 사모씨는 그들이 사는 곳으로 옮겼다. 그리고 이들은 거처를 숨기기 위해 인제, 홍천, 영춘 등지로 전전했다. 3월에는 최제우의 셋째 딸과 최세정의 처까지 인제 옥에 갇히게 되었다. 그리고 5월에는 최세정이 감옥에서 장사杖死를 당했다. 불행의 연속이었다.

🔴 교단을 재건하다

이런 속에서도 최경상은 태백산 적조암에 들어가 49제를 지냈다. 꺼져가는 동학을 다시 일으켜 세우려는 몸부림이었다. 이때 그는 '태백산공사십구太白山工四十九'라는 구절을 하늘로부터 얻어 새로운 동학의 전도를 밝혔다고 한다. 이것이 유명한 '태백산공'이다.

이때 사모씨가 갑자기 병사했다. 그리고 이듬해인 1874년 3월에 최경상은 첫 부인 손씨의 행방이 묘연하여 안동 김씨의 딸을 얻어 장가 들었다. 그리고 동학교도에 대한 수색이 뜸해지는 틈을 타 단양 사동으로 옮겼다. 그런데 1875년 정초에는 최세청마저 병을 얻어 갑자기 죽었다. 이로써 최제우의 아들은 모두 죽고 딸만 남게 되었다.

최경상으로서는 슬픔을 억제할 수 없었지만 스승의 가족을 돌볼 부담은 줄어든 셈이다(딸 셋은 출가했다). 그동안 세정과 세청이 그에게 온갖 푸대접을 해도 그는 노여워하지 않았으며 심지어 사모씨까지도 "천주가 무슨 물건이냐"고 대들어도 이를 참고 견뎌냈다. 그는 스승의 가족에 대해서도 인간적 정의를 결코 저버리지 않았던 것이다(《천도교교회사》).

1875년 9월에 들어 최경상과 강수 등은 경주 용담에 갔다왔고, 10월에는 단양의 사동에서 또 하나의 뜻있는 일을 벌였다. 최세청이 죽고 난 뒤 스승의 생신제와 기제 등을 최경상이 맡아 지내기로 한 것이다. 이때 강원도와 충청도 일대의 교도를 모아 제사를 거행하면서 자신을 주인. 강수를 차주인次主人으로 반포하고 열두 사람의 이름과 자字를 시時자와 활活자로 개작하게 했는데, 우선 세 사람에게 이를 시행하도록 했다.

그리하여 자신의 이름은 시형時亨(이후에는 이 이름으로 기술한다), 강수의 이름은 시원時元, 전성문의 이름은 시명時明으로 정했다. 그를 그림자처럼 따라다닌 두 사람에게 이런 이름을 준 것은 의미가 크겠거니와, 교단의 조직을 정비하고 체계를 세우려는 고심에서 나왔을 것이다(《도원기서》). 이후에 그는 적절하게 이 '시'자를 붙인 이름을 제자들에게 나누어 지어주었다.

이제 그는 최경상에서 최시형으로 행세하게 되었다. 최제우가 복술福述이라는 이름을 제우로 바꾼 뜻과 상통하지 않겠는가? 최시형은 병자수호조약 등 조정에서 개항을 단행하면서 감시가 느슨한 틈을 타 다시 포덕에 더욱 열중했다. 특히 강원도를 중심으로 해서 벌인 그의 활동은 가히 동학의 부흥운동이라 부를 만했다.

1878년 겨울에 들어 그는 동학교단사에서 빛나는 일을 벌였다. 그는 북접北接을 표명하고, 최제우가 북방에 운이 올 것을 말한 대목을 빌려 북접 대도주를 정식으로 표명했다. 그리고 최제우의 모든 글을 간행하기 위해 인제에 도적편집소道蹟編輯所를 두고 일을 서둘렀다. 이어 동경대전간행소를 두고 자금을 염출하고 판각을 하여 역사役事를 마쳤다. 또 단양에서 가사를 찍어 나누어주고 옥천에서《동경대전》1천 부를 찍어 교도들에게 나누어주었다.

이 일은 5년에 걸쳐 완성되었다. 이 일에는 한문에 상당히 조예가 깊은 강시원의 조력이 절대적이었다. 그리고 최제우와 최시형의 사적 및 간행의 경위를 밝힌《도원기서》도 강시원 등의 손으로 완성되었다.《도원기서》는 유려한 문장으로 과장없이 기술하여 동학연구에 비중 있는 자료가 되고 있다. 그런데도 현재의 천도교단에서는 이를 소홀히 다루고 있는 것 같다.

이렇게 최시형이 활발하게 활동을 벌이자 서로 헤어져 소식을 모르던 손씨 부인이 수소문 끝에 찾아왔다. 그리하여 그는 어쩔 수 없이 편법으로 손씨와 김씨를 좌우 부인으로 삼았다. 최시형은 제자들에게 첩을 두지 말라고 가르쳤던 것이다.

1883년(고종 20)에 들어 동학의 새로운 지도자가 될 인물들이 최시형을 찾아왔다. 곧 그들은 손병희孫秉熙, 손천민孫天民, 박인호朴寅浩, 황하일黃河一, 서인주徐仁周 그리고 윤상오尹相五 등이었다. 최시형은 이때 이런 설법을 했다.

오도吾道의 운이 장차 흥륭하리라.

이때는 기독교가 정부로부터 공인을 받은 직후였다. 그는 이어 교도들에게 9조의 포유문布論文을 반포하면서 "이웃을 사랑하라"고 가르쳤다. 이때부터 그의 포유·유시·통유 등의 글이 반포되기 시작했다. 그 글에는 끊임없이 양반, 상놈의 타파는 물론 적서의 차별, 여성의 존대, 어린이의 보살핌 등 신분제 차별의 철폐와 인권 유린의 관례를 깨야 한다고 가르쳤다.

이렇게 교세가 퍼지자 그를 체포하려는 손길이 다시 뻗쳤다. 그는 익산 사자암으로 몸을 피해 4개월을 지냈다. 이때가 전라도 땅에 처음 발을 들인 때이다. 이어 그는 어느 교도가 주선한 상주 전성촌前城村으로 거처를 옮겼다. 비록 초가삼간이나마 그가 도피를 시작한 뒤 자신의 집을 처음 갖게 된 때가 아닐까?

이 해 10월에 최시형은 손병희, 박인호와 함께 가섭사에 가서 기도를 거행하고 이어 주문을 고치게 했다.

그때 사람이 '천주' 두 글자를 지목함을 피하여 강서降書(하늘이 내려 준 글)로 주문을 개작하사 일시 임시로 행하시니 주문은 '봉천상제일편심奉天上帝一片心 조화정만사지造化定萬事知' 러라.

《천도교교회사》

'천주'라는 단어 때문에 늘 사교로 지목을 받기 때문에 유가에서 쓰는 '상제'로 바꾼 것이다. 그리고 교단조직을 6임六任으로 정비하여 교장敎長, 교수敎授, 도집都執, 집강執綱, 대정大正, 중정中正을 두었다. 이들 조직은 시기에 따라 명칭이 조금씩 달라지기는 했으나 그 골격은 천도교가 창시될 때까지 유지되었다. 그리고 1885년 5월에는 유명한 보은 장내帳內(마을 사람들은 장안으로 부름)로 접소를 옮겼다. 그 뒤 때때로 최시형이 관의 눈을 피해 옮겨 다니기는 했지만 장내리는 동학의 본거지가 되었다.

1887년은 그의 회갑이 되는 해였다. 이때는 생활도 폈을 무렵인데, 그의 둘째 부인 김씨가 죽었다. 그는 회갑연을 치른 뒤 '북접법헌北接法軒'이라는 첩지를 만들고 '해월장海月章'이라는 도장을 찍어 6임에 나눠주었다. 이것은 곧 동학의 정통을 의미했지만 뒤에 남접과의 분란이 있을 적에 하나의 계파를 나타내기 위한 것이기도 했다.

● 혁명의 기운이 고조되다

1888년 1월에 들어 그는 다시 뜻깊은 걸음을 걸었다. 전주로 가서 기도식을 거행하고 삼례로 와서 이몽노李夢老의 집에 머문 것이다(《천도교교회사》). 이때 그 유명한 마당 포덕을 행한 것으로 보인다. 마당포덕은 입도할 사람들이 몰려들어 정식 입도식을 거행치 못하고 마당에 모아놓고 한꺼번에 청수를 받들어 입도식을 거행하는 의식이다. 이때부터 동학이 전라도 지방에 본격적으로 전파되기 시작한 것으로 보인다.

이 해 3월에는 손병희의 누이동생을 맞아 세 번째 부인으로 삼았다. 이일은 손병희와의 관계에 있어서 하나의 큰 의미를 지닌다고 볼 수 있다.

많은 교도들 특히 여성 교도들이 몰려들자, 1890년 11월 금릉군 구성면 용호동(지금 김천시)에 있는 교도의 집에서 강론을 하면서 〈내칙內則〉과 〈내수도문內修道文〉을 지어 돌렸다. 여성의 수도 방법과 지켜야 할 생활 태도를 이른 것이다.

그가 공주로 와서 접소를 열고 나서 청주에 있을 적인 1891년 2월, 호남의 남계천南啓天, 김낙철金洛喆, 김낙삼金洛三, 손화중孫華仲 등의 방문이 있었다. 이때 남계천을 전라좌도 두령, 윤상오를 전라우도 두령으로 삼았는데, 김낙삼이 1백여 명의 교도를 데리고 와서 천한 신분인 남계천을 따르지 못하겠다고 항의했다. 이에 최시형은 문벌의 귀천과 노소의 등분은 우리 도에 없는 일이라고 타일렀다(《천도교교회사》). 이로써 동학교도는 신분 차별이 없음을 확실하게 천명한 것이다.

이때 그는 부안, 고부, 태인 등지를 다니며 전라도 포덕에 열중했다. 특히 정읍 지금실에 가서 김기범金箕範(김개남의 본 이름)의 집에 머물렀고, 원평의 김덕명金德明도 만났다. 전라도 일대에 동학교도가 날로 늘어가고 있었다. 당시 최시형은 이렇게 개탄했다고 한다.

> 이때에 호남도인이 사문에 날로 늘어 찾아오되 도를 아는 자 없거늘 신사 개연히 탄식하사 가로되 "도를 아는 자 드물다" 하시고 남계천 등에게 이르사 너희들은 실심수도實心修道하여 천부의 성품을 통케하라.
>
> 《도원기서》

여기에서 "도를 아는 자 드물다"는 말은 어떤 시사를 준다. 동학에 무지하다는 말이 아니다. 호남의 도인들이 동학보다 동학을 통해 딴 생각을 품고 있음을 뜻하는 것이다. 이런 개탄은 바로 뒤에 일어날 남접, 북접의 갈등을 암시한 것이다.

1890년대에 들어 북쪽의 황해도 등 전국에 걸쳐 동학이 퍼졌지만 교도의 숫자는 가늠할 수가 없었다. 그런데 이때는 교도 성분이 문제가 되었다. 단순히 후천개벽이 도래하여 미래에 잘 사는 사회만을 바라는 순수 동학교도가 아니라는 점이다.

당시의 체제를 부정하고 폭력적 방법으로라도 현실과 대결하겠다는 세력들이 끼어들었음을 부정할 수 없을 것이다. 특히 이들의 성분에 대해 어윤중은 상당히 정확하게 지적하여 이들을 일러 '위동학당僞東學黨'이라 불렀다(어윤중 〈선무사재차장계宣撫使再次狀啓〉). 특히 보은집회 이후에 나타난 남접이 그러했다.

이들은 관권의 탄압에도 예전처럼 도망만 가지는 않았다. 정면대결을 시도하여 무기를 입수하고 계획을 꾸미기도 했다. 이런 분위기는 도주 최시형으로서도 제대로 제재할 수 없었다. 더욱이 천주교와 개신교가 정부의 공인을 받고 때로 정부의 비호까지 받는 현실에서 동학에만 가해지는 탄압을 이들은 참을 수가 없었다. 1892년에 충청감사 조병식趙秉式은 동학의 금령을 내리고 교도들을 색출하면서 재산을 토색질했다. 이에 최시형은 진천 등지로 잠행하며 통유문을 내렸는데 이런 항목을 두었다.

우리 도는 후천개벽의 운으로 무극한 대도大道라 대개 그 종통진원宗統眞源이 영영소소靈靈昭昭하니 어찌 감히 일호문란이리오. 근간 각지 도유道儒가 망령되이 존대尊大하여 혹 이 포包 연원이 저 포 연원에 옮겨들며 저 포 연원이 이 포 연원에 옮겨들며 혹 그 수령을 기롱하며 그 종맥을 손상하는 자 있다 하니 이것을 어찌 참으리오……

《천도교교회사》

이 훈시는 당시 동학교단 사정을 설명하고 있다.

이 해 7월에 서인주와 서병학徐丙鶴이 교조의 신원을 위해 상소운동을 벌일 것을 최시형에 간청했다. 그러나 최시형은 이를 적극 만류하고 나섰다. 이에 이들은 이 해 10월에 자의로 도인을 공주에 모아놓고 감사 조병식에게 강경한 항의문을 보냈다.

이들이 계속해서 교주에게 압력을 넣자 최시형은 마지못해 삼례집회를 허락했다. 그리하여 서인주 등이 주동이 된 삼례집회에서 전라감사 이경직李耕稙에게 동학을 탄압하지 말라는 항의의 글을 보냈다. 당시 도인들의 분위기는 봉기를 서두를 태세였다. 이때 최시형은 공주에서 삼례로 오다가 낙상해 집회에 참석하지 못하고 발의문만 보냈다. 발의문에서 "복합상소의 건은 의논중이니 하회를 기다리라"고 타일렀다.

그러나 서인주를 중심으로 한 강경파들은 이 모임에서 복합상소를 계속 추진했다. 이에 어쩔 수 없이 이 해 12월에 보은 장내리와 청주 청산리 등지에 도소都所를 정하고 복합상소를 추진했다.

이 결과 1893년 2월 북접계통의 서병학, 박광호 등 많은 교도가 서울로 올라와 상소문을 들고 경복궁 광화문 앞에서 복합 시위를 벌였고 고종은 "좋은 조치가 있을 것이니 가서 기다리라"는 비교적 부드러운 조치를 취했다. 이때 서병학 등은 대병隊兵(구식 군대를 뜻하는 듯)과 합동하여 정부를 타도하자고 주장했지만 최시형의 지시를 잘 따르는 김연국, 손병희 등에 의해 좌절되었다(《천도교교회사》).

이 해 3월 11일에는 보은 장내리에 교조신원을 위해 전국의 교도 수만 명이 집결했다. 이것은 북접이 주도한 보은집회이다. 이때에도 온건파와 강경파가 나누어져 그들의 행동을 놓고 논란을 벌였지만 어윤중이 왕명으로 해산할 것을 종용하자, 은유에 감읍해서 임금이 있는 북쪽을 향해 네 번 절하고 해산했다 한다(《시천교역사》).

이때 전봉준이 주도한 남접세력 수만 명은 금구의 원평집회를 갖고 보은집회에 사람을 보내 동정을 엿보다가 보은집회가 해산되자, 이들도 일단 행동을 멈추고 해산했다. 그리고 곳곳에 모이기도 하고 흩어지기도 하면서 불온한 기색을 보이고 있었다. 최시형은 다시 인동, 금산(지금의 김천), 상주, 청산 등지로 잠행했는데, 이 무렵에도 서병학 등이 신원의 일을 다시 말하자 이를 만류하며 끝내 허락하지 않았다.

● 동학농민전쟁과 남북접의 갈등

1894년 3월, 전봉준, 김개남, 손화중 등이 고부에 이어 무장에서 봉기하고, 각지에 격문을 보내 '보국안민'의 기치를 내걸고 일어났다. '보국안민'은 바로 정치적 구호였다. 이에 최시형은 통유문을 교도들에게 보냈다.

> 근래 들으니 교도가 본분에 안도하지 못하고 생업에 힘쓰지 아니 하고 당여黨與를 각각 세워서 서로 성원함에 예전 원수를 눈을 흘기며 갚으려 함에 이르러 위로 군부君父의 연연한 근심을 끼치고 아래로 생령이 도탄에 빠지는 근심을 불러오니 말이 이에 미치매 어찌 한심치 않으리오. 이와 같이 포유한 후에 잘 깨달아서 숨어 지내며, 도를 지키지 아니 하고 한결같이 미망에 잡혀 같은 악으로 서로 연결하면 하늘을 거스르고 스승을 배반함이라. 결단코 북을 울려 교에서 쫓아낼지니 이것을 모두 잘 알아서 한결같이 따라 어기지 말라.
>
> 《천도교교회사》

이는 남접의 봉기를 초기에 막으려 한 것이다. 이어 전봉준이 장성에서 중앙에서 보낸 관군을 격파하자, 최시형은 전봉준에게 경고문을 보냈다.

아비의 원수를 갚고자 할진대 마땅히 효도할 것이오. 백성의 곤궁을 구코자 할진대 마땅히 인仁할지라.…… 더구나 경經(《동경대전》을 뜻함)에 이르되, "현기玄機를 드러내지 말고 마음을 급하게 먹지 말라"라고 했나니 이는 선사의 유훈이시라. 운이 아직 열리지 않고 시대 또한 이르지 아니 했나니 망동치 말고 진리를 더욱 궁구하여 천명을 어기지 말라.

《천도교교회사》

"아비의 원수를 갚고자……"의 구절은 전봉준을 지적한 말이다. 최시형은 계속 교도들에게 망동하지 말 것을 일렀다. 이에 호남에서도 북접의 지시를 따르는 교도들은 전봉준의 봉기에 가담하지 않았고 오히려 호남의 북접계통과 남접, 북접의 남접계통끼리 서로 싸우고 죽이는 일까지 빈번하게 일어나고 있었다. 특히 전봉준, 김개남이 집강소를 설치하고 고리채의 정리, 신분의 타파, 부정한 수령의 처단 등의 일을 벌일 적에 이런 분쟁은 더욱 잦았다(남북접의 생성 원인과 분쟁은 오지영의 《동학사》〈남북접쟁단〉에 자세히 언급되어 있다).

최시형은 공식 문서를 여섯 차례나 내려서 남접의 봉기와 교도의 동요를 나무랐다. 더욱이 남접을 치라는 뜻으로 '벌남기伐南旗(남쪽을 치는 깃발)'를 내려주기도 했다.

그러나 정부에서는 남접과 북접을 한 무리로 보고 단속했으며, 북접계통에서도 최시형의 경고를 무시하고 각지에서 봉기를 일삼았고, 북접 내의 서인주, 황하일 등도 행동에 나설 것을 주장했다. 그리고 남접에서 2차

봉기를 단행하며 북접의 호응을 여러 차례 요구해오자, 최시형은 이에 손병희에게 대통령기大統領旗(큰 통령을 상징하는 깃발)와 벌남기를 주어 공주와 이인에서 전봉준과 회동하게 했다. 손병희는 논산에서 전봉준을 만나 '벌남기'를 찢고 '척왜양창의기斥倭洋倡義旗'를 내걸고 연합전선을 폈다.

이때 최시형은 전라도 일대에서 잠행하고 있었다. 그는 장수, 남원, 임실 등지를 다녔는데 공주, 원평, 태인 등지에서 패전한 뒤 남하한 손병희와 임실 조항리에서 만났다. 이들은 다시 북상하여 금산, 무주를 거쳐 영동에 닿았다. 영동 용산장터에서 격전을 치른 뒤 이들은 관군에 쫓겨 보은 종곡리에 와서 다시 격전을 치렀다. 그런 뒤 다시 관군과 일군에 쫓기는 몸이 되었다.

그런데 최시형은 이 무렵 충주 주둔 일본 병참소에 두 차례 글을 보냈다. 그 글의 일부 내용은 이러했다.

……비도의 뜻을 품은 서장옥徐璋玉(앞에 나온 서인주를 말함)과 전봉준의 무리가 사문을 거짓 핑계대어 망령되이 척화라 일컫고 무지한 교도들을 선동하여 깃발을 내걸고 죽창을 든 행동이 아주 모질었습니다. 또 우리 북접을 끼고 때를 타서 함께 봉기하려 했으나 우리 북접은 각별히 스승의 훈계를 따라 굳게 따르지 아니 했습니다. 아, 저 남접이 무리를 모아 세력을 믿으며 사람을 죽인 것이 아주 많았습니다. 저희 북접은 죄를 짓지 아니 했다고 생각합니다. 장차 무리를 들어(남접을 가리킴) 성토하려고 합니다.

《시천교역사》
(시천교는 친일경향을 보인 동학의 한 갈래인데,
일본군에 보낸 이 두 건의 서신은 여기서만 언급되고 있다.)

두 번째 보낸 글의 한 대목은 이러하다.

……근래 한 지역이 겉으로 우리 교를 핑계대고 속으로 역적의 마음을 품고서 남접이라 자칭하고 도중徒衆을 규합하여 함부로 침폭했습니다. 그리하여 위로는 임금에게 근심을 끼치고 아래로는 백성에게 화를 부채질했으니 지극히 통탄스럽습니다. 또 저네 서장옥, 허운초許雲樵 등은 우리 북접이 결단코 움직이지 않는 것을 원망하여 교인들을 셀 수도 없이 살해했습니다. 이와 같은 짓이 충군·우국하는 충성이겠습니까? 지금 우리 북접은 차마 앉아서 그 곤궁함을 당할 수가 없어서 부득이 거의성토擧義聲討하려고 합니다. 대중이 모이는 날 저희들은 마땅히 이해로 깨우쳐 귀순케 하겠습니다.

《시천교역사》

모든 봉기의 책임을 남접에 돌리고 또 자기들 손으로 남접에게 제재를 가하겠다는 뜻이다. 이것은 그들이 쫓기면서 남은 교도를 보호하겠다는 취지에서 나왔는지 아니면 그들의 타협적 성격 때문인지, 또는 앞으로 동학의 명맥을 유지하기 위한 방편에서 나왔는지는 모를 일이다. 그러나 우리는 역사의 한 대목에 서서 이 일을 음미해볼 필요가 있을 것이다.

최시형은 이 농민전쟁 중에, 임신한 아내가 감옥에서 다리가 부러지며 유산을 겪었고 열일곱 살 된 딸과 외손녀는 관에 잡혀서 청산의 통인通引에게 강제로 시집가는 비운을 겪기도 했다.

또 많은 측근의 교도들이 목숨을 잃었으며 30년 동안 동고동락하던 강시원을 잃기도 했다.

● 도통을 전수하다

최시형 일행은 다시 기약 없는 잠행길에 나섰다. 이들은 강원도로 달아나서 인제, 홍천을 헤매다니며 숨었다. 이렇게 1년을 보낸 뒤 1895년 말, 이들은 치악산 아래 수례촌으로 자리를 옮겼다. 그러나 최시형은 태백산을 헤맬 적보다는 어려움이 적었던 것 같다. 이때는 강원도에도 많은 교도들이 있어 도움을 받았기 때문이다. 그가 치악산 아래로 온 것은 그의 생애의 종장을 의미했다.

이때 그는 몸도 늙고 마음도 약해져 있었다. 현실에 대한 좌절과 스승에 대한 연모가 뒤엉켜 그를 방황하게 했으리라. 그런 탓인지 1896년 1월 그는 손천민에게 송암松菴, 김연국에게 구암龜庵, 손병희에게 의암義菴이라는 도호道號를 내리고 이 세 사람으로 하여금 합의체로 모든 일을 처리하게 했다. 이를테면 그는 2선으로 물러앉은 것이다.

그리고 그는 '북접법헌北接法軒'을 '용담연원龍潭淵源'으로 고쳐 특정지역을 지칭하는 모습을 탈피했다. 아마 이때는 황해도, 평안도, 함경도까지 동학이 퍼져 있어 충청도와 강원도 등 특정지역의 이미지를 풍기는 '북접'이라는 호칭을 불식하려 했는지도 모른다.

그리고 이 해 12월에 손병희를 대도주大道主로 삼아 도통을 전수했다(《시천교역사》에는 이 부분에 대한 언급이 없다. 이것은 김연국을 도통전수자로 보려는 경향을 나타낸 것이다).

1898년에 최시형은 홍천에서 은신하고 있었다. 이때도 동학교도에 대한 일대 수색령이 내려져 있었다. 그리하여 열렬한 동학인이요 농민전쟁

때 큰 활약을 보인 이상옥李祥玉(뒤에 용구로 개명)이 충주에서 잡혔고 드 교도 권성우權聖佑가 이원에서 잡혔다. 권성우는 매에 못 이겨 최시형의 거처를 일러주었다.

그리하여 군사가 홍천 그의 거처로 들이닥칠 적에 그는 이질을 앓아 자리에 누워 있었다. 군사들은 그의 집에 들어왔으나 그를 알아브지 못 했다. 이어 이웃집을 수색하자 김낙철이 스스로 최시형임을 자칭하여 대신 잡혀갔다.

체포를 모면한 최시형은 들것에 실려 다른 곳으로 옮겨졌다. 3월에 그는 치악산이 바라보이는 원주 서면 송동으로 거처를 정했다. 이때는 그의 아내와 어린 아들도 함께 와 지냈다. 이렇게 병을 다스리며 지낸 지 한 달도 못 되어 다시 그의 거처로 군사들이 들이닥쳤다.

교도인 송경인宋敬仁이 상금과 공을 탐내 그를 밀고한 것이다. 그렇게 은신술에 뛰어났던 그도 제자의 배반으로 잡힌 몸이 되었으니, 천운이 다한 것인가?

교도 몇 명이 잡혀가는 그의 뒤를 따르며 울음을 삼키자, 군사들은 그들을 주먹으로 때리고 발로 찼다. 이에 그는 군사들을 꾸짖었다.

죄 없는 사람을 때리면 도리어 그 죄를 받게 된다. 너희들은 하늘이 두렵지 않느냐?

쇠약한 노인으로서는 마지막 풍모를 보인 것이다. 그는 평리원 재판장 조병직에 의해 '좌도난정'이라는 죄목으로 교수형의 선고를 받았다. 그리하여 6월 2일, 일흔두 살의 파란만장한 생애를 마쳤다.

그는 감옥에 있으면서 아픈 몸으로도 동학의 주문을 잠시도 쉬지 않고 외웠다고 전해진다. 그의 시신은 문도들에 의해 경기도 광주 땅에 묻혔다가 뒤에 여주 천덕산 기슭으로 옮겨졌다(《시천교역사》).

일제의 관헌이 그에게 전봉준의 경우와 같이 회유했다는 기록은 전해지지 않는다. 또 그의 스승과 같이 '좌도난정'의 죄목으로 죽었지만 그에게는 반역죄가 붙지 않았다. 나중에는 그의 충실한 교도였다가 뒤에 일제에 회유를 당해 친일파로 변신했던 이용구의 주선으로 신원되었고 동학 교단도 이용구에 의해 공인을 받았다. 이것이 역사의 장난이 아니겠는가?

● 인간 평등을 가르친 종교실천가

한 인간, 특히 역사적 인물을 평가할 때는 각자의 역사관이나 인생관에 따라 달라질 수밖에 없다. 최시형에게는 종교적 차원과 변혁적 차원의 양면에서 볼 때 두 가지를 모두 충족시킬 수는 없다. 이런 점에서 결론부터 먼저 말하면, 그는 전봉준과는 사뭇 다르다. 여기에서 우리는 몇 가지로 나누어 최시형의 성격과 행적을 평가할 수 있다.

첫째는 끈기와 성실성이다. 이 점이 바로 최제우로부터 도통을 전수받게 된 이유였고 동학을 세상에 포덕하게 된 원동력이었다. 그는 '최보따리'라는 별명이 붙을 정도로 자주 쫓겨다니면서도 잠시도 쉴 틈이 없이 주문을 외우고 기도를 드리고 제사를 받들었다. 이것은 40여 년간의 변함

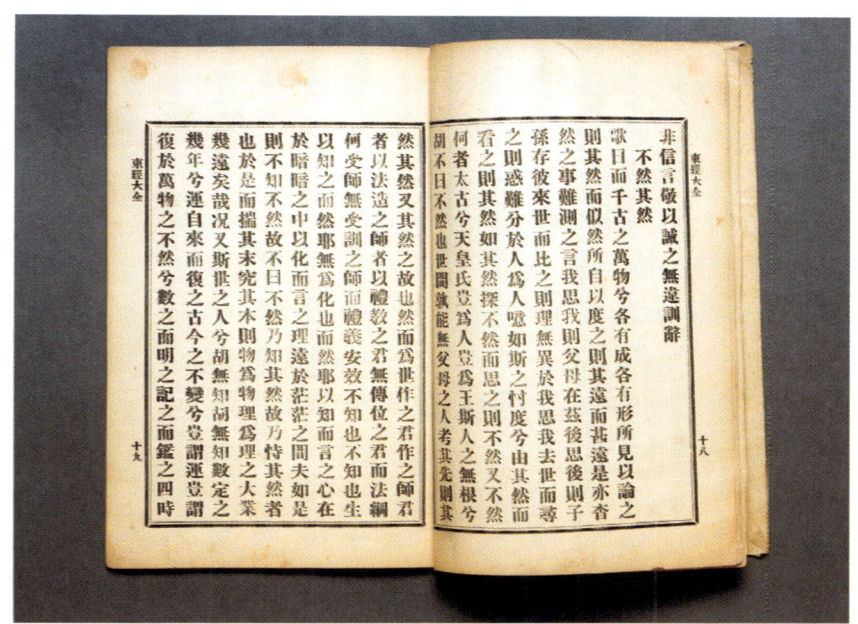

동경대전 조선후기 동학의 창시자인 최제우가 순한문체로 지은 동학의 경전. 최제우의 사후 최시형이 완간하였다.

없는 생활태도였다.

그는 동학도로서 한 점 흐트러짐이 없었다. 종교적 엄숙함을 결코 잃지 않았다. 이런 태도가 동학을 재건할 수 있는 원동력이 되었다.

둘째는 관용과 근면성이다. 최제우의 아내와 자식이 그를 핍박하여 푸대접을 했어도 결코 그들을 원망하거나 외면하지 않고 도와주었다. 비록 그를 멀리하고 배반하는 사람이 있을지라도 그는 계속 접근하여 기어코 교도로 만들기도 했다. 그에 대한 이런 기록이 전해진다.

평시에라도 낮잠을 자거나 또는 손을 놓고 무료하게 있는 법이 없고 반드시 짚신을 삼으며 또는 노끈을 꼬나니 만약 노끈을 꼬다가 일감이 다하고 보면 꼬았던 노끈을 다시 풀어 꼬되 제자들이 그 이유를 물으면 가로되 "사람이 거저 놀고 있으면 한울님이 싫어하시나니라" 할 뿐이오. 한 달 혹은 석 달이 멀다 하고 이사를 하시되 새로 든 집에 가서는 반드시 나무를 심고 겨울이면 멍석을 내었다. 가인家人과 제자들이 "내일이라도 다른 곳으로 이사를 갈 터인데 그것은 하여 무엇하겠습니까" 하고 물으면 신사 대답하되 "이 집에 오는 사람이 과실을 먹고 이 물건을 쓴들 무슨 안 될 일이 있겠느냐? 만약 세상 사람이 다 나와 같으면 매사 다닐 때에 가구를 가지고 다닐 필요가 없나니라" 하시었다.

《천도교창건사》

이런 면모는 바로 그의 근면함을 단적으로 보여준다. 그는 머슴, 농부가 되기 일쑤였고 짚신이나 베를 짜서 생업을 이었다.

셋째는 그는 철저한 인도주의자였다. 반상과 적서의 차별을 타파하고 종을 잘 대우하고 노인과 청년을 동등한 예우로 대했다. 그는 "길가에서 어린이를 때리는 것은 하늘의 뜻을 상하게 하는 것이다. 곧 하늘을 때리는 것이다"라고 가르쳤고, "부인, 소아의 말이라도 이를 배우라"고도 했다. 또 "집안사람을 한울같이 공경하라. 며느리를 사랑하라. 노예를 자식같이 사랑하라. 우마, 육축을 학대하지 말라. 만일 그렇지 못하면 한울님이 노하시니라"라고 〈내수도문〉에서 일렀다.

그는 여인들의 베 짜는 소리를 듣고 "천주의 소리니라"고 말했다. 그는 여성의 인권과 대우를 위해서 끊임없는 가르침을 보냈다. 아마도 우리나라 최초의 '페미니스트'라고 해도 지나친 말이 아닐 것이다.

이러한 가르침은 최제우가 말한 '인시천'의 사상을 몸소 실천한 것이다. 하늘과 인간이 같다는 것은 동학이 철저한 민본의 종교임을 표방한 것이요, 최시형은 그 가르침을 잘 수행했다고 볼 수 있다. 그러기에 최제우는 선생 또는 대주인으로 불렸고 최시형은 주인으로 불리지 않았던가?

이런 것이 인간 평등을 가르친 스승, 그리고 꿋꿋한 종교실천가의 면모일 것이다. 하지만 신분제도의 부당함이라든가, 인간 평등의 원리라든지, 구체적 이론을 제시하지는 못했다.

그럼에도 "동학에 들면 누구나 양반이 된다"는 소문이 퍼져 더욱 최시형 아래로 입도하는 사람들이 늘어났다. 특히 노비, 백정 등 천민들과 몰락 양반, 낮은 관료집단인 이서들이 몰려왔다.

따라서 동학의 초기에는 '반불입班不入 사불입士不入 부불입富不入'이라 하여 민중종교로 자리를 잡았다.

최시형은 스승의 가르침에 따라 모든 신분계층을 가리지 않고 서로의 호칭을 접장接長으로 통일해 부르게 했다. 스스로 자신을 부를 적에는 하접下接이라 했다. 접장은 보부상의 최소 단위의 책임자를 가르키는 용어로 쓰여 왔는데 이를 원용한 것이다. 접장은 가장 평등한 호칭이었다.

그런데 뒷날 손병희는 동학을 천도교로 개칭하면서 최제우를 대신사, 최시형을 신사, 자신은 성사로 바꾸어 놓았다. 이것은 서구의 종교를 흉내낸 것이다. 철두철미 동학인이었던 최시형의 본모습과는 배치되는 일이 아닌가?

● 변혁의지와 현실개혁의 한계

한편 그의 다른 면모를 보자. 그가 살던 시기는 분명 억압과 혼돈, 갈등 그리고 나라의 주권이 유린되고 민족적 모순을 겪은 시대였다. 이런 속에서 그의 변혁의지와 현실개혁이라는 실천적 행동에는 어느 정도 한계가 있었다.

그는 역사의 순환이 어떤 것인지, 제국주의 침략의 실상이 어떠한지, 봉건체제의 타파를 어떤 방법으로 해야 하는지에 대해서는 깊은 식견과 투철한 행동을 보여주지 못했다.

영해 거사와 교조신원운동, 농민전쟁 시기에 그는 늘 마지못해 뒤따라 다니기만 했다. 물론 그가 이런 항거에 적극적으로 나섰다고 하여 소기의 성공이 기약되는 것은 아니다.

그러나 그가 실천적 행동을 늘 주저한 것은 그의 성격적 나약성과 역사의식의 부족을 보여준다. 그가 비록 '시운불래時運不來'나 '현기불로玄機不露'를 말했지만 끝내 나라는 일제에 넘어가고 민족은 더욱 고통을 받지 않았는가?

후천개벽의 5만 년 운수를 기다리며 현실에 안존하려는 것은, 일개 종교지도자의 모습이지 결코 스스로 쟁취하려는 변혁 사상가나 민족의 지도자다운 행동철학은 아니다.

단적인 예로 아무리 위급한 처지에 놓여 있고 또 동학교단을 보호하기 위한 수단이라 할지라도 일본군에게 굴욕적인 서신을 보낸 행위는 하나의 교훈을 줄 것이다.

그리고 그에게서 일제에 대한 항거의 구체적 가르침을 찾을 수 없고, 또 일제와의 묵은 혐의를 없애자고 말한 것은 식민통치를 겪은 민족으로서는 그의 엷은 현실인식 또는 역사의식을 탓하지 않을 수 없다.

손병희

민족대표요 천도교 3대 교주

손병희는 그의 행적에 대한 여러 논란에도 불구하고 초기 우리 민족운동에 있어서
누구보다 영도적인 위치에 있었으며 방법에 있어서도 때로는 폭력노선을, 때로는 개혁노선을,
때로는 비폭력노선을 적절히 구사했던 인물이다.

● 3·1 운동의 주역

3·1운동 직전, 〈독립선언문〉과 〈공약삼장〉을 보성학원 내 보성사 인쇄소에서 은밀하게 찍고 있었다. 이 일에 사장인 이종일李鍾一, 담당기술자 그리고 사동 등 세 사람만 참여하여 밤에 커튼을 드리우고 극비로 작업을 진행했다. 한창 인쇄가 진행되고 있는데 밖에서 문을 두드리는 소리가 들려왔다. 즉시 작업을 중단하고 귀를 기울이니 고함 소리가 빗발쳤다. 바로 종로경찰서의 악질형사 신승희의 목소리였다.

일단 문을 열어준 이종일은 공포와 분노로 오금이 저려 왔다. 이종일은 두 손을 모아잡고 읍소했다. 이것만은 눈감아 달라고. 그리고 손병희 선생에게 함께 가자고 그의 소매를 끌었다. 그의 입에서 "나는 여기 있을 테니 당신이 갔다 오시오"라는 부드러운 대답이 나왔다. 이종일은 단숨에 손병희孫秉熙(1861~1922)의 거처로 달려갔고 자초지종을 들은 손병희는 안방에서 돈뭉치를 꺼내주었다. 신승희는 돈뭉치 5천 원을 받고 유유히 사라졌으며, 〈독립선언문〉과 〈공약삼장〉 2만 1천 장은 경운동 천도교당의 창고에 무사히 보관되었다(이종일의 《묵암비망록》 참고).

이때 요긴하게 쓰인 돈 5천 원은 말할 것도 없이 천도교측 자금이었는데, 당시 3·1운동을 앞두고 천도교에서는 기독교의 이승훈에게 5천 원, 상해의 신한청년당에 3만 원, 만주의 독립활동자금 6만 원 등을 지출했다. 당시 천도교측은 경운동 대지매입과 교당신축으로 재정이 궁한 상태였다. 더욱이 일제는 이런 일에 기부금 모금은 불법이라고 막고 있었던 처지였다.

이리하여 천도교측은 3·1운동으로 막대한 빚을 졌고 이를 계기로 나중에 산하에 있던 교육기관을 넘겨주어야 했다. 물론 이것은 민족독립을 위해 천도교단이 희생한 것이었고 이 일은 손병희가 주동이 되어 과감히 추진했다. 손병희에게도 포폄이 따르기는 하나, 그는 3·1운동의 주역이었던 것만으로 민족사에 빛나는 이름을 올리고 있다.

● 동학에 입도하다

손병희의 생애는 대체로 다음의 네 단계로 나눌 수 있다. 첫 단계는 그가 태어나서 동학에 입도하기까지이다. 그는 청주 아전의 서자로 태어났다. 신분사회에서 그는 이중의 굴레를 쓰고 태어난 것이다. 그의 집안은 재산이 없어서 어릴 적부터 교육을 제대로 받지 못했다. 그러나 그는 곰 같은 듬직한 체구와 호랑이상으로 협기가 남달랐다고 한다.

이때에 전해지는 두 이야기는 그의 인생관 형성과 밀접한 관련이 있다. 어느 날 그의 아버지는 어린 응구應九(아명)를 불렀으나 그는 못들은 척 아무런 대꾸가 없었다. 아버지는 버럭 소리를 지르고 꾸짖었다. 그러나 "저는 오늘부터 아버지를 아버지라 부를 수 없습니다. 왜 적자와 서자의 차별을 둡니까? 이제부터 적자와 서자의 차별이 없어지지 않는다면 저는 죽어도 아버지라고 부를 수 없습니다"라고 말했다. 그의 아버지는 가정에서만은 적서차별을 철폐했으나 그는 끝내 아버지가 죽을 때까지 아버지라고 부르지 않았다고 한다. 서자차별제도에 대한 하나의 저항이었다.

하루는 그의 고향 대주리 뒷산 망월산에 손씨들의 시제가 있었다. 이

해에 장가를 든 손병희는 관례에 따라 시제에 참례하려 제석에 들었다. 그러나 서손이라고 하여 묘의 앞자리에 도열하는 것을 금했다. 이에 그는 말없이 마을로 내려와서 삽을 들고 다시 올라와 묘를 파기 시작했다. 이를 본 종중 인사들이 야단을 떨자 "내가 아무리 서자라 해도 조상은 같은 조상입니다. 서자는 조상의 무덤 앞에서 절마저 할 수 없다 하니 부득이 나는 조상의 배라도 나누어서 따로 산소를 모시고 참배해야겠소"라고 말했다. 결국 그는 앞자리에서 참배했다고 한다. 차별을 타파하려는 의지를 행동으로 보인 것이다.

손병희 동학 또는 천도교 지도자로서 민족종교의 영도자. 3·1운동의 주역으로 우리 역사에 이름을 올렸다.

이 두 이야기는 그가 스스로 가정과 가문에서나마 적서차별을 깨부수려는 의지를 보여준다. 이런 성격 탓으로 때로는 무뢰배의 행동을 보이기도 하고 때로는 의협의 기질을 보이기도 하다가, 그는 22세 때인 1882년에는 동학에 입도했다. 적서차별을 철폐하고 새로운 사회를 건설하겠다는 동학에 그가 입도한 것은 어찌 보면 당연한 귀결이다. 이것이 그의 생애 두 번째 단계이다.

● 동학의 지도자가 되다

그가 동학에 입도한 뒤에는 양반의 능욕과 같은 행동보다는 조용히 기도하거나 교리를 포덕하는 일에 전념했다. 그는 수도자의 길을 걸으며 광제창생과 보국안민의 이념을 탐구하기에 여념이 없었다. 더욱이 해월 최시형의 고제가 되고 의암義庵이라는 도호를 받고 난 뒤인 1890년대에 들어서는 동학의 지도자로 부상했다. 이어 교조신원운동이 전개될 적인 1893년경에는 김연국, 손천민과 함께 동학의 3대 지도자로 부상했다.

보은집회를 통해 교조신원운동을 전개할 적에 동학 내부에서는 '척왜양'이라는 반침략운동이 당면과제로 떠올랐다. 손병희도 여기에 적극 동조했다. 이어 1894년 동학농민전쟁이 일어났을 적에 최시형 계통의 동학교단조직인 북접의 미온적인 태도를 누르고 북접의 통령으로 반봉건 반침략의 항쟁에 나섰다. 1894년 10월 전봉준과 연합전선을 형성해 공주전투를 벌였다. 하지만 전봉준이 이끄는 농민군을 돕는 형세였다. 공주에서 패

전한 이후 전주 태인전투에 이르기까지 전봉준과 행동을 같이했다. 그는 임실에 숨어 있는 최시형을 데리고 충청도 영동, 보은 일대에서 다시 전투를 치른 뒤 최시형과 함께 강원도로 숨어 다녔다.

1897년 최시형은 동학의 도통을 손병희에게 전수했는데 이때부터 그의 제3의 생애가 전개된다. 이듬해 최시형이 체포되어 처형되고 난 뒤 손병희는 동학재건에 헌신하는 한편, 세계정세에 눈을 돌려 대외인식에도 새로운 관심을 보인다. 특히 국사범으로 1901년 일본으로 망명길에 오르고 나서 그는 미국에 가기 위해 상해에 들르기도 한다.

일본에 머무는 동안 그는 일본의 신문물을 살펴보았고 그곳 정객들과 우리의 망명객인 오세창, 박영효, 이용구 등과 어울렸다. 이때 그는 자본주의국가의 발전상을 보고 종교운동에서 정치개혁 쪽으로 눈을 돌리기 시작했다. 이용구가 이끄는 정치조직 진보회進步會로 하여금 러일전쟁을 벌이는 일본에 협조하게 하고 러일전쟁이 진행될 적에 군자금 1만 원을 제공하기도 하고 철도 부설에 교인들을 노동자로 동원해 협조하도록 했다.

러일전쟁에서 조선은 중립을 선언하나, 내용으로는 일제에 협조하여 전승국의 일원으로 대일교섭을 벌이며 진보회를 동원하여 폐정개혁弊政改革을 단행하려는 구상이었다(《의암 손병희 선생 전기》). 그러나 이런 구상은 일제의 의도를 전혀 모른 것이었다. 러일전쟁 후 외교권을 접수하는 '을사조약'이 강요되었고 진보회는 일진회로 개칭되어 친일부역에 앞장서게 되었다.

동학의 일부 교도는 원래 반침략 노선에서 진보회─일진회를 거치면서 친일부역의 길을 걸었다. 이 속에서 손병희에게 석연치 않은 행동과 불철저한 지도노선이라는 비난이 따랐다. 뒷날 이를 혁신운동이라고 부르기도 하나 정통성의 혼란을 유발했다는 지적도 있다.

● 동학을 천도교로 개편하다

1905년 12월 손병희는 동학을 천도교로 개편했다. 하지만 새로운 종교 천도교를 창시한 것이나 다름없었다. 이때 그는 기본 강령을 발표했는데 ① 독립의 기초, ②정부 개혁, ③군정 재정 정비, ④국민의 생명 재산보호 등을 내걸었다. 이런 내용은 마치 정당의 강령과 별반 다를 바 없었다. 다만 오관五款이라 명명한 교도의 수행 지침에는, ①주문, ②청수淸水, ③시일侍日, ④성미誠米, ⑤기도 등이었는데 이것은 동학의 수행방법을 정리하고 새로 '성미'를 보탠 것이다. 이 의례는 교도의 의무였고 만일 이를 제대로 지키지 않으면 출교처분을 할 수 있었다.

그러면 '성미'는 무엇인가? 교도들은 부엌에 성미 주머니를 걸어놓고 밥을 지을 때마다 식량을 식구마다 한 숟가락씩 덜어내 성미 주머니에 담는다. 이를 모아 한 달에 한 번씩 헌납하는 것이다. 성미 헌납은 교도의 의무였다. 성미와 함께 실천행동으로 '흑의 단발'을 장려했다. 곧 교단의 지도자와 신도들은 검을 물을 들인 옷을 입고 상투를 잘라 단발을 하게 한 것이다. 이는 개화 시기 의복제도 개혁과 같은 것으로 일종의 개화운동이라고 볼 수 있을 것이다.

손병희는 평소에 머리를 깎아 '하이칼라'를 하고 승려와 비슷한 물감을 들인 두루마기를 입었다. 두루마기에는 옷고름 대신 단추를 달았다. 간소복이었다. 이 차림이 교단 지도자의 평상복이었다. 이는 또 생활개선 운동이기도 했다. 이 시기 이런 여러 운동을 '갑진혁신운동'이라 불렀다.

그는 이와 함께 이용구, 송병준 등 친일파들이 주도하는 일진회를 축출하는 운동을 벌여 새로운 분위기를 조성했다. 하지만 많은 사람들은, 손병희가 친일파를 축출하는 운동을 벌였는데도 천도교를 친일파 집단으로 간주하거나 그를 친일파 두목으로 보고 테러를 가하거나 지탄을 퍼붓기도 했다.

그는 새로운 돌파구로 대한자강회 등과 손을 잡고 여러 사회운동을 펼쳐서 1906년 이후 교세가 급속도로 상승했고 이에 따라 성미를 통한 자금이 쏟아져 교단 재정이 넉넉하게 되었다. 손병희는 한때 옛 동학의 동료인 김연국에게 대도주大道主를 삼아 교단 조직을 물려주었으나 김연국이 이를 이용해 손병희의 지도를 거절하고 독자적 행동을 벌이자, 대도주 자리를 1908년 박인호에게 맡겼다. 박인호는 그의 충실한 후계자 노릇을 했다. 이를 전후로 해서 교주에 대한 호칭이 정해졌는데 1대 교주 최제우는 대신산大神師, 2대 교주인 최시형은 신사, 3대 교주인 손병희는 성사聖師, 4대교주인 박인호는 대도주라 부르게 한 것이다.

이 시기 그는 보성사를 설립해 출판운동을 벌이기도 했고 보성학원을 설립해서 소학교 중학교 전문학교를 운영하기도 하고 또 동덕여학교를 설립해 여성교육도 펼쳤다. 이 사업들은 뒷날 천도교가 출판 잡지를 통한 언론운동, 야학과 계몽을 통한 대중교육운동, 그리고 어린이운동, 여성운동, 청년-농민운동을 줄기차게 벌이는 계기를 만들어 놓았다. 이 무렵 그에게 충성을 다하는 최린이 등장해 교육사업 등 여러 일을 도왔다.

● 교주의 권위에 맞선 사람들

한편 손병희는 동학을 천도교로 개편하고 난 뒤 자신의 열정과는 달리 자신의 권위에 도전한 세력이 일어났다. 분명히 천도교를 새로 일으킬 때 손병희는 구원자처럼 군림했다. 동학농민전쟁이 수많은 민중의 희생을 치르고 끝난 뒤 끝내 일제 식민지로 전락했을 때 그들은 방향을 잡지 못하고 희망을 잃으면서 좌왕우왕하고 있었다. 이럴 때 그 민중은 하나의 희망을 천도교에 걸었던 것이다.

민중은 천도교의 가르침과 지시를 너무나도 잘 따랐다. 동학교도들은 최시형이 이끈 동학 때부터 남을 위해 자발적으로 성미를 바쳤다. 성미는 나눔의 인보정신이었다. 그래서 천도교에는 엄청난 성미가 들어 왔고 교단의 재정적 형편은 외국의 지원을 받는 기독교 교회를 능가하는 수준이었다. 이를 마지막 결재하는 사람이 교주 손병희였다. 이 대목에서 손병희에 대해 역사적 경고라는 이름을 빌어서 다음과 같은 사실을 적시하려 한다.

1909년 하나의 좋지 않은 빌미가 생겨났다. 손병희는 서울 가회동에 저택을 마련했는데 대지가 2천여 평, 건물이 2백여 칸이었다. 부호의 집이 저당 잡혀 넘어가는 것을 반값에 사들였다고는 하지만 권문세가나 부호가 살 집이었다. 이 저택에 자신의 가족은 물론 최시형의 가족, 곧 최시형의 아들인 동희 형제와 딸, 생질 등 30여 명이 모여 살게 했다. 최시형의 가족에게는 천도교 총부에서 매달 150원씩 보조하게 했다.

이 저택은 바깥사랑채와 안사랑채와 별채 등 건물이 다양하게 배치되어 있었고 정원 가운데에는 냇물이 흘렀으며 정원 뒤에는 울창한 소나무

숲이 있었고 그 옆에는 정자가 자리 잡았다. 이 저택에는 많은 운동가와 명사들이 드나들면서 집회장소로도 이용했는데 그 호화스런 저택을 보고 의아해 인사들이 많았다.

1910년대 들어 일제 경찰은 더욱 손병희의 행동을 감시했고 이 저택에는 헌병과 경찰의 눈이 잠시도 멈추지 않았다. 손병희는 일체 정치적 운동은 중지하고 종교운동에만 열중했다. 이를 두고 뒷날 위장술이었다고 말하는 이도 있다. 그런데 이 무렵 그의 사생활에 대해 이런 기록이 전해진다.

의암은 외출시를 위해, 19세기 서양 왕족들이나 타고 다니던 금빛 찬란한 쌍두마차를 1대 구입했다. 정장 정모를 한 중국인 마부가 이따금 휘두르는 회초리에 위세 좋게 종로 거리를 달리노라면 그 어느 조선의 왕족도 무색할 정도였다. 또한 고종황제보다 더 좋은 외제 고급승용차 롤스로이를 타고 다니면서 천도교의 위세를 자랑하기도 했다. 때로는 천도교 간부들과 함께 명월관 기생집에 출입하면서 주색에 묻혀 호탕한 생활을 하기도 하고 박영효 등 구한말의 귀족들과 어울리면서 취운정 사장에서 활을 쏘는 등 온갖 풍류를 다 즐겼다.

최정간 〈해월 최시형가의 사람들〉

이 표현은 결코 과장된 것이 아니었다. 여러 기록에 이런 행적이 나오고 있다. 그는 교직자로서는 기질이 너무 호방했고 수완이 좋았다. 그의 명의로 수만 평의 호화별장도 소유하고 있었다. 1915년에는 박영효의 호사스런 별장이던 상춘원을 2만 원에 구입해서 회의장 등으로 사용했고 천일기념일에 교도 5천여 명이 모여 축하행사를 했을 때에는 명월관에 교자

상 요리 50상을 주문하고 원각사 기생 50여 명을 부르기도 했다. 이것이 교도들의 사기를 고무하고 천도교의 위세를 올리려 해서일까? 아무튼 손병희의 호화생활에 비난이 쏟아졌다.

더욱이 명월관 기생 주농파朱弄波(본명은 옥경鈺卿)를 첩으로 맞이해서는 그 비난이 절정에 올랐다. 주농파는 18세의 기생으로 명월관에 근무하면서 가무가 뛰어나 많은 인기를 얻었다. 그는 서울의 명사인 손병희와 고종의 아들인 이강를 비롯해 박영효, 김성수 등의 주흥을 돋우는 명월관의 간판 스타였다. 게다가 젊은 천도교 간부들도 그녀의 가무를 즐기면서 어울렸다. 손병희는 주농파의 예명을 산월山月과 취미翠眉라 지어 주기도 했다. 손병희가 주농파를 아끼는 줄 안 사위인 정광조와 김상규 그리고 최린이 합작해 주농파의 낙적落籍 공작을 벌였다.

낙적은 기적에서 이름을 지우고 몸을 빼내 다른 데로 시집가는 것을 말한다. 다시 말해 그녀를 손병희의 부인으로 들여앉히는 거사였다. 그녀는 18세로 손병희와 33살의 나이 차이가 났다. 나이로는 너무 어울리지 않았다. 더욱이 손병희에게는 이미 첫째 부인 곽씨와 둘째 부인 홍씨가 있었다. 이에 대해 이런 기록이 있다.

의암의 사위이자 소수(최동회)와는 동경유학의 동기생인 정광조, 보성학교 교장인 최린, 김상규 등 이들 모두가 의암의 귀와 눈을 멀게 하는 장본인들이었다.

최정간 〈해월 최시형가의 사람들〉

곧 위 세 사람이 이 거사를 추진했고 주변의 모든 인사들이 이를 만류했던 것이다. 막상 일이 성사되어가자 곽씨, 홍씨는 말할 것도 없고 여러 사람들의 반대와 비난이 쏟아졌다. 특히 손병희의 생질이요, 최시형의 아들인 최동희는 자신에게 술을 따르던 주농파가 자신의 외숙모가 되고 또 사모님으로 불러야 하는 처지에 분개해 이를 적극 반대하고 나섰다. 최동희는 천도교의 개혁, 시천교와 통합, 항일운동의 전개, 호사생활 청산, 주산월의 낙적을 반대하는 조목을 들고 손병희에게 건의했으나 오히려 파문을 당할 정도로 소외를 받았다.

손병희는 위기에 몰렸고 원성을 잠재우지 않으면 리더십에 큰 상처를 입게 되었다. 오히려 총독부에서는 종교의 일이라 하여 이런 교단의 자금 등의 비리를 캐려 하지 않았다.

● 3·1 운동의 햇불을 올리다

그는 1919년에 들어, 제1차 세계대전의 종결에 따라 제기된 민족자결원칙과 파리강화회의 개최를 앞두고 일대 독립운동을 펼치기로 결심했다. 그는 이해 1월부터 49일의 기도회를 갖고 독립운동의 방략을 대중화, 일원화, 비폭력화에 두는 구상을 했다. 동학농민전쟁의 폭력적 항쟁이 실패하고 갑진년 혁신운동이 과격했다고 판단해 민족 내부의 역량 결집 등 새로운 방략을 제시한 것이다.

그리하여 마침 고종의 인산因山(국장)이 있는 날을 잡아 비폭력 운동을 전개하기로 결심했다. 하지만 참으로 일대 모험이었다. 온갖 고난을 뚫고 이룩한 천도교가 어쩌면 종말을 고할지 모르는 국면을 맞이할 수 있을 것이다. 손병희는 오세창, 권동진, 최린 등을 시켜 운동에 참여할 구한말 고관과 귀족출신 인사의 포섭을 시도했고 언론 학생 농민 등 통일전선을 모색하기도 했다.

결과적으로 농민 노동자 등 계급적 이해를 대표하는 인사를 제외하고 종교계 인사를 중심으로 민족 대표 33인이 구성되는 한계를 보였다. 이들 민족대표들이 타협적 자세를 보이기도 했으나 한용운 등 굳은 신념을 지닌 민족주의자들이 주도하기도 했다. 이는 식민지화 이후 10년 동안 이루어진 인재양성과 역량축적이 이를 계기로 결집한 것이다. 그리하여 세계 식민지 국가에서 가장 격렬하고 규모가 컸으며 영향력이 널리 끼친 3·1만세운동이 전개된 것이다.

어쨌든 3·1운동은 일제 당국도 놀란 거대한 민족운동이었다. 동학농민전쟁이 항일전선에서 최초로 폭력적 방법을 추구했다면 3·1운동은 비폭력 독립운동이었다. 그 운동은 국내만이 아니라 만주와 러시아 땅 연해주와 미주 지역으로 퍼져 나갔고 마침내 상해 임시정부를 발족시키는 결정적 계기를 만들어냈다.

● 독립선언을 하고 감옥에 갇혀

손병희는 모든 준비를 끝낸 뒤 거사를 앞두고 마지막으로 천도교 대도주

박인호에게 교도를 '선호 진행善護進行'할 것을 당부해 두었다. 자신이 감옥에 갇힐 것을 염두에 두고 사후 조치를 당부한 것이다.

그는 3월 1일 아침 5시 30분 여느 때처럼 잠자리에서 일어나 청수를 떠놓고 기도를 올렸다. 그는 비폭력 무저항의 소신이 최선의 선택이라고 다시 다짐했다. 다시 갑오년의 무력항쟁, 갑진년의 과격행동을 뒤돌아보았다. 아침 식사를 하고난 뒤 최린이 달려와 자기 집 앞에 독립선언문 2장이 뿌려졌다고 보고했다. 이미 일은 저질러져 있었다.

손병희는 오세창, 권동진, 최린과 함께 인력거를 불러 타고 12시 30분 인사동의 명월관 지점인 태화관에 이르렀다. 이곳 별실에 사람들이 모여들었다. 약속시간인 1시 30분이 넘어서 참석인원을 보니 33인 중 길선주, 유여대, 김병조, 정춘수 등 4명이 불참했다. 참석한 이들은 각기 선언서를 묵묵히 읽어 내려갔다.

이때 현관에서 고함치는 소리가 들려왔다. 학생대표 강기덕 등 세 학생이 몰려와 학생들은, 지금 탑골공원에는 학생 시민 등 수천 명이 모여 선생들을 기다리고 있는데 대표들이 요정에 앉아 있느냐, 군중들은 변절한 것이라고 분격할 것이라고 항의했다. 최린은 비밀을 지키기 위해 장소를 이곳으로 변경했다고 설득하고 학생들은 그들대로 거사를 추진하라고 타일러 보냈다.

얼마 뒤 요리상이 들어왔다. 먼저 한용운이 일어나 총궐기해 민족독립을 주장하자는 일장 연설을 하고난 뒤 축배를 들고 조선독립만세를 세 번 소리 높여 외쳤다. 이들은 태화관 주인을 불러 총독부에 전화를 걸어 이 사실을 고발하라고 일렀다. 사실 이미 학생을 시켜 독립선언서를 총독부에 전달케 했고 종로경찰서에는 인력거꾼을 시켜 거사 사실을 적은 편지를 보냈다. 마침 탑골공원의 만세 외치는 소리가 태화관 별실에까지 들려왔다.

이들이 식사를 마치고 난 뒤 곧이어 순사 헌병 7, 80여 명이 태화관을 에워쌌고 연행을 시도했다. 이때 최린은 "대표들이 흥분한 대중 앞을 걸어서 갈 수 없으니 차를 준비하라"고 일렀다. 30분이 지나 차 한 대가 오자, 담당 경찰은 한 번에 세 명씩 타고 왕래케 해달고 말하고 손병희를 먼저 태웠고 차례로 연행했다. 이들은 남산 왜성대에 있는 경무총감부 감방에 수감되었다. 이들이 연행되는 도중 학생들이 길 좌우에 도열해 모자를 벗어 흔들기도 하고 독립만세를 외치기도 했으며 대표들도 만세를 부르면서 화답하기도 하고 독립선언서를 차창 밖으로 뿌리기도 했다. 그 뒤 서울 시내는 만세 소리와 태극기 물결로 요동쳤다.

손병희는 학생들과 처음 모일 장소를 탑골공원으로 정했는데 비밀유지를 구실로 장소를 바꾸었다. 그리고 사전에 경찰에 연행해가라는 연락을 해두었다. 이들은 왜 탑골공원에서 시민 학생들과 만세를 부르지 않았으며 각지로 흩어져 독려해야 함에도 먼저 연행을 자청했을까? 물론 이들은 사전에 독립선언문을 학생 대표들과 각지에 배포했다.

경무총감부 감방에 수감된 29인은 독방에 갇혀서 연일 신문을 받았다. 이어 길선주, 유여대, 정춘수 등 3인은 자수를 했고 김병조는 망명을 해서 체포지 않았으며 다른 연루자 곧 독립선언서를 집필한 최남선과 33인을 방조한 송진우, 현상윤, 박인호 등 16인이 체포되어 함께 신문을 받았다. 이들 모두를 합해 48인을 내란죄 피의자로 다루었다. 내란죄의 적용을 받게 되면 최고 사형을 내릴 수 있었다.

손병희 사당 충청북도 청원군 북이면 금암리에 있는 유허지 안에 손병희를 기리는 사당을 세웠다.

그들의 우두머리로 다루어진 것은 말할 나위도 없이 손병희였다. 이해 3월 5, 6일 무렵 서대문 감옥으로 이감된 손병희는 고문을 받지는 않았으나 독방에서 처음에는 사식 차입이 금지되어 노구인데도 보리밥과 콩밥으로 연명했다. 내란죄로 엮으려는 검사들의 집요한 신문에 손병희 이하 여러 피의자들은 "한결 같이 마지막 한 사람까지 마지막 순간까지 민족정기를 발표하라는 뜻일 뿐 결코 배타적 폭력행위를 종용한 것은 아니라고 부인했다"(《의암 손병희선생 전기》)고 한다.

손병희는 이해 11월에 들어 뇌출혈을 일으켜 반신불수가 되었고 몸을 움직이지 못해 예심의 공판정에도 나올 수 없었다. 사건 발발 1년 4개월 만인 1920년 7월에야 첫 공판을 열었고 이해 10월에 들어서야 확정 판결을 받았다. 이들은 허헌 등 변호인들의 끈질긴 변론 끝에 보안법 위반혐의로 판결을 받아 징역형에 처해졌을 뿐 내란죄의 적용을 받아 사형이나 종신형을 받지는 않았다. 이는 열화와 같은 조선 민중의 기를 유화책으로 꺾으려는 공작이기도 했다.

손병희와 최린, 오세창, 이종일, 이승훈, 한용운은 최고형인 징역 3년을 언도 받았다. 그 아래 형량이 각기 달랐고 박인호, 송진우 등 10명은 무죄 언도를 받았다.

● 종교 지도자에서 애국 지도자로

감옥에 갈 때 손병희의 나이는 59세였다. 그는 평소에도 위장병이 있어 약을 복용했다. 그는 1919년 11월에 뇌출혈로 반신불수가 되었다. 병은 간혈적으로 차도가 반복되었는데도 일제 당국은 끝내 병보석을 허가하지 않고 사식 차입만을 허락했다. 이때 주산월은 형무소 주변에 방을 얻어 사식을 차입하는 등 손병희의 옥바라지를 지성으로 하여 많은 칭송을 받았다. 그런 탓으로 주산월을 비난하던 인사들도 그녀의 정성을 보고 비난의 말을 삼갔다.

손병희는 경성 복심법원에서 3년의 언도를 받아 확정 판결이 있은 뒤 병세가 더욱 중태에 빠져 의식을 잃었다. 그러자 법원에서는 마지못해 집행정지 결정을 내려 출감하게 되었다. 손병희는 끝내 병을 회복하지 못하고 1922년 5월 19일 마침내 가족 교인들이 지켜보는 가운데 운명했다. 그의 장례는 교회장으로 결정하고 장지는 우이동으로 정했다. 일제는 만일의 사태에 대비해 빈소가 있는 경운동 교당을 철저하게 감시했다.

이해 6월 5일 치러진 장례에는 10대의 자동차, 2백 대에 가까운 인력거가 영구를 따랐고 5천여 명의 교도와 수천 명의 조문객이 우이동으로 가는 길 30여 리에 뻗혔다. 성대한 장례식이었고 수많은 사람들이 애도를 표했다. 한 민족사의 거인은 이렇게 마지막 길을 장식했다.

손병희는 그의 행적에 대한 여러 논란에도 불구하고 그는 초기 우리의 민족운동에서 어느 누구보다도 영도적 위치에 있었으며, 방법에 있어서도 때로는 폭력노선, 때로는 개혁노선, 때로는 비폭력노선을 적절히 구사했다. 손병희는 일개 종교 지도자가 아니라 우리 근대사에 나타난 애국 지도자의 전형이라 할 수 있다.

08

나철

독립투쟁의 정신적 구심점을 만들다

단군을 통해 민족정신을 함양하자는 대종교를 창시한 나철.

그는 민족독립을 쟁취하기 위해 줄기찬 활동을 벌였으며

이러한 정신은 독립투사들에게 이어졌다.

● 독립운동의 한 방편으로 단군교를 창시하다

1909년 서울 재동에 있는 취운정이라는 조그마한 정자에는 차가운 겨울 바람을 무릅쓰고 주위를 두리번거리며 사람들이 모여들었다. 나인영羅寅永 (1863~1916), 오혁吳赫, 이기李沂, 김윤식金允植, 유근柳瑾, 김인식金寅植 등 예정된 인원 수십 명이 모이자, 나인영이 엄숙한 얼굴을 하고 일어섰다. 그리고 단군의 역사와 내력을 설명해나갔다. 이어 그는 "국조國祖를 받들어 민족정기를 세우고 민족독립을 지키기 위한 나라의 정신으로 삼아야 한다"고 역설했다.

이리하여 단군교(뒤에 대종교로 고침)가 창시되었다. 나라가 일본의 침략세력에 짓밟히자, 이 지사들은 국조를 받들어 민족자존을 지켜야 할 필요성을 절감했던 것이다. 다시 말해 민족종교를 민족의식을 고취하는 방편으로 삼아야 한다는 것이다.

그러면 단군은 누구인가? 말할 것도 없이 약 4천 3백여 년 전 한민족의 군장으로 나라를 연 역사상의 인물이다. 이 단군에 대해서는《삼국유사》는 물론 중국의 기록에도 나온다. 실학자 안정복은《동사강목》에서 "단군이 1천 년 이상을 살았다는《삼국유사》의 기록은 그 자손이 대대로 왕위를 이어 단군조선이 유지된 연대를 합한 것을 뜻한다"고 했다.

물론 단군조선이 오늘날의 한반도 전체를 통치했다고 볼 수는 없으며, 흔히 나라마다 그러하듯, 신화적인 요소가 가미되어 우리나라의 건국설화를 이루고 있다. 단군이 다스리던 영토는 뒤에 고구려가 이어 다스렸고 신라가 삼국통일을 이룩할 적에는 '한 조상 아래 같은 민족'이라는 민족정신을 강조하여 통일의 밑거름으로 삼았다. 이런 단군정신은 조선왕조에 들어와서도 끊임없이 이어져왔다.

일본 제국주의가 이 땅에 와서 판을 칠 적에 일본인들은 민족정신과 연관되는 하나의 공작을 꾸몄다. 그들의 역사가 우리보다 낮은 것을 호도하고 일본과 우리가 같은 형제의 뿌리임을 내세우기 위해서 단군과 일본의 천조대신天照大神이 형제간이라고 떠벌리고 친일파 윤택영, 이재극 등을 내세워 사당을 짓게 하고 단군과 천조대신을 받들게 한 것이다(박장현 《해동춘추》).

이렇게 일본이 단군을 이용하여 민족정신을 흐리고 있을 때에 나인영은 단군교를 창시했던 것이다. 그리고 단군의 선양을 통해 모든 국민에게 민족정신을 불어넣으려 했다. 이때 나인영은 이름을 나철羅喆로 바꾸고 단군교의 교조가 되었다. 이때부터 나철의 민족운동이 눈부시게 전개된다.

● 구국운동에 앞장서다

그러면 나철은 어떤 인물인가? 그는 전남 보성군 벌교에서 지주의 둘째 아들로 태어났다. 그는 글을 익히면서 부모의 기대에 따라 과거공부에 열중하여, 1894년 동학농민전쟁으로 나라가 시끄러울 적에 길을 달리해 대과에 장원했다. 조선시대에 벼슬살이의 길이 거의 막혔던 호남의 인사로 장원까지 했으니 부모의 기대는 부풀 수밖에 없었다. 그리하여 그는 역사기록을 담당하는 주서注書라는 벼슬을 얻었다.

열혈남아 나철은 몇 년 동안 벼슬자리에 있으면서 나라 돌아가는 꼴이 말이 아님을 뼈저리게 느꼈다. 그리하여 세무서장 따위의 벼슬이 주어졌지만 모두 팽개쳤다. 그는 나라를 바로잡을 인재들을 찾았다. 이에 강진 출신의 오혁을 만났고 부안 출신의 이기 등을 동지로 맞이했다.

1904년 러일전쟁 뒤 나라는 점점 기울어지고 일본의 침략 마수는 더욱 음흉하게 뻗어왔다. 이에 나철은 동지들과 함께 일본으로 건너갔다. 그리고 일본 요로에 "동양 평화를 위해 두 민족이 서로 공존하며 각기 주권을 존중하자"고 역설했다. 그러나 이토 히로부미 등은 나철 일행을 만나주지 않고 푸대접을 했다. 나철은 일본의 이성에 호소해보아야 아무 소득이

없음을 깨달았다. 궁극적으로 민족독립을 지키기 위해서는 무력항쟁의 길밖에 없다고 판단한 것이다. 그가 일본에서 돌아왔을 적에는 이른바 을사조약이 맺어져 나라의 외교권이 일본에 송두리째 넘어가는 등 주권을 빼앗기고 반식민지 상태로 전락하고 있었다.

나철 그는 새로운 투쟁의 전환을 위해 단국교의 이름을 대종교로 바꾸고 민족지사들을 규합했다. 대종교는 그의 뜻대로 민족 운동에 큰 힘을 발휘하는 단체가 되었다.

5천 년의 역사를 가진 민족, 5백 년을 지탱해온 왕국이 섬나라 오랑캐에게 주권을 빼앗기는 것을 멀거니 보고만 있을 나철이 아니었다. 그의 피는 끓어올랐다. 그는 맨 먼저 을사조약에 도장을 찍은 박제순, 이완용, 권중현 등을 암살하기로 결심했다. 그는 오혁, 김인식 등의 동지들과 함께 감사의용단敢死義勇團을 조직하여 20여 명의 단원을 모았다. 이들은 자금을 마련하여 권총을 구입하고 단원들을 훈련시켰다. 나철은 "2천만 민족의 노예의 굴레를 벗기기 위해 함께 목숨을 바치자"는 동맹서를 작성했고 이기에게 "나라를 팔아먹은 5적을 민족의 이름으로 응징한다"는 참간장斬奸狀을 쓰도록 부탁했다.

그들은 5적의 집마다 권총을 소지한 행동부대를 배치하여 아침에 대문을 열 적에 일제히 쳐들어가 죽이기로 작전을 짰다. 그러나 무기구입 등 여러 활동 자금이 모자라자 여기저기에서 자금을 끌어댔고, 그것도 뜻대로 안 되자 위조지폐를 찍어내기도 했다.

다시 5적이 대궐로 들어갈 적에 행동대원이 한꺼번에 총을 쏘기로 계획을 세웠으나 5적의 입궐시간이 달라 실행되지 못했다. 나철 일행은 폭탄을 넣은 상자를 선물로 위장, 박제순, 이완용에게 보냈다. 뱀같이 약은 박제순이 폭탄임을 알아차리고 이완용 등에게 연락, 선물상자를 열지 말라고 당부했다.

이들은 어쩔 수 없이 각자 5적을 분담하여 권총 저격을 시도했다. 그리하여 이홍래라는 청년이 길가에 숨어 있다가 권중현에게 총을 쏘았는데 빗나가 부상만을 입히고 말았다. 이홍래는 곧 잡혀 모진 고문을 당하고 배후세력을 실토했다. 그리하여 18명의 동지들이 잡혀갔다. 나철은 동지들의 희생을 줄이기 위해 자신이 주동자임을 내세워 자수했다. 그리하여 그는 10년의 유배형을 받고 지도로 귀양 가는 몸이 되었다. 그 밖의 다른 동지들은 교수형에 처해지기도 하고 귀양 가기도 하는 등 엄한 처벌을 받았다. 그는 다행히 5개월 뒤에 특사로 풀려났다. 그러나 실의에 젖어 있기에는 그의 애국심이 용납하지 않았다.

나철은 오혁과 다시 어울려 새로운 계획을 꾸몄다. 마지막으로 일본 지식인과 손을 잡고 일본의 이성에 또 한 번 호소해보기로 한 것이다. 나철은 그의 몫으로 주어진 상속재산이 거의 거덜이 났지만 나머지 재산을 챙겨 일본으로 건너갔다. 그는 오혁과 함께 밤낮으로 뛰어다니며 일본 지식인들에게 "조선의 침략을 막아 달라"고 호소했다. 그러나 그들의 말은 쇠귀에 경 읽기였다. 그들은 끓어오르는 분노를 억누르며 다시 고국으로 가는 배에 몸을 실을 수밖에 없었다. 그의 나이도 40대 중반에 접어들고 있었다.

이리하여 나철은 새로운 투쟁의 전환을 위해 단군교를 창시하게 되었다. 이어 대종교大倧敎로 이름을 바꾸고 민족지사들을 규합했다. 대종교 아래로 서일徐一, 여준呂準, 조성환, 신규식 등 많은 청장년의 독립투사들이 모여들었다. 대종교는 그의 뜻대로 큰 힘을 발휘하는 단체가 되고 있었다.

그런데 일제의 마수가 대종교를 가만 내버려둘 리가 없었다. 일제는 대종교를 종교단체로 보지 않고 민족독립단체로 지목하여 갖가지 탄압을 가해왔다. 집회를 금하는 것은 물론 자금 출처를 조사하기도 했으며, 자금의 용도를 제한하기도 하고 회원의 동정을 엄중히 감시했다. 이런 마당에서 대종교의 활동이 제대로 뻗어나가기는 매우 어려웠다. 또다시 새로운 전기를 열어야 했다.

● 독립운동에 하나의 거름이 되다

그는 하나의 결단을 내렸다. 그리고 단군의 유적이 있는 구월산으로 들어
갔다. 그곳에서 단식을 하며 깊은 성찰의 시간을 가졌다. 그는 따라온 엄
주천 등의 제자들에게 독립투쟁에 헌신할 것을 마지막으로 당부하고 1916
년 한가위, 달도 휘영청 밝은 밤에 선술仙術의 비법으로 호흡을 조절하여
스스로 목숨을 끊었다.

나철의 죽음은 즉각 서울의 동지들에게 전해졌다. 특히 서울 제기동에
서 병으로 누워 있던 오혁은 심한 충격을 받았다. 조용하던 구월산은 갑자
기 많은 사람들로 정적이 깨지고 있었다. 그의 유해는 유언대로 단군이 활
동하던 무대이자, 고구려의 땅이었던 북간도의 청파호 옆으로 옮겨졌고
그곳에 시신을 뉘었다. 그의 묘소는 백두산 가는 길가에 자리잡았다. 그는
이 땅의 독립운동에 하나의 거름이 되었다.

나철이 죽자, 대종교 본부는 서울에서 만주 북간도로 옮겨졌다. 이 나
라의 국조를 받드는 대종교가 제 나라에 터를 잡지 못하고 삭풍이 몰아치
는 남의 땅에 본부를 마련한 것이다. 나라 잃은 백성의 설움이요, 통탄일
수밖에 없다.

그러나 나철의 죽음과 대종교 본부의 이전은 독립운동에 새로운 전기
가 되었다. 대종교 회원을 중심으로 한 북로군정서北路軍政署가 만주에서 탄
생되었고, 이 기구를 통해 군사를 길러 무력항쟁을 할 준비를 진행시키는
한편, 민족교육을 줄기차게 벌였다. 그리하여 이시영, 김규식, 조성환 등
이 이를 통해 독립운동을 전개했다. 1918년 대종교의 지도자 서일, 여준

등이 중심이 되어 3·1운동 이전에 최초로 독립선언서를 발표하기도 했고, 1920년 대종교도 김좌진, 이범석 등이 홍범도와 연합해 청산리전투라는 빛나는 독립전쟁을 벌여 큰 승리를 거두기도 했다.

한편 상해에서는 대종교 지도자인 신규식, 박은식, 신채호 등이 프랑스 조계를 근거지로 삼아 상해 임시정부의 토대를 마련했다. 임시정부 후기에 와서는 김구, 조소앙, 박찬익 등이 모두 대종교 교도들로, 이들은 줄기차게 독립투쟁을 전개했다.

광복 뒤 이 독립투사들이 중심이 되어 홍익대학(초대학장 이시영)을 창설하는 등 대종교 활동을 활발히 벌였으나, 이승만과 정치노선을 달리했기 때문에 제 나라에서 또 한 번 탄압을 받아야 했다. 그리하여 오늘날에는 겨우 명맥만 유지하고 있을 뿐이다.

단군을 통해 민족정신을 함양하자는 대종교, 그리고 민족독립을 쟁취하기 위해 줄기찬 활동을 벌었던 나철, 이런 정신을 이어 항일투쟁을 벌었던 많은 독립투사들이, 단군을 모시는 일이 우상숭배라고 반대하는 오늘날의 일부 기독교 교파의 움직임을 들었다면 뭐라고 할까? 적어도 단군을 받드는 일이 일본의 신사참배와 같은 성격의 것이 아니라면, 우상숭배라고 몰아붙이는 처사에 대해 깊은 성찰이 요구된다. 나철은 오늘날까지도 이 땅 정신사에 큰 빛을 던지고 있다.